中国行为法学会类案裁判规则研究丛书

矿山安全类案甄别与裁判规则确立

主　编　卜　素

副主编　盖铁猛　应卓著　朱梦妮　刘晶媛

华中科技大学出版社
http://press.hust.edu.cn
中国·武汉

图书在版编目(CIP)数据

矿山安全类案甄别与裁判规则确立 / 卜素主编；盖铁猛等副主编. -- 武汉：华中科技大学出版社，2025. 2. --（中国行为法学会类案裁判规则研究丛书）. -- ISBN 978-7-5772-1150-3

Ⅰ. D922.545

中国国家版本馆 CIP 数据核字第 2025N0C347 号

矿山安全类案甄别与裁判规则确立　　　　　　　　　　　卜　素　主　编

Kuangshan Anquan Leian Zhenbie yu Caipan Guize Queli　　盖铁猛 等　副主编

策划编辑：郭善珊　张婧旻

责任编辑：张　丛　田兆麟

封面设计：沈仙卫

版式设计：赵慧萍

责任校对：刘小雨

责任监印：朱　玢

出版发行：华中科技大学出版社（中国·武汉）　　电话：(027) 81321913

　　　　　武汉市东湖新技术开发区华工科技园　　邮编：430223

录　　排：华中科技大学出版社美编室

印　　刷：武汉科源印刷设计有限公司

开　　本：710mm×1000mm　1/16

印　　张：18.75

字　　数：345千字

版　　次：2025 年 2 月第 1 版第 1 次印刷

定　　价：118.00 元

《矿山安全类案甄别与裁判规则确立》

编审委员会

编委会主任

董治良　张恒山

编委会委员

李文燕　高贵君　宋朝武　孙佑海　梁相斌　韩德强　朱崇坤

冯　丰　郝作成　王　伟　王淑华　常静元　钱　伟　聂振华

卜　素　赵　兵　张学凯　翟钦蕊　于　洋　黄启瑞

本书编写组

主　编

卜　素

副主编

盖铁猛　应卓著　朱梦妮　刘晶媛

参与人（按撰稿顺序排列）

刘晶媛　朱梓玥　张皓清　李培源　程佳璐　钟梦婕　路丹阳

袁天新　吴梦玲　高元姝　王新宇　刘天华　王雅蓉　杨梦洁

刘全增　马寒冰　彭　展　王　磊　马明天　张　雨　闫慧敏

前 言
Preface

  裁判文书是用于体现司法判决结果的正式文件。在已被法律人深刻思考下形成的传统部门法领域，事实与法条间的涵摄关系较为成熟，以立法或者司法解释的方式形成了体现法律权威性的规范基础。这种成熟离不开对大量事实与规范相对不一致案件的充分思考，也离不开事实推定这一司法认知方法的应用。事实推定过程与法官的经验性知识密不可分，因为经验性知识通过与基础事实相联系并构成推定事实，对判决结论的影响巨大。总而言之，一个科学的经验性知识来源有助于实现更为妥当的事实推定。

  在经济发展过程中，基础工业的发展离不开矿业产品的提供，矿业行业作为高危行业，其引发的安全生产事故往往引起全国关注，因此我国专门建立国家矿山安监局予以监督，建立以人为本的安全生产管理秩序。随着社会主义市场经济的繁荣发展，矿产行业的生产运营与安全生产之间应当是一种协调关系，一方面安全生产使人力资源得到有效维护，另一方面通过安全生产秩序的保障进一步减少生产成本。然而，现实中利益平衡并不容易达成，企业的安全生产与追求经济效益之间看似存在矛盾关系，在经济爬坡过坎期，这种现象尤为明显。我国安全生产法律规范起步较晚，很多方面的规定并不完善，在实践中仍存在难点、痛点，因此产生了大量的纠纷，对行业发展有着严重影响。

  基于上述认识，本书的编写团队依托大数据检索平台收集到海量类案，在其中精选经典案例，在深度挖掘裁判要旨的基础上深刻把握裁判思维，通过系统性的研究共分析、提炼类案裁判规则 17 条。

  该 17 条规则主要分为：矿业安全生产责任的认定及其责任承担；矿山安全生产刑事犯罪竞合之辨析；安全生产许可证制度以及矿山压覆、尾矿库治理等专项主题。每条规则下均附有该规则的类案检索大数据报告，确保项下案例与规则具有高度契合性，保证统计数据的准确、吻合。本书特别从全国法院的生效案例中精选出代表性案例，并对这类案例的主要内容进行了对比与甄别，归纳总结争议焦点，进而从中提炼出准确、权威和可适用的裁判规则。

　　编写团队通过对个案的研究、分析，向读者展示了裁判者的思路、相关法律法规的适用以及规则的法理依据，并进一步阐明了规则适用的具体情形和审理类似案件的审理要点，以期反哺司法实务。最后，在辅助信息中附注了与裁判规则相关的法律条文，方便读者查阅。

　　本书为中央高校基本业务经费项目《以合规机制为中心重构我国安全生产监督管理体制》（2022YQWF03）阶段性成果。

目 录
Contents

矿山安全生产裁判规则第 8 条

公安机关的职责是对涉嫌犯罪的事故依法立案侦查，采取强制措施和侦查措施。县级以上的劳动行政主管部门的主要职责是监督矿山企业的安全生产条件以及保障矿山企业职工的劳动安全条件。负有安全生产监督管理职责的部门的主要职责是对涉及安全生产的事项进行审查、批准、验收，对生产经营单位执行有关安全生产的法律、法规和国家标准或者行业标准的情况进行监督检查 // **125**

矿山安全生产裁判规则第 9 条

发生一般矿山事故，由矿山企业负责调查和处理。发生重大矿山事故，由政府及其有关部门、工会和矿山企业按照行政法规的规定进行调查和处理 // **149**

矿山安全生产裁判规则第 10 条

安全生产许可证应由有权机关按照法定程序予以颁发，不得根据安全生产以外的因素拒绝颁发安全生产许可证 // **171**

矿山安全生产裁判规则第 14 条

盗采情形中，非法采矿罪和危险作业罪并非必然竞合，无安全隐患的非法采矿行为仅构成非法采矿罪，较小规模的非法开采仅构成危险作业罪 // **217**

矿山安全生产裁判规则第 15 条

以行为人是否有责任主体身份和特定违规行为为标准确定其是否构成提供虚假证明文件罪。以提供虚假证明文件造成的危害后果程度确定其承担责任的类型和轻重 // **239**

矿山安全生产裁判规则第 16 条

压覆矿产资源类案件中，应根据现实的安全生产条件决定是否构成矿产资源压覆 // **251**

矿山安全生产裁判规则第 17 条
生产工艺中存在提取原生矿物出产物并获取利益的，应具备开采矿山安全生产
许可证 // 275

第1条

在矿业安全生产案件中，根据相应主体的职责、日常监管履责情况以及突发应对措施三大基本要素决定其如何承担事故责任

一、聚焦司法案件裁判观点

■ 争议焦点

由于矿山行业高技术性、高复杂性、高危险性的特征，其对于安全生产的要求极高。在这种行业背景下，以全面、明确的责任标准确定责任主体，对倒逼责任主体强化安全生产、确保尽职尽责具有重大积极意义。因此，在矿山行业安全生产类案件中，矿山行业安全生产的责任主体确定便是司法裁判的重中之重。在该类案件中，如何确定可能承担责任的主体范围？在复杂情形下，如何确定不同的主体是否应当承担责任？

■ 裁判观点

1. 负有生产组织、具体管理职责的矿长、主管副矿长，对公司生产及相关活动具有实际决定权的公司董事长、总经理以及公司法定代表人，在确定上述主体客观上对公司决定或具体生产活动具有实际控制状态的基础上，如果其存在违反安全管理规定的行为的，应当承担生产安全责任。若有充足的证据证明该主体对公司生产及相关活动不具有实际控制状态，仅仅在公司章程上负有名义职责，但实际该职责被其他主体客观行使的，则其不承担生产安全责任。如公司法定代表人因故将公司管理委托于他人，长期未承担公司管理责任的，不承担生产安全责任。

2. 负责全矿技术管理事务的总工程师，存在技术管理与指导过失，造成严重后果的，应当承担生产安全责任。负责公司决策等重大事项的出资人、执行董事、监事，存在对公司决策等重大事项监督不力等过失，或存在通过开会讨论决定进行违规开采的行为，造成严重后果的，应当承担生产安全责任。负责安全监督检察工作的监察负责人，存在监督检察失职、整改监督不力等过失，造成严重后果的，应当承担生产安全责任。

3. 直接施工掘进小组或区域的负责人，存在违反安全生产规定进行生产作业、未按规定进行生产作业保护工作、重大生产作业决策失误等违反有关安全管理规定的行为，造成严重后果的，应当承担生产安全责任。

4. 作为实际控制人的隐名股东，负责全矿生产作业事务，存在违反安全管理规定的行为，造成严重后果的，应当承担生产安全责任。

5. 作为矿长，因故将矿厂管理权委托给代理矿长，其代理矿长应当在矿业安全生产案件中承担责任。

二、司法案例样本对比

样本案例一

H 省矿业集团 A 煤矿特别重大事故案

• **基本案情**

被告人岳某某，系 H 省矿业集团 A 煤矿矿长（以下简称 A 煤矿）。

被告人谢某某，系 A 煤矿副矿长。

A 煤矿因未建立地面永久瓦斯抽放系统、安全生产许可证已过期且被暂扣，2009 年 1 月 13 日至 9 月 18 日，国家矿山安全监察局 H 局七次责令 A 煤矿停产整改，但 A 煤矿拒不执行。A 煤矿三水平 113 工作面探煤巷施工中未按作业规程打超前钻探，违章作业。同年 9 月 10 日至 10 月 18 日，A 煤矿隐患排查会及矿务会三次将三水平 113 工作面未打超前钻探措施列为重大安全隐患，均确定负责"一通三防"工作的被告人谢某某（副矿长）为整改责任人，但谢某某未予整改，被告人岳某某（矿长）没有督促落实，负责全矿技术管理工作的总工程师董某某（已判刑）和负责安全监督检查工作的监察处长刘某某（已判刑）亦未要求隐患单位整改落实。二开拓区区长、副区长张某某、王某某（已判刑）继续在三水平 113 工作面违章施工作业。同年 11 月 21 日 2 时，三水平 113 工作面作业中发生煤与瓦斯突出事故，岳某某、谢某某在现场指挥中未下令切断二水平电源，致使三水平 113 工作面突出的瓦斯进入二水平工作面，遇电火花后发生爆炸，造成 108 人死亡、133 人受伤（其中重伤 6 人），直接经济损失5614.65 万元。

• **裁判结果**

人民法院认为，被告人岳某某、谢某某在生产中违反安全管理规定，发生重大伤亡事故，均已构成重大责任事故罪。被告人岳某某作为矿长，多次拒不执行煤矿监察部门停产整改指令，组织违法生产，对违章作业监管不力，在发生煤与瓦斯突出事故后，在现场指挥中未下令切断瓦斯突出波及的二水平区域电源，造成特别重大事故，后果特别严重，应依法从重处罚。被告人谢某某作为主管"一通三防"工作的副矿长，拒不执行煤矿监察部门停产整改指令而违法生产。在违法生产中，多次不履行打超前钻探、排除安全隐患职责，发生煤与瓦斯突出事故后，在现场指挥中未下令切断瓦斯突出波及的二水平区域电源，造成特别重大事故，后果特别严重，应依法从重处罚。依法以重大责任事故罪分别判处被告人岳某某有期徒刑7年（与另案私分国有资产罪所判刑罚有期徒刑6个月并罚，决定执行有期徒刑7年，罚金人民3万元），被告人谢某某有期徒刑7年。

宣告后，被告人均未提起上诉，判决已生效。

样本案例二

L县B煤矿非法存储爆炸物罪案（二审）

• **基本案情**

原公诉机关为L县人民检察院。

上诉人（原审被告单位）L县B煤矿。

上诉人（原审被告人）罗某，系L县B煤矿法定代表人、执行董事、经理。

上诉人（原审被告人）李某某，系L县B煤矿实际控制人、负责人之一。

上诉人（原审被告人）胡某某，系L县B煤矿行政矿长、矿长助理。

上诉人（原审被告人）徐某某，系L县B煤矿安全副矿长。

上诉人（原审被告人）谢某某，系L县B煤矿调度室主任。

上诉人（原审被告人）姜某某，系L县B煤矿生产副矿长。

上诉人（原审被告人）陈某1，系L县B煤矿技术副矿长。

上诉人（原审被告人）杨某，系 L 县 B 煤矿掘进副矿长。

上诉人（原审被告人）卢某某，系 L 县 B 煤矿机电副矿长。

上诉人（原审被告人）张某某，系 L 县 B 煤矿行政矿长。

上诉人（原审被告人）陈某 2，系 L 县 B 煤矿夜班副矿长兼掘进队长。

上诉人（原审被告人）周某，系 L 县 B 煤矿股东、监事。

L 县 B 煤矿始建于 1978 年，原系本地人民政府开办的集体企业，2002 年 5 月，由李某某、罗某 1 二人购买后共同经营。2008 年，罗某 1 去世后转由其子罗某与李某某共同经营，注册资本 119 万元，二人各占 50％股份，罗某任法定代表人、执行董事。2012 年 9 月，该矿在工商登记部门更名后变为民营企业。该矿因技改扩建未验收，相关证照尚未更换。2013 年 3 月，李某某将其股份变更登记在其女婿周某名下，由周某任监事。实际控制人李某某主要负责煤矿生产安全管理。2013 年 5 月 15 日，该矿因发生矿产安全事故而被责令关闭。

案发前，被告单位 L 县 B 煤矿聘任被告人胡某某、张某某为行政矿长（胡某某于 2012 年 10 月 15 日至 2013 年 4 月 14 日任行政矿长，4 月 15 日以后协助矿长工作，张某某于 2013 年 4 月 15 日上任）。2013 年 3 月 15 日，L 县 B 煤矿任命被告人陈某 1 为技术副矿长，被告人谢某某为调度室主任，被告人姜某某为生产副矿长，被告人徐某某为安全副矿长，被告人杨某为掘进副矿长，被告人卢某某为机电副矿长，被告人陈某 2 为夜班副矿长。各矿长的工作职责是：被告人张某某、胡某某作为行政矿长，是全矿安全生产第一责任人，负责安全法规的贯彻执行，全面掌握安全情况；被告人徐某某作为安全生产副矿长，是安全生产的直接负责人，负责贯彻安全生产法规、组织审定安全规章制度、深入一线指挥安全生产；被告人谢某某作为调度室主任，应贯彻执行安全生产法规，发布安全工作的指示，督促安全生产工作，监督安全措施执行情况；被告人陈某 1 作为技术副矿长，负责编制作业规程、矿井"一通三防"工程质量及技术等工作；被告人卢某某作为机电副矿长，全面负责矿内机电日常管理工作，定期或不定期进行机电、运输系统安全检查，制止违章作业；被告人姜某某作为生产副矿长，全面负责掘进维修及技改工程；被告人杨某作为掘进副矿长、被告人陈某 2 作为夜班副矿长兼掘进队长，负责本矿或本队所有掘进头碛头工作面的安全管理工作，当发现危及职工安全的隐患时，必须采取果断措施进行处理，参与全矿安全大检查，制止违章作业。

被告单位 L 县 B 煤矿因无独立的炸药库房，2011 年 9 月，在 L 县人民政府的协调下，被告单位等 8 家煤矿共同买下 L 县一处民用爆炸物品库房，8 家煤矿分别与 N 公司签订民用爆炸物品仓库委托管理合同，约定由 N 公司代为运输、储存、配送和回收 8 家煤矿生产所用的民用爆炸物品。2012 年底，为满足生产急需，提高生产效率，降低生产成本，在未经相关部门审查、验收的情况下，被告单位 L 县 B 煤矿主要负责人李某某安排工人在井下建成两个硐室，用于储存、发放生产所需炸药、雷管。2013 年 3 月，L 县 B 煤矿技改扩建试运行后，被告单位未安排专人管理炸药、雷管硐室，只是在早、中班轮班时派一名兼职人员在硐室处发放生产用炸药、雷管，剩余的部分则储存在硐室内。被告人李某某在明知爆炸物品不按规定回收存在安全隐患的情况下，指使工人将生产过程中没有用完的爆炸物品自行存放。被告人罗某作为单位法定代表人，在明知单位违反相关规定非法储存爆炸物的情况下，为掩盖本单位非法储存爆炸物的事实，与被告人胡某某一同指使库管员严某某伪造爆炸物管理台账，逃避监管。被告人胡某某和徐某某作为被告单位的行政矿长（或矿长助理）和安全副矿长，对矿用爆炸物品的管理、监督负有职责，在明知单位在井下建造硐室非法储存炸药和雷管、工人随意存放爆炸物不退库的情况下，无视自身岗位职责和相关法律法规的规定，没有采取有效的措施予以制止，导致该矿生产所用的爆炸物长期处于非法储存的危险状态。2013 年 5 月 15 日，L 县 B 煤矿矿井被依法关闭前，在 L 县公安局民警和被告单位库管员严某某的见证下，N 公司工作人员从该矿井下共计回收非法储存的炸药 622.8 千克，雷管 1461 枚（已扣除 5 月 11 日当天配送井下的炸药 384 千克、雷管 500 枚）。

L 县 B 煤矿原设计生产能力为 3 万吨，2009 年 12 月经过批复技改扩建为 9 万吨。2012 年 9 月，经信委批复矿井联合试运行。2013 年 3 月 25 日，L 县安监局批复同意该矿复工复产，并于 4 月 7 日核准该矿的 2121 采煤工作面和 4 个掘进工作面进行生产。L 县 B 煤矿在技改扩建期间，被告人李某某在未经审批的情况下，安排被告人陈某 1 设计 3111 采煤工作面，安排被告人谢某某、姜某某等人组织工人掘进布置 3111 采煤工作面，并伺机违规开采。2013 年 2 月的一天，被告人李某某邀被告人谢某某、姜某某商议开采 3111 采煤工作面事宜。3 月中旬的一天，被告人李某某召集被告人陈某 1、姜某某、徐某某、卢某某、谢某某、杨某、胡某某开会，决定开采 3111 采煤工作面，要求各分管副矿长各司其职。会后，被告人李某某与同被告人罗某、谢某某、姜某某等人共谋提高采煤单价的方式，鼓励工人到 3111 采煤工作面采煤。同时采取只在中班进行生产、不发放作业人员定位识别卡、不安装瓦斯监控系统及传感器、遇检查时提前封闭巷道等手段逃避监管。被告人张某某、陈某 2 虽未参会，但在工作中发现 3111 采煤工作面在非法开采并存在严重安全隐患的情况后，没有及时采取有效的措施予以制止。被告人周某作为该矿的股东和监事，在参与 3111 工作面管理过程中，未尽到相应的监督管理职责。

2013 年 5 月 11 日 14 时 15 分，L 县 B 煤矿 3111 采煤工作面在生产作业过程中，因为通风设施不完善且未安装瓦斯监控系统及传感器，所以在微风状态下作业时井下瓦斯积聚达到爆炸浓度的情况未得到有效的监测，从而导致该工作面六支巷采煤作业点放炮残余炸药燃烧引起瓦斯爆炸，致使当时在井下工作的当班工人杨某贵等 28 人遇难，其余 18 人不同程度受伤，造成直接经济损失 2449 万元。经事故调查组技术组认定：L 县 B 煤矿重大瓦斯爆炸事故是一起责任事故。同时调查组认定，该矿 3111 采煤工作面未经许可组织生产、蓄意逃避监管、通风管理混乱、采用明令淘汰的采煤方法、现场管理混乱、职工培训不到位等因素是事故发生的间接原因。

矿产安全事故发生后，被告人罗某、李某某、胡某某、徐某某、谢某某、姜某某、陈某 1、杨某、卢某某、陈某 2 积极组织、参与救援工作，处理善后事宜。被告人李某某、谢某某、胡某某、姜某某、陈某 1、杨某、卢某某、张某某、陈某 2、周某、徐某某自动投案并如实供述各自负有重大事故责任的事实。

• 裁判结果

人民法院认为，上诉人（原审被告单位）L 县 B 煤矿作为煤炭生产企业，在煤炭开采过程中违反法律法规的规定，在生产矿井内设置爆炸物库房非法储存炸药、雷管，允许工人在井下自存爆炸物，并制作假爆炸物台账逃避监管，将本应退库的炸药 622.8 千克、雷管 1461 枚非法储存在井下，危害公共安全，已触犯刑法，构成非法储存爆炸物罪，情节严重。上诉人（原审被告人）罗某、李某某、胡某某、徐某某在单位非法储存爆炸物一案中是直接负责的主管人员，均已构成非法储存爆炸物罪，情节严重。罗某、李某某、胡某某、徐某某、谢某某、姜某某、陈某 1、杨某、卢某某、张某某、陈某 2、周某在生产、作业过程中，违反煤矿生产安全管理的规定，未经审批违规作业，对存在的安全隐患未尽到各自的监督管理职责，因而造成 28 人死亡、18 人不同程度受伤且直接经济损失人民币 2449 万元的重大损失，均已构成重大责任事故罪，情节特别恶劣。

上诉人（原审被告单位）L 县 B 煤矿关于其不构成非法储存爆炸物罪的上诉理由与审理查明的事实不符，不能成立。上诉人（原审被告人）罗某作为煤矿投资人和单位的法定代表人，对本单位安全生产工作应全面负责，在明知本单位在生产矿井内非法储存爆炸物的情况下，为掩盖非法储存的事实，指使他人做假账逃避有关部门的监管，其不仅明知单位在非法储存爆炸物，还是单位非法储存爆炸物直接负责的主管人员，应依法追究刑事责任。罗某及其辩护人关于罗某不构成非法储存爆炸物罪的意见不能成立。案发后罗某虽主动投案，但未如实供述自己的犯罪事实，罗某及其辩护人关于其系自首的意见不能成立。上诉人（原审被告人）李某某犯非法储存爆炸物罪，情节严重，论罪当处十年以上有期徒刑、无期徒刑或者死刑，原判判处其有期徒刑十五年，量刑并无不当。李某某犯重大责任事故罪，情节特别恶劣，论罪当处三年以上七年以下有期徒刑，结合其犯罪情节，虽系自首，但不足以对其从轻处罚。原判判处其有期徒刑七年，符合罪责刑相一致的原则，量刑并无不当。李某某及其辩护人的意见均不能成立。上诉人（原审被告人）胡某某事发时虽不再担任行政矿长职务，但行政矿长张某某到单位时间较短，工作尚处在交接过程中，且煤矿爆炸材料的管理具有连续性，根据相关证人证言及书证证实，胡某某在单位实际仍在管理爆炸物，是直接负责的主管人员，其不仅应对任职行政矿长期间单位非法储存爆炸物的行为负管理责任，也要对其协助管理期间单位非法储存爆炸物的行为负管理责任，胡某某的上诉理由不能成立。上诉人（原审被告人）徐某某作为分管安全的副矿长，是对煤矿爆炸物安全管理负直接责任的主管人员，其在安全检查中发现单位非法储存爆炸物的行为后，未采取有效措施督促单位负责人进行整改，而是放任单位继续非法储存爆炸物，应对单位非法储存爆炸物的行为承担相应刑事责任，徐某某的上诉理由不能成立。上诉人（原审被告人）谢某某犯重大责任事故罪，情节特别恶劣，依法应处三年以上七年以下有期徒刑，原判判处其有期徒刑六年六个月，量刑并无不当，谢某某的上诉理由不能成立。上诉人（原审被告人）陈某1犯重大责任事故罪，情节特别恶劣，依法应处三年以上七年以下有期徒刑，原判已认定其系自首，对其从轻处罚，判处其有期徒刑六年六个月，量刑并无不当，陈某1的上诉理由不能成立。上诉人（原审被告人）姜某某2012年10月15日被L县B煤矿任命为生产副矿长，其参与商议开采3111工作面，明知3111工作面未经审批且存在一系列安全隐患，却在生产作业过程中未予以有效制止，未尽到保障生产安全的职责，犯重大责任事故罪，情节特别恶劣，依法应处三年以上七年以下有期徒刑，原判已认定其系自首，对其从轻处罚，判处其有期徒刑六年六个月，量刑并无不当，姜某某的上诉理由不能成立。上诉人（原审被告人）张某某作为行政矿长是全矿安全生产的第一责任人，虽未参与过决策开采3111工作面，但其对存在的安全隐患未尽到监督管理职责，依法应当追究刑事责任。张某某所持曾向矿主反映安全问题并要求停止非法开采活动但未被采纳的上诉理由缺乏证据予以佐证，不能成立。本案多名证人的证言均证实上诉人（原审被告人）杨某参与了 3111 工作面的管理，其关于并未参与 3111 工作面生产管理的上诉理由与审理查明的事实不符，不能成立。原判已充分考虑了杨某系自首、事发后积极组织救援等情节，对其从轻处罚，量刑并无不当。杨某的上诉理由均不能成立。上诉人（原审被告人）卢某某所持曾对 3111 工作面提出反对意见的上诉理由缺乏相关证据予以佐证，不能成立。其关于原判程序违法的上诉理由与查明的事实不符，原判已充分考虑卢某某事发后积极组织救援，系自首等情节，对其从轻处罚，量刑并无不当。经审查，卢某某在二审中出示的书证与本案并无关联，法院不予采纳。其关于案发时不在矿上的辩护意见与审理查明的事实不符，不能成立。上诉人（原审被告人）陈某 2 所持"其不是夜班带班副矿长，是掘进队长，没有去过 3111 工作面"的上诉理由与审理查明的事实不符，不能成立。原判已充分考虑陈某 2 系自首、事发后积极组织救援等情节，对其从轻处罚，量刑并无不当，陈某 2 的上诉理由不能成立。上诉人（原审被告人）周某于 2013 年 2 月 21 日被 L 县 B 煤矿股东会选举为监事，在单位负有监督管理职责。周某及其辩护人关于周某不是本案适格主体的意见不能成立。

综上所述，法院作出二审判决：驳回上诉，维持原判。

样本案例三

宋某某、杨某重大责任事故罪案

• **基本案情**

被告人宋某某，系 S 省 C 煤矿矿长。

被告人杨某，系 S 省 C 煤矿原总工程师。

2016 年 5 月，被告人宋某某作为 S 省 C 煤矿矿长，在该矿 3 号煤层配采项目建设过程中，未正确履行建设单位的责任，在没有施工单位和监理单位的情况下，组织本矿工人进行施工，并与他人签订虚假的施工、监理合同以应付相关单位的验收。被告人杨某作为该矿的总工程师（2017 年 2 月辞职），履行岗位职责不到位，在 3 号煤层配采施工遇到旧巷时仍然采用常规设计，未结合实际状况及时修改作业规程或补充安全技术措施，且部分设计数据与相关要求不符。2017年3月9日3时50分，赵某带领冯某、张某荣、赵某胜、赵某水在3101综采工作面运输顺槽和联络巷交叉口清煤时发生顶板事故，造成张某荣、赵某胜、赵某水死亡，赵某、冯某受伤。2017年5月5日，事故联合调查组认定：建设项目未按规定进行管理、技术管理不到位是事故发生的原因，宋某某、杨某分别负事故的主要责任。案发后，C煤矿对被害人及被害人家属进行了赔偿。

• **裁判结果**

人民法院认为，被告人宋某某、杨某在生产作业中违反有关安全管理的规定，因而发生安全事故，造成特别严重后果，其行为均已构成重大责任事故罪。被告人宋某某、杨某均能当庭认罪，如实供述自己的犯罪事实，属坦白情节，S省C煤矿积极赔偿了被害人的损失，均可从轻处罚。被告人宋某某、杨某均有悔罪表现，且对其宣告缓刑对居住社区没有重大不良影响，二人均可适用缓刑。人民检察院指控被告人宋某某、杨某犯重大责任事故罪，事实清楚，证据确实、充分，罪名成立，定罪及适用法律正确，法院予以支持。

根据被告人宋某某、杨某犯罪的事实、性质、情节和对于社会的危害程度，判决被告人宋某某犯重大责任事故罪，判处有期徒刑三年，缓刑三年；被告人杨某犯重大责任事故罪，判处有期徒刑三年，缓刑三年。

样本案例四

陶某某、朱某某重大责任事故、窝藏、包庇一审刑事判决书

• **基本案情**

被告人陶某某，原J省A市B区C煤矿矿主。

被告人朱某某，原J省A市人民医院骨二科主任。

人民检察院指控被告人陶某某涉嫌重大责任事故罪的犯罪事实如下。

被告人陶某某系A市B区C煤矿投资人、实际控制人。2010年4月29日6时，C煤矿的5名工人进入煤矿20#层下山左片盘工作面作业，到达工作面后，先打煤眼，装药放炮，然后将落煤装车拉走，再打岩石眼。14时，岩石眼打完后，被害人宋某1、宋某2用干式变压器放炮，炮没响，二人下去检查。

宋某 7 和宋某 3 在干式变压器附近坐着，宋某 5 去推空车，这时听见炮响了，宋某 7 和宋某 3 就下山往工作面跑，看到里面全是烟，宋某 1、宋某 2 倒在距工作面六七米远的位置。宋某 7 让宋某 3 赶紧去井上汇报，宋某 3 走后宋某 7 就往外拽人，这时他发现宋某 1、宋某 2 两个人的头、面部都是血，似乎已经死亡。《J 省煤矿安监局××监察分局关于 A 市 B 区 C 煤矿 2010 年 "4·29" 放炮事故（瞒报）调查报告》（2017 年 2 月 14 日）中认定此次事故类别为放炮事故。事故直接原因是未按规定处理哑炮。事故间接原因是安全培训和安全教育不到位，放炮人员未经专门的放炮员特种作业人员培训，缺乏基本的放炮作业常识。《J 省煤矿安监局××监察分局关于 A 市 B 区 C 煤矿 2010 年 "4·29" 放炮事故责任认定情况的报告》（2019 年 5 月 8 日）中事故处理建议是 C 煤矿复产复工验收整改期间，违反规定决定施工井巷工程，涉嫌重大责任事故，建议将陶某某移交公安机关立案调查。

2011 年 5 月 14 日早晨，被告人陶某某在 B 区 C 煤矿组织召开煤矿早会，安排被害人姚某 2 为组长的大组进入该煤矿北翼 20♯煤层二段回风下山清理、维修巷道。12 时许，姚某 2 等人在清理、维修巷道时顶板冒落将两架木棚压倒，冒落石块将正在作业的姚某 2 压在下面。事故发生后，现场作业人员立即进行救援，陶某某安排人员将姚某 2 送至某某医院救治，经诊断确认其已死亡。《J 省煤矿安监局××监察分局关于 A 市 B 区 C 煤矿 2011 年 "5·14" 顶板事故（瞒报）责任认定情况的复函》（2019 年 5 月 27 日）及附件、《A 市 B 区 C 煤矿 2011 年 "5·14" 顶板事故（瞒报）调查处理意见》（2019 年 5 月 24 日）中认定此次事故类别是顶板事故，事故发生的直接原因是北翼 20♯煤层二段回风下山清巷维修作业时，顶板冒落将姚某 2 砸死。事故发生的间接原因是煤矿安全培训和安全教育不到位，安全意识缺失，煤矿安全管理不到位，安全隐患未被及时发现和排除；煤炭生产安全管理局对煤矿安全管理人员履职监管不到位。事故处理建议是 C 煤矿生产期间，安全管理混乱，主体责任落实不到位，瞒报事故，涉嫌重大责任事故罪，建议将陶某某移交公安机关立案调查。

2009 年 2 月 18 日 6 时 30 分，班前会安排组长兼爆破工郝某 2 带领 5 名工人进入 C 煤矿井下二段二片进行巷道作业。入井后，郝某 2 带领杨某 2、于某、谢某 1 在二片巷道进行拉底放炮，马某 1、丛某在车场负责矿车运货。13 时，工作面拉底放炮后，马某 1 在距离引爆地点 70 多米的车场听到巷道里面有人喊 "郝某 2 出事故了"。马某 1 跑到引爆地点发现郝某 2 趴在地上不动，后脑有一个伤口，地上有很多血。班组工人随即用矿车将郝某 2 运送升井，杨某 1、马某 1 跟随 C 煤矿司机刘某 5 将郝某 2 送至 A 市人民医院抢救，经医院确诊郝某

2死亡。《J省煤矿安监局××监察分局关于A市B区C煤矿2009年"2·18"放炮事故责任认定情况的报告》（2019年8月22日）及附件、《A市B区C煤矿2009年"2·18"放炮事故（瞒报）调查报告》（2019年8月21日）中认定此次事故类别为放炮事故。事故直接原因是爆破人员未在安全距离外避炮，违规冒险短线爆破作业，被炸崩飞的岩石砸伤脑部致死。事故间接原因是爆破安全管理不到位，安全培训不到位，放炮人员未经特种作业资格安全培训从事爆破，煤矿井下安全监督检查不到位。此次事故性质是责任事故。事故处理建议是陶某某作为C煤矿实际控制人，在C煤矿复产复工验收整改期间，煤矿安全生产管理责任落实不到位，瞒报事故，对事故发生负有重要领导责任，建议对陶某某给予行政处罚。

被告人陶某某在上述三起责任事故发生后均能及时对死者家属进行民事赔偿并与其达成工伤调解协议。

B区C煤矿2010年"4·29"放炮事故发生后，陶某某的司机韩某（另案处理）受陶某某的指派找到时任A市人民医院骨二科主任被告人朱某某，韩某让朱某某为两名井下死亡人员宋某1、宋某2开具死亡证明用于火化尸体，朱某某明知两名死亡人员系井下发生事故致死，却为其开具"车祸伤"的虚假死亡证明，使得两名事故死亡人员得以顺利火化，帮助掩盖了C煤矿发生重大责任事故的犯罪事实。

• 裁判结果

法院认为，被告人陶某某作为C矿的投资人，负有全面管理职责，在煤矿生产、作业中违反有关安全管理的规定，致使该煤矿发生3起责任事故，共造成4人死亡的严重后果，构成重大责任事故罪；被告人朱某某明知C矿发生责任事故致死2人，为陶某某提供虚假死亡证明，作假证明包庇犯罪，构成包庇罪；公诉机关指控罪名成立。被告人陶某某系在判决宣告以后，刑罚执行完毕以前，发现在判决宣告以前还有其他罪没有判决的犯罪分子，应依法对其数罪并罚。被告人朱某某犯罪以后自动投案，如实供述自己的罪行，系自首，可以从轻处罚。二被告人均能够自愿如实供述自己的罪行，承认指控的犯罪事实，愿意接受处罚，可以依法从宽处理。被告人陶某某、朱某某辩护人的辩护意见正确，予以采纳。公诉机关量刑建议适当，予以采纳。依照《中华人民共和国刑法》第一百三十四条第一款、第三百一十条、第六十九条、第七十条、第六十七条第一款，《最高人民法院、最高人民检察院关于办理危害生产安全刑事案件适用法律若干问题的解释》（法释〔2015〕22号，2015年12月16日起施行）

第一条、第七条第一款第一项，《中华人民共和国刑事诉讼法》第十五条之规定，判决如下：被告人陶某某犯重大责任事故罪，判处有期徒刑四年；与J省高级人民法院刑事判决书判处被告人陶某某有期徒刑三年，数罪并罚，决定执行有期徒刑六年。被告人朱某某犯包庇罪，判处有期徒刑六个月。

样本案例五
丁某、王某某重大责任事故一审刑事判决书

• **基本案情**

被告人丁某，系E区安全生产监督和煤炭管理局原局长。

被告人王某1，系D市F公司法定代表人。

被告人代某某，系D市F公司G煤矿实际负责人。

被告人张某某，系D市F公司G煤矿实际技术负责人。

被告人孙某某，系D市F公司G煤矿实际生产负责人。

被告人王某2，系D市F公司G煤矿实际安全负责人。

被告人杨某某，系D市F公司G煤矿值班井长。

公诉机关指控如下。

1. 重大责任事故罪。

2000年1月，D市F公司成立，法定代表人王某1，该公司工商营业执照经营范围为煤炭批发、开采等，下属两处煤矿，其中一处G煤矿，地点在××河××中部偏北。该矿井证照齐全，均在有效期内。

2017年9月，G煤矿地面管理人员时某2向被告人王某1汇报，被告人丁某想辞去E区安全生产监督和煤炭管理局（以下简称E区安煤局）局长职务，并且丁某想去管理该煤矿井下业务。时隔几日，王某某、时某2、丁某在F公司办公室，王某某同意丁某管理G煤矿井下业务，时某2负责G煤矿全部地面管理工作。2018年3月初，王某某委托时某2安排组织G煤矿复工复产事宜，并聘用被告人代某某担任矿长，负责G煤矿全面工作。从2018年5月18日开始，丁某直接参与、指挥该煤矿井下生产、技术管理工作。在丁某的指挥下，该矿工人在界外的702掘进工作面没有规程作业施工，在施工过程中生产、技术管理极其混乱，存在重大安全隐患，被告人代某某、孙某某、王某某、张某

某，没有认真履行工作责任，没有发现作业施工过程中存在重大安全隐患，没有采取探放水等有效措施加以制止，而是继续让工人作业施工。被告人杨某某于 2018 年 5 月 25 日对井下安全管理巡查不到位，继续安排工人在 702 掘进工作面施工。2018 年 5 月 26 日 0 时 16 分，702 掘进工作面发生重大透水事故，导致 3 名工人死亡，直接经济损失 383.7 万元。

经鉴定，死亡的 3 人符合生产事故致多部位损伤死亡的情况。

G 煤矿"5·26"较大水害事故调查组调查报告认定：一、事故的直接原因是 702 掘进工作面违法越界施工，未采取探放水措施，工作面放炮作业时，与十二井积水巷相透发生溃水，导致事故的发生；二、此次事故造成 3 人死亡，直接经济损失 383.7 万元；三、此次事故的性质为责任事故。

2. 滥用职权罪。

被告人丁某于 2015 年 2 月担任 E 区安煤局局长期间，明知 G 煤矿日常监管不到位仍不闻不问；2017 年 9 月，王某某答应丁某辞去局长职位后，到 G 煤矿担任井下业务矿长。2018 年初，王某某明知代某某不具有煤矿矿长资格，存在人证不符的问题，仍同意验收；同年 4 月 1 日，该矿复产复工检查出 40 处不符合验收标准的问题，在没有改造的情况下，王某某自己在验收表上签字同意，并安排检查人员也签字。同年 4 月 2 日，丁某让岳某制作了一份虚假的 2018 年 4 月 10 日到 G 煤矿检查的现场检查记录，连同虚假的"E 区地方煤矿专项整治复工复产验收表"和《关于 D 市 F 公司 G 煤矿复产复工验收申请》上报至 D 市煤炭管理局，谎称通过复产复工初验。4 月 26 日，D 市煤炭管理局人员对该煤矿查出 18 处问题，要求 E 区安煤局监督整改。次日，丁某安排安煤局副局长刘某 1 制作虚假的现场检查记录和闭合文件上报至 D 市煤炭管理局，谎称问题已整改完毕。5 月 7 日，D 市煤矿安全专项整顿工作领导小组办公室根据 E 区安煤局上报的材料认定 G 煤矿符合复产复工标准。在 G 煤矿越界施工过程中，2018 年 5 月 26 日 0 时 16 分发生透水事故，造成 3 人死亡，直接经济损失 383.7 万元。

• 裁判结果

法院认为，被告人丁某身为国家机关工作人员，在担任 E 区安煤局局长期间，经被告人王某某同意，对 G 煤矿井下生产进行管理，违规指挥作业，导致"5·26"水害事故发生，情节特别恶劣；其在工作中徇私舞弊，滥用职权，行为分别构成重大责任事故罪、滥用职权罪。丁某犯数罪，应数罪并罚。被告人王某 1、代某某、张某某、孙某某、王某 2、杨某某在生产、作业中违反有关安全管理规定，发生重大伤亡事故，情节特别恶劣，其行为均构成重大责任事故罪。公诉机关指控的犯罪事实清楚，证据确实充分，指控的罪名成立。丁某作为安煤局局长，参与 G 煤矿的生产和管理工作，其指使 G 煤矿井下人员私自开启密闭，越界掘进；指挥下属对 G 煤矿复工复产初验工作弄虚作假，致使本不具备复工复产验收条件的 G 煤矿通过验收，最终导致 G 煤矿因违法越界施工发生透水事故，造成重大伤亡后果，应依法从严惩处。王某 1 作为 G 煤矿实际控制人、投资人，对 G 煤矿疏于管理，同意公职人员丁某对 G 煤矿进行井下管理，未尽到安全生产责任，致使该矿发生重大事故，虽有自首情节，但不足以对其从轻处罚。王某 1 对死亡人员家属予以赔偿，酌情从轻处罚。根据被告人丁某、王某 1、代某某、张某某、孙某某、王某 2、杨某某在本案的地位、作用和犯罪情节，依照《中华人民共和国刑法》第一百三十四条第一款，第三百九十七条第二款，第六十七条第一款、第三款，第六十九条，《最高人民法院、最高人民检察院关于办理危害生产安全刑事案件适用法律若干问题的解释》第一条、第七条、第十三条、第十五条第一款，《最高人民法院、最高人民检察院关于办理渎职刑事案件适用法律若干问题的解释（一）》第一条之规定，判决如下：被告人丁某犯重大责任事故罪，判处有期徒刑四年，犯滥用职权罪，判处有期徒刑六年，数罪并罚，决定执行有期徒刑八年；被告人王某 1 犯重大责任事故罪，判处有期徒刑四年；被告人代某某犯重大责任事故罪，判处有期徒刑三年六个月；被告人张某某犯重大责任事故罪，判处有期徒刑三年三个月；被告人孙某某犯重大责任事故罪，判处有期徒刑三年；被告人王某 2 犯重大责任事故罪，判处有期徒刑三年；被告人杨某某犯重大责任事故罪，判处有期徒刑三年。

样本案例六

邓某某、何某某、陈某某重大责任事故罪一审刑事判决书

• 基本案情

被告人邓某某，H 县 ×× I 煤业有限责任公司投资人、生产副矿长。

被告人何某某，H 县 ×× I 煤业有限责任公司矿长。

被告人陈某某，H 县 ×× I 煤业有限责任公司掘进队队长。

公诉机关 K 省 H 县人民检察院指控，2018 年 7 月、10 月，H 县××Ⅰ煤业有限责任公司因涉嫌在＋672m 水平 51232 回风巷与 11♯煤层联络石门违法开采，先后被 H 县国土资源局、H 县煤炭工业管理局作出行政处罚决定书。

2019 年 5 月，经 H 县××Ⅰ煤业有限责任公司矿长何某某、生产副矿长邓某某、掘进队队长陈某某决定，同意强某 1 班组进入＋672m 水平 8♯联络石门与 53111 采煤工作面回风巷交叉点上面的采煤作业点采煤。该区域为查处过的越界区域，不具备起码的安全生产条件，亦未采取事故防范措施。

2019 年 5 月 16 日 19 时 40 分，强某 1 工作的采煤作业区域内发生顶板事故，造成强某 1 死亡，直接经济损失 126 万元。当日 21 时，被告人何某某与邓某某、陈某某等商量后，安排陈某某、赵某、李某、彭某 1 等人入井破坏事故现场。23 时，在被告人何某某、邓某某的安排下，由冯某、赵某、李某、彭某 1 将被害人强某 1 的摩托车推入进口下方的河沟内，并将被害人强某 1 的尸体抬至摩托车处，伪造了交通事故现场。次日，被告人陈某某与赵某、李某、彭某 1 四人在公安机关调查期间，按照××煤矿领导的指示，作出强某 1 系交通事故死亡的虚假陈述。

2019 年 5 月 18 日，在 K 省监察分局等部门对事故进行调查前，被告人何某某安排被告人陈某某、赵某、李某、彭某 1 在 53111 采煤工作面回风巷 8♯联络石门以东 3.8m 处，拆除了原有支柱，放下顶帮煤炭，再次伪造了事故现场。

• 裁判结果

法院认为，被告人邓某某、何某某、陈某某在生产作业中违反安全管理规定，违法安排人员进入越界区域以掘代采，放任作业人员冒险在未支护区域作业，造成被垮落的矸石压埋致死一人的重大伤亡事故。其行为已构成重大责任事故罪。公诉机关指控三被告人的犯罪事实清楚，证据确实充分，罪名经庭审确认成立。被告人邓某某、陈某某到案后如实供述了自己的罪行，系坦白，可从轻处罚，且赔偿了受害人的损失，可酌定从轻处罚。被告人何某某赔偿了受害人的损失，可酌定从轻处罚。被告人邓某某的辩护人提出，被告人邓某某到案后如实供述自己的犯罪事实系坦白，可以从轻处罚，且他主动赔偿了受害人的损失，取得了受害人家属的书面谅解，系初犯，过失犯罪可酌定从轻处罚。辩护意见与本案审理查明的事实相符，法院予以采纳。

被告人何某某辩解称，对越界开采及安排人破坏事故现场、制造交通事故现场的事实，均没有参与。法院审理查明，强某 1 班组越界开采，系经被告人何某某同意，有被告人何某某、邓某某、陈某某的供述与辩解证实，各自独立供述能相互印证，可以确认。被告人何某某参与安排人破坏事故现场及制造交通事故现场，有三被告人的供述与辩解及证人陈某1、彭某2、赵某、冯某、祝某的证言证实，证据之间能相互印证，可以确认。被告人何某某的辩解不能成立。被告人何某某的辩护人提出，被告人何某某就是一个挂名的，没有实际权力，安排伪造交通事故以及井下现场的破坏都是邓某某示意，不论犯意还是作用大小，何某某的作用是次要的，应当区别主从犯。

法院认为，被告人何某某作为该矿矿长，本身应当充分履行职责，对厂内事务尤其是安全责任承担主要领导责任。挂名不履职或不认真履职，因而违反安全管理的规定，造成重大伤亡事故是本罪的构成要件。安排伪造交通事故以及对井下现场的破坏，被告人何某某均起了主导作用。本案三被告人均为过失犯罪，过失犯罪没有主从之分。辩护人的辩护意见法院不予采纳。被告人何某某的辩护人还提出，何某某积极赔偿受害人并取得了受害人家属的谅解，可以酌定从轻处罚，此与法院审理查明的事实相符，法院予以采纳。被告人何某某在审查起诉环节认罪认罚，自愿签署了认罪认罚具结书，但庭审中又当庭翻供，对公诉机关指控的部分主要事实予以了否认，否认的事实体现了犯罪情节，对量刑会产生影响。对其否认的事实，未提出证据证明，对在侦查机关的相关供述，也无证据证实为非法取得，其当庭否认指控的部分事实不能成立。根据《中华人民共和国刑事诉讼法》（2018 年修正）第十五条之规定，"犯罪嫌疑人、被告人自愿如实供述自己的罪行，承认指控的犯罪事实，愿意接受处罚的，可以依法从宽处理。"认罪即承认指控的主要犯罪事实，被告人何某某当庭否认了指控的部分主要犯罪事实，已不属于认罪认罚，依法不能对其从宽处罚。

被告人陈某某的辩护人提出，被告人陈某某犯罪后，如实供述自己的犯罪事实系坦白，应对其适用非监禁刑，此与法院审理查明的事实相符，法院予以采纳。综合被告人陈某某的犯罪情节和悔罪表现，法院认为其没有再犯罪的危险，可对其适用缓刑。三名被告人的犯罪行为违背了职业要求的特定义务，根据预防罪的需要，应禁止其自刑罚执行完毕之日起从事与煤矿安全相关的管理职业。综上，公诉机关的量刑建议适当，依据《中华人民共和国刑法》第一百三十四条、第六十七条第三款、第三十七条之一的规定，判决如下：被告人邓某某犯重大责任事故罪，判处有期徒刑一年六个月；被告人何某某犯重大责任事故罪，判处有期徒刑一年九个月；被告人陈某某犯重大责任事故罪，判处有期徒刑八个月，宣告缓刑一年；被告人邓某某、何某某、陈某某在刑罚执行完毕之日起三年内禁止从事与煤矿安全相关的管理职业。

样本案例七

洪某某、孟某某重大责任事故罪案

• **基本案情**

被告人洪某某，系 E 市某采矿工程技术有限公司 W 项目部综掘二队生产班班长。

被告人孟某某，系 E 市某采矿工程技术有限公司 W 项目部综掘二队副队长。

据人民检察院指控，2021 年 1 月 9 日，E 市某采矿工程技术有限公司 W 项目部综掘二队副队长被告人孟某某带领被告人洪某某所在生产班在煤矿井下进行掘进作业。当晚 21 时，由于洪某某带领工人在作业时未严格按照作业规程要求架设临时支护导致顶板发生冒落，造成洪某某受伤。随后，当班安检员王某违章进入已发生冒落的区域，被顶板二次冒落的矸石砸中致当场死亡。经 E 市司法鉴定中心检验鉴定，洪某某受轻伤一级一处、轻伤二级一处、轻微伤二处。

• **裁判结果**

法院认为，被告人洪某某、孟某某在生产作业中违反有关安全管理的规定，造成一人死亡、一人受伤的重大事故，其行为已构成重大责任事故罪。公诉机关指控的犯罪事实清楚，证据确实、充分，指控的罪名成立。对于二被告人的辩护人提出二被告人不构成重大责任事故罪、被害人死因不明的意见，法院认为被告人洪某某作为生产班长，未组织工人严格按照作业规程作业的行为与事故的发生存在刑法上的因果关系，被告人孟某某作为副队长，对事故发生负有现场管理责任，故该辩护意见法院不予采纳。被告人洪某某、孟某某均系经侦查人员电话传唤后主动到案，并能如实供述自己的犯罪事实，可以认定为自首，法院依法从轻处罚。案发后被害人家属获得了赔偿，法院依法对二被告人从轻处罚。被告人洪某某自愿认罪认罚，依法从宽处罚。根据二被告人的犯罪事实、犯罪性质、情节和对社会的危害程度以及悔罪表现，判决如下：被告人洪某某犯重大责任事故罪，判处有期徒刑一年，缓刑一年六个月；被告人孟某某犯重大责任事故罪，判处有期徒刑一年二个月，缓刑一年六个月。

样本案例八

郭某某、冯某等重大责任事故罪案

• **基本案情**

被告人郭某某，系 F 区某矿业有限公司 A 矿段总经理兼主要负责人。

被告人冯某，系 F 区某矿业有限公司 A 矿段现场生产管理负责人兼安全员。

被告人俞某，系 F 区某矿业有限公司 A 矿段安全员。

被告人喻某某，系 F 区某矿业有限公司 A 矿段带班领导。

该矿业铅锌矿分 B 矿段和 A 矿段，两处矿段分属不同的经济主体，但共用营业执照和采矿证。B 矿段已于 2018 年取得安全生产许可证并开始生产。A 矿段自 2017 年起一直处于基建状态，尚未取得安全生产许可证。2019 年 10 月 11 日，A 矿段经省工业设计研究院设计并向 F 区应急管理局报批，确定 −110m 中段北东侧 PD8-Ⅰ作为首采工作面，设计单位对此进行了安全设施设计补充，要求建设单位根据《F 区某矿业有限公司铅锌矿补充安全设施设计（A 矿段）》（以下简称《补充安全设施设计》）进行施工。

2020 年 8 月 9 日，A 矿段在《补充安全设施设计》范围外进行了爆破作业。同年 8 月 11 日，该矿段安全员兼现场负责人被告人冯某安排员工俞某、卢某及袁某前往 −110m 爆破作业点排险作业。袁某工作经验不足且违反指令参与排险作业，被片帮冒顶的石块跌落后压住腰部，经抢救无效死亡。

经相关部门认定，某矿业有限公司未有效教育和督促从业人员严格执行本单位的安全生产规章制度，员工存在违章、冒险作业。某矿业有限公司对井下探矿排险作业安全检查、巡查不到位，作业现场缺少专人监护且未采取有效的技术与管理措施，未及时发现并消除排险作业存在的事故隐患。A 矿段主要负责人未依据《补充安全设施设计》要求布置采掘工作面，擅自组织员工到陌生区进行探矿排险作业，存在违规探矿。某矿业有限公司 A 矿段各级安全管理人员对事故区域安全监管不到位，未能及时发现并消除员工作业时存在的违章、冒险行为。

被告人郭某某作为某矿业有限公司 A 矿段总经理兼主要负责人，对本起事故发生负有领导责任。被告人冯某作为某矿业有限公司 A 矿段现场生产管理负责人兼安全员，带领员工下井作业时未与员工一起到达井下作业现场，未有效指导员工落实探矿排险前的各项安全技术措施，也未在作业现场进行专门安全监管，对本起事故发生负有管理责任。被告人俞某、喻某某作为某矿业有限公司 A 矿段安全员和带班领导，对 A 矿段井下作业安全巡查、检查不到位，未及时发现并制止员工在探矿排险作业过程中存在的违章、冒险行为，对本起事故发生负有管理责任。

案发后，某矿业有限公司 A 矿段与被害人家属达成赔偿协议并已履行，取得被害人家属的谅解。

• 裁判结果

法院认为，被告人郭某某、冯某、俞某、喻某某在生产、作业过程中，违反安全生产管理的相关规定，因而发生一人死亡的重大责任事故，其行为已构成重大责任事故罪。被告人冯某、喻某某具有自首情节，法院依法予以从轻处罚。被告人郭某某、俞某经公安机关电话通知后主动到案，法院酌情予以从轻处罚。被告人郭某某、冯某、俞某、喻某某在审理过程中自愿认罪，且某矿业有限公司积极赔偿被害人家属损失并取得谅解，法院酌情予以从轻处罚。法院根据被告人郭某某、冯某、俞某、喻某某的犯罪事实、性质、对社会的危害程度及认罪、悔罪表现，依法确定其刑罚。判决被告人郭某某犯重大责任事故罪，判处有期徒刑一年，缓刑一年六个月；被告人冯某犯重大责任事故罪，判处有期徒刑一年，缓刑一年三个月；被告人俞某犯重大责任事故罪，判处有期徒刑一年，缓刑一年三个月；被告人喻某某犯重大责任事故罪，判处有期徒刑十个月，缓刑一年。

样本案例九
常某某、杨某某、秦某、张某某、王某、晏某某重大责任事故罪

• 基本案情

被告人常某某，系 G 省 A 煤矿企业（以下简称 A 煤矿）的投资人和实际控制人。

被告人杨某某，系 A 煤矿企业矿长。

被告人秦某，系 A 煤矿企业生产矿长。

被告人张某某，系 A 煤矿企业安全矿长。

被告人王某，系 A 煤矿企业工程师。

被告人晏某某，系 A 煤矿企业瓦检员。

A 煤矿代表人常某某、矿长杨某某在未取得 9 号煤层开采手续的情况下，组织该矿工人对大山煤矿的 9 号煤层进行开采。在开采过程中擅自超煤矿矿界，进入相邻的某煤矿矿界范围内，并在煤层内掘进。截至 2013 年 5 月 10 日，A 煤矿非法开采的矿石量为 1.54 万吨，造成矿产资源破坏量为 7.7 万吨，破坏价值为人民币 816.200 万元。

此外，A 煤矿所在县安全生产监督管理局、国家煤矿安全监察局之监察分局分别对 A 煤矿进行检查，发现该矿存在安全隐患，遂责令其停产整改。被告人常某某、杨某某、秦某、张某某作为该煤矿的直接责任人和管理人，不仅未按要求停产整改，而且违反相关规定组织工人继续开采 9 号煤层，并在开采过程中擅自越界进入相邻的某煤矿矿界内采矿；被告人王某作为 A 煤矿负责技术的管理人员，在已知 A 煤矿存在未取得 9 号煤层开采的许可以及越界开采等情况下，不严格执行国家有关通风和技术管理的相关规定，导致 A 煤矿在不具备基本安全生产条件的情况下仍然进行生产；被告人晏某某作为 A 煤矿的瓦检员，在未取得瓦检员资质的情况下，与陈某（已死亡）违规带领工人通过 A 煤矿 9 号煤层进入其他煤矿的矿界内作业。2013 年 5 月 10 日 19 时，A 煤矿因通风系统混乱，风量严重不足，无风、微风作业，造成事故地点瓦斯积聚，煤电钻失爆产生火花引爆积聚瓦斯，导致瓦斯爆炸，造成作业人员 13 人死亡的重大责任事故案件。

• 裁判结果

被告人常某某作为 A 煤矿的投资人和实际控制人，对该矿是否违规生产作业负有管理责任；被告人杨某某作为该矿矿长，主持该矿全面工作，对该矿是否违规生产作业负有管理责任；被告人秦某作为生产矿长，对煤矿在生产作业中是否违规生产负有直接责任；被告人张某某作为安全矿长，对该矿在生产作业中是否违反安全管理规定负有直接责任；被告人王某作为 A 煤矿工程师，对煤矿开采技术是否执行国家有关规定负有直接责任；被告人晏某某作为 A 煤矿的瓦检员，对煤矿的瓦斯检测是否符合规定负有直接责任。上述六被告人无视国家法律法规，忽视安全生产规程，导致"5·10"重大事故的发生，六被告人的行为已构成重大责任事故罪，公诉机关指控的犯罪事实及罪名成立，予以确认。同时，被告单位 A 煤矿违法所得 163.24 万元，予以追缴，没收上缴国库。

三、司法案例类案甄别

（一）事实对比

样本案例一，负责整改工作的被告人谢某某（副矿长）为整改责任人，但谢某某未予整改，被告人岳某某（矿长）没有督促落实，负责全矿技术管理工作的总工程师董某某和负责安全监督检查工作的监察处长刘某某亦未要求隐患单位整改落实。二开拓区区长、副区长张某某、王某某继续违章施工作业。岳某某、谢某某在现场指挥中未下令切断工作区域电源，严重失职，最终造成严重后果。

样本案例二，在煤矿技改扩建期间，被告人李某某在未经审批的情况下，安排被告人陈某1设计采煤工作面，安排被告人谢某某、姜某某等人组织工人掘进布置采煤工作面，并伺机违规开采。被告人李某某召集被告人陈某1、姜某某、徐某某、卢某某、谢某某、杨某、胡某某开会，决定开采采煤工作面，同时采取只在中班进行生产、不发放作业人员定位识别卡、不安装瓦斯监控系统及传感器、遇检查时提前封闭巷道等手段逃避监管。被告人张某某、陈某2虽未参会，但在工作中发现采煤工作面在非法开采并存在严重安全隐患的情况后，没有及时采取有效的措施予以制止。被告人周某作为该矿的股东和监事，在参与工作面管理过程中，未尽到相应的监督管理职责。

样本案例三，被告人宋某某作为煤矿矿长，在该矿煤层建设过程中未正确履行建设单位的责任，在没有施工单位和监理单位的情况下，组织本矿工人进行施工，并与他人签订虚假的施工、监理合同以应付相关单位的验收。被告人杨某作为该矿的总工程师，履行岗位职责不到位，在3号煤层配采施工遇到旧巷时仍然采用常规设计，未结合实际状况及时修改作业规程或补充安全技术措施，且部分设计数据与相关要求不符。经事后调查组研究结果表明，建设项目未按规定进行管理、技术管理不到位是事故发生的原因，宋某某、杨某分别负事故的主要责任。

样本案例四，陶某某、朱某某重大责任事故、窝藏、包庇案中，被告人陶某某出资购买煤矿经营权，系该矿投资人，负责全面管理。朱某某任矿长，不参与和负责矿里工作，一年开1万元工资，实际管理者和法人是陶某某。在最终法院判决中，代理矿长朱某某仅作为证人，并未被检察机关起诉，在本案中未被追究刑事责任。

样本案例五，丁某、王某 1 重大责任事故案中，被告人代某某辩称自己是代理矿长，煤矿负责人，没有矿长证。实际上代某某是负责给煤矿跑外围、办证照。证人郝某提供证言称自己负责给老板办事，其余 4 名被告不到矿上上班，都未真正从事矿井管理工作，煤矿的安全生产责任制和安全生产管理制度是张某某编制的。法院认为，代某某作为煤矿矿长，明知丁某指挥违法作业，存在重大安全隐患仍予以执行，代某某对事故的发生亦负重要责任。辩护人关于代某某不具备任职能力，对于丁某的决定无法作出正确判断的意见，代某某无证上岗是其主观意愿、自主选择，越界施工、私启密闭是严重违反安全生产的行为，代某某应当意识到该行为违法，故不予采纳。在最终法院判决中，代理矿长代某某在本案中被追究刑事责任。

样本案例六，邓某某、何某某、陈某某重大责任事故案中，被告人何某某的辩护人提出，被告人何某某就是一个挂名的，没有实际权力，安排伪造交通事故以及对井下现场的破坏都是邓某某示意，不论犯意还是作用大小，他的作用都是次要的，应当区别主从犯。法院认为，被告人何某某作为矿长，本身应当充分履行职责，对厂内事务尤其是安全责任承担主要领导责任。挂名，不履职或不认真履职，因而违反安全管理的规定，造成重大伤亡事故是本罪的构成要件。在最终法院判决中，矿长何某某在本案中被追究刑事责任。

样本案例七，E 市某采矿工程技术有限公司项目组在进行煤矿作业挖掘时，担任该项目综掘二队副队长的被告孟某某带领担任生产班班长的被告洪某某所在生产班进行煤矿井下掘进作业，因洪某某未严格按照作业规范设置临时支护，导致顶板发生冒落，造成被告洪某某受轻伤一级、二级和轻微伤。随后，冒落区域发生二次事故，冒落的矸石砸中违章进入该事故区域的当班安检员王某，造成其死亡。

样本案例八，F 区某矿业公司的 A 矿段在未取得安全生产许可证的情况下，交由某设计研究院完成《补充安全设施设计》后依据该文件进行施工。A 矿段在文件范围外某处进行爆破作业，后担任该矿段安全员兼现场负责人的被告冯某安排三名员工前往该处排险作业，一名员工因未严格执行安全生产规章制度而被跌落的石块砸中身亡。

样本案例九，六名被告人均系对某事发煤矿企业负有管理责任的工作人员，分别承担着不同的管理职责。六名被告人无视安全生产监督管理局的警告，在不具备安全作业的情况下，仍然组织工人危险作业，最终造成事故地点瓦斯积聚爆炸，导致重大责任事故的发生。

（二）适用法律对比

样本案例一，人民法院依据《中华人民共和国刑法》（已被《中华人民共和国刑法修正案（六）》修订，已被修改）第一百三十四条第一款、第一百三十五条之规定，以重大责任事故罪分别判处被告人岳某某有期徒刑七年（与另案私分国有资产罪所判刑罚有期徒刑六个月并罚，决定执行有期徒刑七年，罚金人民币三万元），被告人谢某某有期徒刑七年。

样本案例二，人民法院依据《中华人民共和国刑法》（已被《中华人民共和国刑法修正案（六）》修订，已被修改）第一百二十五条和第一百三十四条第一款之规定，以及《最高人民法院、最高人民检察院关于办理危害生产安全刑事案件适用法律若干问题的解释》（法释〔2015〕22 号，2015 年 12 月 16 日起施行）分别判决罗某、李某某、胡某某、徐某某构成非法储存爆炸物罪，判决罗某、李某某、胡某某、徐某某、谢某某、姜某某、陈某 1、杨某、卢某某、张某某、陈某 2、周某构成重大责任事故罪。

样本案例三，人民法院依据《中华人民共和国刑法》（2017 年修正，已被修改）第一百三十四条第一款、第一百三十五条之规定，以重大责任事故罪判处宋某某有期徒刑三年，缓刑三年；杨某有期徒刑三年，缓刑三年。

样本案例四，人民法院依据《中华人民共和国刑法》（2020 年修正，已被修改）第一百三十四条第一款、第三百一十条、第六十九条、第七十条、第六十七条第一款，《最高人民法院、最高人民检察院关于办理危害生产安全刑事案件适用法律若干问题的解释》（法释〔2015〕22 号，2015 年 12 月 16 日起施行）第一条、第七条第一款第一项，《中华人民共和国刑事诉讼法》（2018 年修正）第十五条之规定，判决被告人陶某某犯重大责任事故罪，判处有期徒刑四年；与 J 省高级人民法院刑事判决书判处被告人陶某某有期徒刑三年，数罪并罚，决定执行有期徒刑六年。被告人朱某某犯包庇罪，判处有期徒刑六个月。

样本案例五，人民法院依据《中华人民共和国刑法》（2017 年修正，已被修改）第一百三十四条第一款，第三百九十七条第二款，第六十七条第一款、第三款，第六十九条，《最高人民法院、最高人民检察院关于办理危害生产安全刑事案件适用法律若干问题的解释》（法释〔2015〕22 号，2015 年 12 月 16 日起施行）第一条、第七条、第十三条、第十五条第一款，《最高人民法院、最高人民检察院关于办理渎职刑事案件适用法律若干问题的解释（一）》（法释〔2012〕18 号，2013 年 1 月 9 日起施行）第一条之规定，判处被告人丁某犯重大责任事故罪，判处有期徒刑四年，犯滥用职权罪，判处有期徒刑六年，数罪并罚，决定执行有期徒刑八年。被告人王某 1 犯重大责任事故罪，判处有期徒刑四年。被告人代某某犯重大责任事故罪，判处有期徒刑三年六个月。被告人张某某犯重大责任事故罪，判处有期徒刑三年三个月。被告人孙某某犯重大责任事故罪，判处有期徒刑三年。被告人王某 2 犯重大责任事故罪，判处有期徒刑三年。被告人杨某某犯重大责任事故罪，判处有期徒刑三年。

样本案例六，人民法院依据《中华人民共和国刑法》（2017 年修正，已被修改）第一百三十四条、第六十七条第三款、第三十七条之一的规定，判决被告人邓某某犯重大责任事故罪，判处有期徒刑一年六个月。被告人何某某犯重大责任事故罪，判处有期徒刑一年九个月。被告人陈某某犯重大责任事故罪，判处有期徒刑八个月，宣告缓刑一年。被告人邓某某、何某某、陈某某自刑罚执行完毕之日起三年内禁止从事与煤矿安全相关的管理职业。

样本案例七，法院认为被告人洪某某作为生产班长，未组织工人严格按照作业规程作业的行为与事故的发生存在刑法上的因果关系，被告人孟某某作为副队长，对事故发生负有现场管理责任，其行为与结果之间均具有因果关系。

样本案例八，法院认为各被告人的行为均与事故发生之间存在因果关系。同样，在样本案例九中，尽管各被告人职务不同，但均认定被告人对违规生产负有责任。

（三）类案大数据报告

在中国裁判文书网上以"重大责任事故罪"为搜索词，并将事故发生领域限定在矿山行业，共检索出 242 篇裁判文书。其中以宣判刑期为三年以上七年以下的案件居多，仅有少数案件适用 2015 年《最高人民法院、最高人民检察院关于办理危害生产安全刑事案件适用法律若干问题的解释》（法释〔2015〕22号，2015 年 12 月 16 日起施行）第六条第一款对重大责任事故罪规定的第一档量刑标准，即根据"事故后果"来确定刑期。阅读此类案件的裁判文书，发现法院在说理部分几乎不会区分案涉相关责任人员在事故发生中所发挥的作用（决策、管理、直接生产）或者说很少考虑他们的职务地位、岗位职责与事故结果之间的因果关系，往往一笔带过，基本上对所有被告适用相同的刑期，除非个别责任人存有其他减轻处罚情节，如认罪认罚、获得被害人家属谅解等，才会与其他责任人的宣判刑有所区别。

四、类案裁判规则的解析确立

矿山开采具有专业性和复杂性，矿山企业特别是大型矿山企业内部具有较为明确的管理层级和职责分工，同时不同矿山企业的内部管理情况也不尽相同，因此认定案例中的责任人员需要具体情况具体分析。

法理分析：

关于责任主体确定的法理构成认定：在矿山行业安全生产案件中，确定责任主体必须符合特殊身份主体承担法律责任所必须具备的要件，即负责身份、违规行为、过错、危害结果。在以负责身份和违规行为为标准确定可能承担责任主体的范围的基础上，判断该主体是否在其身份职责范围内存在过错因而造成危害结果。符合前述要件，且不具备主观责任阻却事由的，应当承担法律责任。

因果关系是一种哲学概念，一般而言可以指一系列因素（原因）和现象（结果）之间的关系，每一个因素都对该结果产生影响。在刑法中，因果关系是认定某行为罪与非罪的必备要件之一。在实践中，重大责任事故的原因往往比较复杂，很多是由多个原因造成的，有直接原因也有间接原因，有主要原因也有次要原因。对于事故形成，责任人也有主要责任和次要责任之分。对于多因一果的事故，决定对责任人进行刑事追究时，要从案发直接原因和间接原因、主要原因和次要原因、涉案人员岗位职责、履职过程、违反有关管理规定的具体表现和事故发生后的施救经过、违规行为与结果之间的因果关系等方面进行审查，准确区分和认定各涉案人员的责任。

（1）判定负有生产组织、具体管理职责的矿长、主管副矿长是否应当承担生产安全责任，应当以该主体是否对生产活动具有实际控制状态为基础。若存在充足证据证明其存在故意组织违规开采活动、职责内管理过失等违反安全管理规定的行为，造成严重后果的，应当承担生产安全责任。

依据刑法规定，构成重大责任事故罪等危害安全生产类罪名，责任主体必须在生产、作业中存在违反有关安全管理规定的行为。

《中华人民共和国安全生产法》（2021年修正，以下简称《安全生产法》）第五条规定："生产经营单位的主要负责人是本单位安全生产第一责任人，对本单位的安全生产工作全面负责。其他负责人对职责范围内的安全生产工作负责。"

矿长作为矿山生产活动的主要负责人，对全矿的安全生产工作全面负责，负有主要的组织、管理职责。具体职责包括：组织或者参与拟订本单位安全生产规章制度、操作规程和生产安全事故应急救援预案；组织或者参与本单位安全生产教育和培训，如实记录安全生产教育和培训情况；组织开展危险源辨识和评估，督促落实本单位重大危险源的安全管理措施；组织或者参与本单位应急救援演练；检查本单位的安全生产状况，及时排查生产安全事故隐患，提出改进安全生产管理的建议；制止和纠正违章指挥、强令冒险作业、违反操作规程的行为；督促落实本单位安全生产整改措施。

主管副矿长是矿山生产组织管理体系的重要负责人之一，不同副矿长主管矿山的事务职责有所不同，诸如生产安全主管副矿长、后勤保障主管副矿长、行政人事主管副矿长等。主管副矿长应当对自身主管职责范围内的事务负责，对相关活动进行组织与具体管理。

矿长、主管生产安全方面的副矿长作为本单位安全生产的主要负责人，对本单位的生产作业安全负有重要责任。如果此类主体对本单位仍处于实际控制状态，在自身职责范围内存在组织违法生产作业、现场指挥不力、未按有关部门要求督促整改落实等违反有关安全管理规定的行为，从而造成了严重后果，应当承担安全生产工作责任。

（2）判定对公司生产及相关活动具有实际决定权的公司董事长、总经理以及公司法定代表人是否应当承担生产安全责任，应当以该主体是否对公司决定事务具有实际控制状态为基础。若存在充足证据证明其存在故意决定违规生产作业、职责内监督管理过失等行为，造成严重后果的，应当承担生产安全责任。

目前，我国矿山行业生产活动主要依托公司制度进行：公司负责资金投资、决策决定、高级人事任命等管理性活动，由公司任命的矿长、主管副矿长等主体负责具体的矿山生产活动。

通常情况下，公司董事长、总经理往往身兼数职：董事长兼任矿长或总经理兼任矿长等情况十分普遍，且符合上述标准的企业主要负责人往往也是企业的法定代表人。此时，该类主体对生产安全的主要责任有所竞合，应当对公司决策、具体生产安全活动等负有全面责任，在职责范围内对全单位生产安全活动负责。

若公司决策层与矿长、主管副矿长等具体执行层并不相同，则对生产安全活动的承担责任标准应当分别讨论。对公司生产及相关活动具有实际决定权的公司董事长、总经理以及公司法定代表人，负有全公司组织、管理和监管职责，存在故意决定违规生产作业、职责内监督管理过失等行为，造成严重后果的，应当承担生产安全责任。矿长、副矿长等主体的责任标准参照规则第1条。

但在企业的实际经营中，面临的情况会更加复杂，例如原本的主要负责人长期缺位的情形。作为主要负责人的董事长或者总经理因生病、学习培训等情况在一定时期内外出，其间授权或委托其他人主持全面领导工作。如果此时发生安全生产违法行为或安全生产事故需要追究责任，而责任原因不能归咎于长期缺位的原主要负责人时，仅因其为名义上的法定代表人而被追责，既不合乎情理，又有悖于立法精神。因此，若法定代表人因故将公司管理职责委托于他人，并未实际管理安全生产工作，则应当对实际管理与实际控制的主体追究安全生产工作责任。

（3）判定负责全矿技术管理事务的总工程师是否应承担责任，应当以公司章程或矿山相关规定的职责规定为基础。若在职责范围内存在重大技术管理安排缺陷、对全矿技术指导监督不力等违反有关安全管理规定的行为，造成严重后果的，应当承担生产安全责任。

依据刑法规定，构成重大责任事故罪等危害安全生产类罪名，责任主体必须在生产、作业中存在违反有关安全管理规定的行为。

负责全矿技术管理事务的总工程师，又称矿山技术总负责人，对于全矿的技术管理工作具有指导和监督职责。具体职责主要包括：组织建立技术管理制度；组织生产方案的制定、审批；技术方法的改进；安全措施的制定；负责指导、监督"一通三防"技术业务管理和现场管理工作；及时排查和监督"一通三防"技术业务的问题并解决。

如果负责全矿技术管理事务的总工程师存在重大技术管理安排缺陷、对全矿技术指导监督不力等违反有关安全管理规定的行为，从而造成了严重后果，应当承担安全生产工作责任。

（4）判定负责安全监督检察工作的监察负责人是否应承担责任，应当以公司章程或矿山相关规定的职责规定为基础。若在职责范围内存在督察、检察不力或督促整改落实不到位等违反有关安全管理规定的行为，造成严重后果的，应当承担生产安全责任。

依据刑法规定，构成重大责任事故罪等危害安全生产类罪名，责任主体必须在生产、作业中存在违反有关安全管理规定的行为。

负责安全监督检察工作的监察负责人对于全矿的安全作业任务负有督察职责，对于矿山监察局作出的整改建议负有督察整改职责。具体职责主要包括监督安全生产、监督落实整改意见、安全责任追究以及安全巡查和检测等。

如果负责安全监督检察工作的监察负责人存在督察、检察不力或督促整改落实不到位等违反有关安全管理规定的行为，造成严重后果的，应当承担生产安全责任。

（5）判定直接施工掘进小组/区域的负责人是否应承担责任，应当以公司章程或矿山相关规定的职责规定为基础。若在职责范围内存在违反安全生产规定进行生产作业、未按规定进行生产作业保护工作、重大生产作业决策失误等违反有关安全管理规定的行为，从而造成了严重后果，应当承担安全生产工作责任。

依据刑法规定，构成重大责任事故罪等危害安全生产类罪名，责任主体必须在生产、作业中存在违反有关安全管理规定的行为。

直接施工掘进小组/区域的负责人对于其负责区域的生产作业工作负有直接领导与管理职责，对其职责范围内的安全生产工作负责。该主体作为安全生产一线的直接责任主体，对生产安全活动的开展负有重要监督和管理职责。主要职责包括：管理和保证作业人员的生产工作符合公司安全生产章程的规定；根据矿井制定的工作标准、质量标准组织施工掘进工作；如实、及时汇报安全事故，积极协助和配合调查，查明事故原因；及时组织安全、质量检查，排查和处理现场的生产问题和隐患；按规定检查和监督作业人员的装备是否佩戴齐全、正确等。

如果直接施工掘进小组/区域的负责人存在违反安全生产规定进行生产作业、未按规定进行生产作业保护工作、重大生产作业决策失误等违反有关安全管理规定的行为，从而造成了严重后果，应当承担安全生产工作责任。

（6）判定出资人、执行董事等决策机构组成人员是否应承担责任，应当以决策决定与危害后果之间是否存在直接的因果关系为基础。若该决策严重违反法律和公司章程规定，与危害后果的产生具有直接因果关系，应当承担安全生产工作责任。

依照《中华人民共和国公司法》（2023 年修正）和《安全生产法》等有关规定，出资人、执行董事等决策机构组成人员对公司生产活动不负有直接的组织、管理和监督职责，对于全矿生产安全工作并不直接管理和负责，仅仅负责公司重大事项的决策决定与讨论。

但是，由于矿山行业生产活动的特殊性，矿山的生产活动开展与所属的公司决策密不可分。出资人、执行董事等决策机构组成人员作为整个单位的重要决策主体，如果存在通过开会讨论决定进行违规开采行为或对全矿整体安全生产作业督察不力的行为，且该决策行为严重违反法律和公司章程规定，与危害后果的产生具有直接因果关系，从而造成了严重后果，也应当承担安全生产工作责任。

（7）以实际控制情况与职责履行的标准，结合身份主体，判定（隐名）股东是否应承担责任。

依据刑法规定，构成重大责任事故罪等危害安全生产类罪名，责任主体必须在生产、作业中存在违反有关安全管理规定的行为。

（隐名）股东是否要承担安全生产工作责任？在何种情况下需要承担责任？此类问题在目前的安全生产类案件中亟待统一解答。

在司法实践当中，隐名股东是否实际控制单位生产工作是判定其是否应当承担责任的重要标准。例如，在样本案例二当中，被告人李某某是 B 煤矿的隐名股东，但他实际上负责煤矿的安全生产管理工作，是煤矿的实际控制人之一。被告人在煤矿技改扩建期间违规组织生产，存在违反有关安全管理规定的行为，从而造成了严重后果，应认定为重大责任事故罪的犯罪主体，承担安全生产工作责任。

因此，作为实际控制人的股东（包括隐名股东），对于单位生产作业进行实际控制与管理，如果存在违反有关安全管理规定的行为，从而造成了严重后果，应当承担安全生产工作责任。

（8）结合法律规定，确定特殊身份主体是否应承担责任。

临时负责矿厂事务的代理矿长。

第一，不同矿山企业中矿长的身份角色是不同的。有的企业中矿长负责矿山全面经营管理，属于公司高级管理人员，矿长有可能在矿业类犯罪中被认定为"直接负责的主管人员"；有的企业中矿长仅对矿山生产技术负责，不属于公司高级管理人员，则矿长可能被认定为矿业类犯罪中的"其他直接责任人员"。

第二，从主观方面讲，如果代理矿长不知道单位存在非法行为的，当然不能在犯罪中承担责任。一般来讲，代理矿长作为对矿山生产和安全负全面责任的人员，对矿山开采实际情况应是了解的，因此通常代理矿长是知道单位存在犯罪行为的。但实践中也存在代理矿长对犯罪行为不知情的情况，比如在样本案例四中，代理矿长朱某某挂名任矿长，不参与和负责矿里工作，其实际管理者和法人是陶某某，代理矿长对矿业安全生产的全过程并不知情。对于代理矿长不知道单位存在非法行为的，不应追究其法律责任。

第三，代理矿长在对单位非法行为知情的情况下，其在犯罪中的作用可能有以下情形：一是矿长虽然知道单位存在违法行为但自己没有实际参与的，二是矿长在领导的指挥、授意下具体执行、积极参与单位非法采矿行为。样本案例五中虽然被告代某某辩称自己是代理矿长，没有矿长证，但是其明知丁某指挥违法作业，存在重大安全隐患仍予以执行，代某某对事故的发生亦负有重要责任。样本案例六中被告人何某某提出，自己就是一个挂名矿长，没有实际权力，应作为从犯处理，但是作为代理矿长本身应当充分履行职责，对厂内事务尤其是安全责任承担主要领导责任。样本案例五与样本案例六都是代理矿长在对单位违法行为知情的情况下，发生重大责任事故。样本案例三属于情形一的情况，样本案例五和样本案例六属于情形二的情况，对于这两种对单位违法行为知情的代理矿长，应追究其法律责任。

（9）上述主体所承担的职责范围，以公司章程或矿山安全生产相关规定为准；公司对职责规定相较行业通常标准过于严苛，明显超出可承担职责范围的，以《安全生产法》对相关主体的职责规定为准；《安全生产法》对相关主体职责没有明确规定的，以行业通常标准为准。

上述主体承担安全生产工作责任的范围，在司法实践当中往往以公司章程或矿山安全生产的相关规定为准。理由在于，通常来说，公司章程或矿山安全生产的相关规定对主体责任的规定更为具体和明确，且有着更为直接的约束力。公司通过职责范围的规定，对其职责行为进行考核，影响该主体的任免、奖励等直接利益。因此，该主体的行为往往直接依据公司章程或矿山安全生产相关规定进行，以此确定其职责范围标准更加合理。

但是，倘若公司对职责的规定相较行业标准过于严苛，明显超出其可承担职责范围的，此时，以公司章程或矿山安全生产的相关规定为标准，职责范围确定已经不具有法律上的期待可能性，不符合社会一般大众的通常认知，因此，在这种情况下，应当以《安全生产法》对相关主体的职责规定为准。《安全生产法》对相关主体职责没有明确规定的，以行业通常标准为准。

（10）结合法律规定，以行为人违反有关安全管理规定与事故发生之间的因果关系为标准确定各责任主体之间的责任分担。

《最高人民法院关于进一步加强危害生产安全刑事案件审判工作的意见》（法发〔2011〕20 号）第八条规定："一般情况下，对生产、作业负有组织、指挥或者管理职责的负责人、管理人员、实际控制人、投资人，违反有关安全生产管理规定，对重大生产安全事故的发生起决定性、关键性作用的，应当承担主要责任。"该意见明确了责任追究的顺序和人员范围，在多个原因导致安全生产事故发生时，应当"由上而下"排查，先审查上级管理层责任，再审查直接责任人员责任。但实践中，最终被追责的往往是相对弱势的直接操作人员，法院对间接管理人员未能有效处理，追责力度不足。现场作业的直接责任人员被追责的比例明显高于公司上层的间接责任人员。这种情况容易造成责任分担上的失衡，不利于从根本上解决生产安全管理不规范问题，不利于从源头上防范生产安全风险。而对管理人员与作业人员追责比例的失衡，最大的原因在于直接作业人员的违规行为与事故发生之间的因果关系更直接、更容易判断。

以样本案例八中郭某某、冯某等重大事故罪案为例，不论是作为矿段总经理的郭某某，还是矿段安全员身份的俞某，要么是对事故发生负有领导责任，要么是负有管理责任，四名被告均具有从轻处罚的量刑情节，所以 F 区人民法院最后给予前三人缓刑的处罚，同时又考虑到最后一名被告对事故发生所起作用较小而给予其更轻的处罚。因此，在确定《最高人民法院、最高人民检察院关于办理危害生产安全刑事案件适用法律若干问题的解释》第六条第一款中的第一档量刑标准时，应当以相关责任人违反有关安全管理规定与事故发生之间的因果关系或者说是其对事故发生所起作用的大小为标准确定各责任主体之间的责任分担。

五、关联法律法规

（一）《中华人民共和国刑法》（2023 年修正）

第一百二十五条　非法制造、买卖、运输、邮寄、储存枪支、弹药、爆炸物的，处三年以上十年以下有期徒刑；情节严重的，处十年以上有期徒刑、无期徒刑或者死刑。非法制造、买卖、运输、储存毒害性、放射性、传染病病原体等物质，危害公共安全的，依照前款的规定处罚。

单位犯前两款罪的，对单位判处罚金，并对其直接负责的主管人员和其他直接责任人员，依照第一款的规定处罚。

第一百三十四条　在生产、作业中违反有关安全管理的规定，因而发生重大伤亡事故或者造成其他严重后果的，处三年以下有期徒刑或者拘役；情节特别恶劣的，处三年以上七年以下有期徒刑。

强令他人违章冒险作业，或者明知存在重大事故隐患而不排除，仍冒险组织作业，因而发生重大伤亡事故或者造成其他严重后果的，处五年以下有期徒刑或者拘役；情节特别恶劣的，处五年以上有期徒刑。

第一百三十四条之一　在生产、作业中违反有关安全管理的规定，有下列情形之一，具有发生重大伤亡事故或者其他严重后果的现实危险的，处一年以下有期徒刑、拘役或者管制：

（一）关闭、破坏直接关系生产安全的监控、报警、防护、救生设备、设施，或者篡改、隐瞒、销毁其相关数据、信息的；

（二）因存在重大事故隐患被依法责令停产停业、停止施工、停止使用有关设备、设施、场所或者立即采取排除危险的整改措施，而拒不执行的；

（三）涉及安全生产的事项未经依法批准或者许可，擅自从事矿山开采、金属冶炼、建筑施工，以及危险物品生产、经营、储存等高度危险的生产作业活动的。

第一百三十五条　安全生产设施或者安全生产条件不符合国家规定，因而发生重大伤亡事故或者造成其他严重后果的，对直接负责的主管人员和其他直接责任人员，处三年以下有期徒刑或者拘役；情节特别恶劣的，处三年以上七年以下有期徒刑。

（二）《最高人民法院、最高人民检察院关于办理危害生产安全刑事案件适用法律若干问题的解释》（法释〔2015〕22 号，2015 年 12 月 16 日起施行）

第一条　刑法第一百三十四条第一款规定的犯罪主体，包括对生产、作业负有组织、指挥或者管理职责的负责人、管理人员、实际控制人、投资人等人员，以及直接从事生产、作业的人员。

第二条　刑法第一百三十四条第二款规定的犯罪主体，包括对生产、作业负有组织、指挥或者管理职责的负责人、管理人员、实际控制人、投资人等人员。

第三条　刑法第一百三十五条规定的"直接负责的主管人员和其他直接责任人员"，是指对安全生产设施或者安全生产条件不符合国家规定负有直接责任的生产经营单位负责人、管理人员、实际控制人、投资人，以及其他对安全生产设施或者安全生产条件负有管理、维护职责的人员。

第四条　刑法第一百三十九条之一规定的"负有报告职责的人员"，是指负有组织、指挥或者管理职责的负责人、管理人员、实际控制人、投资人，以及其他负有报告职责的人员。

第五条　明知存在事故隐患、继续作业存在危险，仍然违反有关安全管理的规定，实施下列行为之一的，应当认定为刑法第一百三十四条第二款规定的"强令他人违章冒险作业"：

（一）利用组织、指挥、管理职权，强制他人违章作业的；

（二）采取威逼、胁迫、恐吓等手段，强制他人违章作业的；

（三）故意掩盖事故隐患，组织他人违章作业的；

（四）其他强令他人违章作业的行为。

第六条 实施刑法第一百三十二条、第一百三十四条第一款、第一百三十五条、第一百三十五条之一、第一百三十六条、第一百三十九条规定的行为，因而发生安全事故，具有下列情形之一的，应当认定为"造成严重后果"或者"发生重大伤亡事故或者造成其他严重后果"，对相关责任人员，处三年以下有期徒刑或者拘役：

（一）造成死亡一人以上，或者重伤三人以上的；

（二）造成直接经济损失一百万元以上的；

（三）其他造成严重后果或者重大安全事故的情形。

实施刑法第一百三十四条第二款规定的行为，因而发生安全事故，具有本条第一款规定情形的，应当认定为"发生重大伤亡事故或者造成其他严重后果"，对相关责任人员，处五年以下有期徒刑或者拘役。

实施刑法第一百三十七条规定的行为，因而发生安全事故，具有本条第一款规定情形的，应当认定为"造成重大安全事故"，对直接责任人员，处五年以下有期徒刑或者拘役，并处罚金。

实施刑法第一百三十八条规定的行为，因而发生安全事故，具有本条第一款第一项规定情形的，应当认定为"发生重大伤亡事故"，对直接责任人员，处三年以下有期徒刑或者拘役。

第七条 实施刑法第一百三十二条、第一百三十四条第一款、第一百三十五条、第一百三十五条之一、第一百三十六条、第一百三十九条规定的行为，因而发生安全事故，具有下列情形之一的，对相关责任人员，处三年以上七年以下有期徒刑：

（一）造成死亡三人以上或者重伤十人以上，负事故主要责任的；

（二）造成直接经济损失五百万元以上，负事故主要责任的；

（三）其他造成特别严重后果、情节特别恶劣或者后果特别严重的情形。

实施刑法第一百三十四条第二款规定的行为，因而发生安全事故，具有本条第一款规定情形的，对相关责任人员，处五年以上有期徒刑。

实施刑法第一百三十七条规定的行为，因而发生安全事故，具有本条第一款规定情形的，对直接责任人员，处五年以上十年以下有期徒刑，并处罚金。

实施刑法第一百三十八条规定的行为，因而发生安全事故，具有下列情形之一的，对直接责任人员，处三年以上七年以下有期徒刑：

（一）造成死亡三人以上或者重伤十人以上，负事故主要责任的；

（二）具有本解释第六条第一款第一项规定情形，同时造成直接经济损失五百万元以上并负事故主要责任的，或者同时造成恶劣社会影响的。

第八条　在安全事故发生后，负有报告职责的人员不报或者谎报事故情况，贻误事故抢救，具有下列情形之一的，应当认定为刑法第一百三十九条之一规定的"情节严重"：

（一）导致事故后果扩大，增加死亡一人以上，或者增加重伤三人以上，或者增加直接经济损失一百万元以上的；

（二）实施下列行为之一，致使不能及时有效开展事故抢救的：

1. 决定不报、迟报、谎报事故情况或者指使、串通有关人员不报、迟报、谎报事故情况的；

2. 在事故抢救期间擅离职守或者逃匿的；

3. 伪造、破坏事故现场，或者转移、藏匿、毁灭遇难人员尸体，或者转移、藏匿受伤人员的；

4. 毁灭、伪造、隐匿与事故有关的图纸、记录、计算机数据等资料以及其他证据的；

（三）其他情节严重的情形。

具有下列情形之一的，应当认定为刑法第一百三十九条之一规定的"情节特别严重"：

（一）导致事故后果扩大，增加死亡三人以上，或者增加重伤十人以上，或者增加直接经济损失五百万元以上的；

（二）采用暴力、胁迫、命令等方式阻止他人报告事故情况，导致事故后果扩大的；

（三）其他情节特别严重的情形。

第九条　在安全事故发生后，与负有报告职责的人员串通，不报或者谎报事故情况，贻误事故抢救，情节严重的，依照刑法第一百三十九条之一的规定，以共犯论处。

第十条　在安全事故发生后，直接负责的主管人员和其他直接责任人员故意阻挠开展抢救，导致人员死亡或者重伤，或者为了逃避法律追究，对被害人进行隐藏、遗弃，致使被害人因无法得到救助而死亡或者重度残疾的，分别依照刑法第二百三十二条、第二百三十四条的规定，以故意杀人罪或者故意伤害罪定罪处罚。

第十一条　生产不符合保障人身、财产安全的国家标准、行业标准的安全设备，或者明知安全设备不符合保障人身、财产安全的国家标准、行业标准而进行销售，致使发生安全事故，造成严重后果的，依照刑法第一百四十六条的规定，以生产、销售不符合安全标准的产品罪定罪处罚。

第十二条　实施刑法第一百三十二条、第一百三十四条至第一百三十九条之一规定的犯罪行为，具有下列情形之一的，从重处罚：

（一）未依法取得安全许可证件或者安全许可证件过期、被暂扣、吊销、注销后从事生产经营活动的；

（二）关闭、破坏必要的安全监控和报警设备的；

（三）已经发现事故隐患，经有关部门或者个人提出后，仍不采取措施的；

（四）一年内曾因危害生产安全违法犯罪活动受过行政处罚或者刑事处罚的；

（五）采取弄虚作假、行贿等手段，故意逃避、阻挠负有安全监督管理职责的部门实施监督检查的；

（六）安全事故发生后转移财产意图逃避承担责任的；

（七）其他从重处罚的情形。

实施前款第五项规定的行为，同时构成刑法第三百八十九条规定的犯罪的，依照数罪并罚的规定处罚。

第十三条　实施刑法第一百三十二条、第一百三十四条至第一百三十九条之一规定的犯罪行为，在安全事故发生后积极组织、参与事故抢救，或者积极配合调查、主动赔偿损失的，可以酌情从轻处罚。

第十四条　国家工作人员违反规定投资入股生产经营，构成本解释规定的有关犯罪的，或者国家工作人员的贪污、受贿犯罪行为与安全事故发生存在关联性的，从重处罚；同时构成贪污、受贿犯罪和危害生产安全犯罪的，依照数罪并罚的规定处罚。

第十五条　国家机关工作人员在履行安全监督管理职责时滥用职权、玩忽职守，致使公共财产、国家和人民利益遭受重大损失的，或者徇私舞弊，对发现的刑事案件依法应当移交司法机关追究刑事责任而不移交，情节严重的，分别依照刑法第三百九十七条、第四百零二条的规定，以滥用职权罪、玩忽职守罪或者徇私舞弊不移交刑事案件罪定罪处罚。

公司、企业、事业单位的工作人员在依法或者受委托行使安全监督管理职责时滥用职权或者玩忽职守，构成犯罪的，应当依照《全国人民代表大会常务委员会关于〈中华人民共和国刑法〉第九章渎职罪主体适用问题的解释》的规定，适用渎职罪的规定追究刑事责任。

第十六条　对于实施危害生产安全犯罪适用缓刑的犯罪分子，可以根据犯罪情况，禁止其在缓刑考验期限内从事与安全生产相关联的特定活动；对于被判处刑罚的犯罪分子，可以根据犯罪情况和预防再犯罪的需要，禁止其自刑罚执行完毕之日或者假释之日起三年至五年内从事与安全生产相关的职业。

承包人不具备相应施工资质，可推定
为承包人未履行安全生产职责的客观事实

一、聚焦司法案件裁判观点

■ 争议焦点

在矿山安全事故所造成的人身损害赔偿纠纷中，如何确定第一责任承担人？承包关系如何对赔偿责任的分担造成影响？

二、司法案例样本对比

样本案例一

葛某某诉吴某某、A 矿业公司健康权案

• 当事人

上诉人（一审原告）：葛某某。

上诉人（一审被告）：吴某某。

被上诉人（一审被告）：A 矿业公司。

• 案情简介

A 矿业公司将石灰石破碎工程承包给吴某某，双方约定吴某某负责所有人员的安全和在场内出现的伤亡及人身意外事故。葛某某于 2015 年 3 月被吴某某招聘，主要负责凿岩工作。2015 年 5 月，葛某某在工作时，被工地山顶堆砌的滚石砸伤。

因赔偿责任的分配问题，葛某某将吴某某及 A 矿业公司诉至法院。一审法院认定吴某某与葛某某为事实上的雇佣关系，故吴某某应承担赔偿责任。而对于 A 矿业公司，一审法院根据承揽合同关系认定其不承担责任。后葛某某与吴某某不服，提起上诉，二审法院主要围绕 A 矿业公司是否应承担责任问题进行了讨论，认定 A 矿业公司在明知吴某某不具备安全生产许可证和相

应资质的情形下，仍与其签订承包合同，应与吴某某对葛某某的人身损害承担连带责任。

· 基本案情

A 矿业公司系自然人投资的企业法人。2013 年 6 月 10 日，A 矿业公司与吴某某签订了为期三年的《破碎生产承包合同》，将石灰石破碎工程承包给吴某某。双方约定吴某某负责所有人员的安全和在场内出现的伤亡及人身意外事故。葛某某于 2015 年 3 月被吴某某招聘，主要负责凿岩工作。2015 年 5 月 7 日下午，葛某某在工作时，被工地山顶堆砌的滚石砸伤。对于葛某某的伤势，司法鉴定意见为：葛某某此次外伤造成的颅脑损伤构成十级伤残，左膝关节功能障碍构成九级伤残。另查明，A 矿业公司对其 31 名员工（包括葛某某）进行了投保，保险期间为 2014 年 8 月 2 日至 2015 年 8 月 1 日，每人伤残责任限额为 10000 元，每人医疗费用责任限额为 10000 元。葛某某向法庭提举保险单，证实其属于 A 矿业公司员工，但未要求保险公司承担责任。

一审法院认为，葛某某与吴某某有事实上的雇佣关系，吴某某系雇主，葛某某系雇员。葛某某在从事雇佣活动中遭受人身损害，吴某某应承担赔偿责任。吴某某与 A 矿业公司系承揽合同关系，吴某某作为承揽人，在完成工作过程中对葛某某造成损害，作为定作人的 A 矿业公司不承担赔偿责任。葛某某作为完全民事行为能力人，应知道其作业的危险性，但未采取有力的安全措施，故葛某某对其损害后果也承担一定责任。A 矿业公司对所有员工进行投保，属于对承揽人的救助，与承揽人的雇员并不产生法律关系。葛某某不要求保险公司承担责任，因此权利人可另行主张。依照《中华人民共和国侵权责任法》（已被《民法典》废止）第十六条，《最高人民法院关于审理人身损害赔偿案件适用法律若干问题的解释》（法释〔2003〕20 号，2004 年 5 月 1 日起施行，已被修改）第十一条、第十七条、第二十五条，《最高人民法院关于适用〈中华人民共和国民事诉讼法〉的解释》（法释〔2015〕5 号，2015 年 2 月 4 日起施行，已被修改）第九十条之规定，判决如下：（1）被告吴某某在本判决生效后立即赔偿原告葛某某各种损失；（2）被告 A 矿业公司不承担责任；（3）驳回原告葛某某的其他诉讼请求。

上诉人葛某某请求撤销一审判决，依法改判。主要理由为：（1）上诉人在工地正常工作时被山顶滚落的石头砸伤致残，自身不存在过错，不应承担责任。（2）一审法院确定的医疗费、误工时间和标准、伤残赔偿附加值、后续治疗费、精神损害抚慰金等方面均有误。（3）吴某某与 A 矿业公司系承包合同关系，一审法院认定承揽合同关系错误，吴某某和 A 矿业公司应承担连带赔偿责任。

上诉人吴某某请求撤销一审判决，改由 A 矿业公司承担全部赔偿责任。主要理由为：（1）因上诉人与 A 矿业公司签订的《破碎生产承包合同》（下称承包合同）违反法律强制性规定，依照《中华人民共和国合同法》（已被《民法典》废止）规定应属无效合同。（2）依照相关法律规定，采矿权人 A 矿业公司为符合用工主体资格的企业法人，且为包括葛某某在内的 31 名员工缴纳了保险费用，故对葛某某受伤应承担赔偿责任。

被上诉人 A 矿业公司答辩称，一审法院判决认定事实清楚，适用法律正确，请求二审维持原判。

二审法院经审理查明，2013 年 6 月 10 日，A 矿业公司与吴某某签订了《破碎生产承包合同》。在合同履行中，A 矿业公司负责机械设备、炸药雷管等全部生产所需物资，但未实际参与生产及安全管理，对吴某某招聘的工人亦未进行必要的安全教育培训；吴某某负责招聘工人，具体组织生产及安全管理。另查明，被上诉人葛某某在事发当时未佩戴安全帽等防护装备。

• **争议焦点**

1. 关于上诉人葛某某在工作中被滚石砸伤致残后，上诉人吴某某、被上诉人 A 矿业公司是否承担赔偿责任问题。

吴某某主张因承包合同效力问题不承担赔偿责任，A 矿业公司承担全部赔偿责任，但对其雇佣葛某某从事凿岩工作的事实无异议。依照《最高人民法院关于审理人身损害赔偿案件适用法律若干问题的解释》（法释〔2003〕20 号，2004 年 5 月 1 日起施行，已被修改）第十一条"雇员在从事雇佣活动中遭受人身损害，雇主应当承担赔偿责任。雇佣关系以外的第三人造成雇员人身损害的，赔偿权利人可以请求第三人承担赔偿责任，也可以请求雇主承担赔偿责任。雇主承担赔偿责任后，可以向第三人追偿。雇员在从事雇佣活动中因安全生产事故遭受人身损害，发包人、分包人知道或者应当知道接受发包或者分包业务的雇主没有相应资质或者安全生产条件的，应当与雇主承担连带赔偿责任"，吴某某对葛某某人身损害后果应承担赔偿责任。吴某某与 A 矿业公司签订的承包合同效力问题，不影响吴某某作为雇主对雇员的人身损害后果承担赔偿责任。关于葛某某是否构成工伤问题，2016 年 1 月 6 日 Z 市劳动人事争议仲裁委员会作出通知书，决定对葛某某工伤申请不予受理，且葛某某与吴某某形成雇佣法律关系，但葛某某并未与 A 矿业公司签订用工合同，A 矿业公司亦未向葛某某支付工资，故一审法院认定吴某某承担赔偿责任正确，吴某某关于因葛某某构成工伤而不承担赔偿责任的主张不予支持。

A 矿业公司主张其与吴某某系承揽合同关系，与葛某某之间没有直接利害关系，对葛某某不承担赔偿责任。依照《中华人民共和国安全生产法》（2014年修订，已被修改）第一百条第一款"生产经营单位将生产经营项目、场所、设备发包或者出租给不具备安全生产条件或者相应资质的单位或者个人的，责令限期改正，没收违法所得；违法所得十万元以上的，并处违法所得二倍以上五倍以下的罚款；没有违法所得或者违法所得不足十万元的，单处或者并处十万元以上二十万元以下的罚款；对其直接负责的主管人员和其他直接责任人员处一万元以上二万元以下的罚款；导致发生生产安全事故给他人造成损害的，与承包方、承租方承担连带赔偿责任"之规定，国家安全生产监督管理总局依照该法律制定的部门规章《非煤矿山外包工程安全管理暂行办法》第七条"发包单位应当审查承包单位的非煤矿山安全生产许可证和相应资质，不得将外包工程发包给不具备安全生产许可证和相应资质的承包单位"之规定，A矿业公司作为矿山企业，明知吴某某不具备安全生产许可证和相应资质，仍与其签订承包合同，且对承包人吴某某及其雇佣的工人未进行必要的安全教育、管理、监督，造成葛某某因伤致残，吴某某与 A 矿业公司应承担连带赔偿责任。故 A 矿业公司关于对葛某某人身损害后果不承担赔偿责任的主张不予支持，一审法院在认定吴某某与 A 矿业公司之间承揽合同法律关系的基础上，判决 A 矿业公司不承担责任不当，二审法院予以纠正。

2. 关于被上诉人葛某某自身是否存在过错及是否承担责任问题。

葛某某主张其在工作中被滚石砸伤，无法预知，亦无法避免，自身不存在过错，不应承担责任。因本次事故中葛某某造成颅脑损伤和左膝关节功能障碍等两处伤残，二审法院从事故起因、葛某某是否具备可预判和防范性、未佩戴安全帽与伤残后果的关联性、吴某某与 A 矿业公司对雇佣工人的日常安全教育、管理、监督责任等方面综合考虑，葛某某在本次事故中自身承担 10％的责任较为适宜，一审法院认定 30％责任过高，二审法院予以纠正。

• 裁判结果

综上所述，上诉人葛某某的上诉请求部分成立，应予部分支持。依照《中华人民共和国安全生产法》（2014 年修正，已被修改）第一百条第一款，国家安全生产监督管理总局《非煤矿山外包工程安全管理暂行办法》第七条，《中华人民共和国侵权责任法》（已被《民法典》废止）第六条、第十六条、第二十六条,《最高人民法院关于审理人身损害赔偿案件适用法律若干问题的解释》(法释〔2003〕20号,2004年5月1日起施行,已被修改)第十一条、第二十条,《最高人民法院关于确定民事侵权精神损害赔偿责任若干问题的解释》(法释〔2001〕7号,2001年3月10日起施行,已被修改)第九条,《2015年度S省道路交通事故损害赔偿标准》,《道路交通事故受伤人员伤残评定(2002)》,《中华人民共和国民事诉讼法》(2012年修正,已被修改)第一百七十条第一款第(二)项之规定,判决如下:

(1)撤销一审民事判决;

(2)上诉人吴某某、被上诉人A矿业公司共同赔偿上诉人葛某某170000元;

(3)驳回上诉人葛某某、吴某某的其他诉讼请求。

样本案例二

B矿业有限公司、江某某提供劳务者受害责任纠纷(二审)

• 当事人

上诉人(原审被告):B矿业公司。

被上诉人(原审原告):江某某。

被上诉人(原审被告):C建设公司。

• 案情简介

2011年,B矿业公司将下属铜矿区的井巷挖掘、矿石回采工作委托给被告C建设公司施工,原告江某某系C建设公司雇佣的工人。2013年,江某在矿洞工作时遭遇塌方受伤,因赔偿责任的分担发生争议,原告将B矿业公司和C建设公司诉至法院。

一审法院认定C建设公司为原告的直接雇主,根据雇佣关系应承担赔偿责任,而对于B矿业公司的连带责任问题,由于二被告并未就C建设公司的安全生产许可证提交任何证据,故认定B矿业公司未尽到资质审核的义务,其应承担连带责任。后B矿业公司不服,提起上诉,其主要上诉理由为C建设公司在一审期间事实上持有安全生产证,未提交并不影响事实认定。二审法院就B矿业公司提交的证据进行了认定,最终判定由C建设公司作为雇主承担主要赔偿责任,B矿业公司不再承担连带责任。

• 基本案情

一审法院认定事实：2013 年，原告在矿洞工作时遭遇塌方受伤，后前往医院就诊，经司法鉴定中心鉴定，原告受伤构成七级伤残，后期治疗费为 20000 元。被告 B 矿业公司作为投保单位为原告在内的 11 人投保了高危人员团体意外伤害保险。2013 年 12 月 18 日，W 县安全生产监督管理局出具证明一份，内容为：兹有 B 矿业公司在 D 县安监局参加团体人身保险，此险种为全省安保互动，根据合同投保范围由所在单位作为投保人，不受理个人投保，同时该公司及施工队在工程开工时已在我局备案。

2011 年，两被告签订了《B 矿业公司采、掘生产施工合同书》约定被告 B 矿业公司将下属铜矿区的井巷挖掘、矿石回采工作委托给被告 C 建设公司施工。《合同书》第七条安全生产约定：被告 C 建设公司必须提供安全生产许可证、法人委托书、营业执照、项目部经理安全资格证书与各种资质证件。被告 C 建设公司负责承担在施工中所发生的安全责任与事故经济损失。被告 C 建设公司成立了 C 建设公司驻 B 矿业公司施工处，并任命胡某某为 C 建设公司驻 B 矿业公司施工处处长。2013 年 12 月 27 日，被告 B 矿业公司取得了矿产资源勘查许可证。庭审中，原告江某某陈述自己只知道胡某某找自己在矿井里替被告 B 矿业公司做工。被告 C 建设公司认可是其雇佣原告。胡某某是被告 C 建设公司员工，拿公司资质承包工程，C 建设公司不负责胡某某工资。原告江某某诉至一审法院，请求两被告连带赔偿其各项经济损失。

根据上述确认的事实，一审法院认为，《最高人民法院关于审理人身损害赔偿案件适用法律若干问题的解释》（法释〔2003〕20 号，2004 年 5 月 1 日起施行，已被修改）第十一条规定："雇员在从事雇佣活动中遭受人身损害，雇主应当承担赔偿责任。雇佣关系以外的第三人造成雇员人身损害的，赔偿权利人可以请求第三人承担赔偿责任，也可以请求雇主承担赔偿责任。雇主承担赔偿责任后，可以向第三人追偿。雇员在从事雇佣活动中因安全生产事故遭受人身损害，发包人、分包人知道或者应当知道接受发包或者分包业务的雇主没有相应资质或者安全生产条件的，应当与雇主承担连带赔偿责任。属于《工伤保险条例》调整的劳动关系和工伤保险范围的，不适用本条规定。"原告自述胡某某找原告在矿井里替被告 B 矿业公司做工，被告 C 建设公司认可是其雇佣原告，胡某某是被告 C 建设公司员工。通过以上事实可以认定被告 C 建设公司雇佣原告在矿井工作。原告在矿洞工作中受伤，参照国务院颁布的《生产安全事故报告和调查处理条例》第二条："生产经营活动中发生的造成人身伤亡或者直接经济损失的生产安全事故的报告和调查处理，适用本条例；环境污染事故、核设施事故、国防科研生产事故的报告和调查处理不适用本条例。"根据该条中有关安全事故的含义，一审法院认为原告受伤可以认定为安全事故。本案中，两被告约定，被告B矿业公司将下属铜矿区的井巷挖掘、矿石回采工作委托给被告C建设公司施工，即被告B矿业公司将铜矿区的井巷挖掘、矿石回采工作发包给被告C建设公司。对此，一审法院认为，两被告在庭审中陈述原告是在进行探矿的过程中受伤，原告认为是在采矿，两被告签订的《B矿业公司采、掘生产施工合同书》中明确约定被告C建设公司进行的是井巷挖掘、矿石回采工作，没有提到探矿或是勘查的内容，而两被告也没有就此再提交其他证据，故一审法院认为，依据合同中"井巷挖掘、矿石回采工作"的用词，一审法院认定原告受伤系发生在采矿过程中的盖然性较大。而对于采矿所必需的安全生产方面的规定及制度，《中华人民共和国矿山安全法》第十三条规定："矿山开采必须具备保障安全生产的条件，执行开采不同矿种的矿山安全规程和行业技术规范。"国家安全生产监督管理总局颁布的部门规章《非煤矿山外包工程安全管理暂行办法》第二条第一款规定："在依法批准的矿区范围内，以外包工程的方式从事金属非金属矿山的勘探、建设、生产、闭坑等工程施工作业活动，以及石油天然气的勘探、开发、储运等工程与技术服务活动的安全管理和监督，适用本办法。"第六条规定："发包单位应当依法设置安全生产管理机构或者配备专职安全生产管理人员，对外包工程的安全生产实施管理和监督。发包单位不得擅自压缩外包工程合同约定的工期，不得违章指挥或者强令承包单位及其从业人员冒险作业。发包单位应当依法取得非煤矿山安全生产许可证。"第七条规定："发包单位应当审查承包单位的非煤矿山安全生产许可证和相应资质，不得将外包工程发包给不具备安全生产许可证和相应资质的承包单位。承包单位的项目部承担施工作业的，发包单位除审查承包单位的安全生产许可证和相应资质外，还应当审查项目部的安全生产管理机构、规章制度和操作规程、工程技术人员、主要设备设施、安全教育培训和负责人、安全生产管理人员、特种作业人员持证上岗等情况。承担施工作业的项目部不符合本办法第二十一条规定的安全生产条件的，发包单位不得向该承包单位发包工程。"依据以上规定，一审法院认为，被告C建设公司在本案原告受伤的矿洞进行相应生产活动应当具备相应的安全生产许可证。两被告签订的合同中也提到被告C建设公司必须提供安全生产许可证，但本案中两被告均没有向法院就此问题提交有效的证据证实，只提交了探矿权证。故一审法院认为，依据《最高人民法院关于审理人身损害赔偿案件适用法律若干问题的解释》（法释〔2003〕20号，2004年5月

1 日起施行，已被修改）第十一条的规定，被告 C 建设公司应当对原告的损害承担赔偿责任，被告 B 矿业公司承担连带责任。对于被告 C 建设公司提出的原告受伤自身存在过错的问题，一审法院认为，被告 C 建设公司在庭审中关于因原告自身过于自信没有迅速离开危险区域而存在过错的陈述没有相应证据证实，一审法院对被告 C 建设公司提出的此观点不予采信，两被告应当对原告的全部损失承担连带责任。被告 C 建设公司还提出了追加保险公司为被告的请求，保险合同与本案不属同一法律关系，一审法院对被告 C 建设公司的此请求也不予以采纳。据此，一审依据《中华人民共和国侵权责任法》（已被《民法典》废止）第六条、第十五条、第十六条，《中华人民共和国矿山安全法》第十三条，《最高人民法院关于审理人身损害赔偿案件适用法律若干问题的解释》（法释〔2003〕20 号，2004 年 5 月 1 日起施行，已被修改）第十一条、第十七条、第十八条、第十九条、第二十条、第二十一条、第二十二条、第二十三条、第二十四条、第二十五条、第二十八条、第三十条、第三十一条、第三十五条，《中华人民共和国民事诉讼法》（2012 年修正，已被修改）第六十四条，《最高人民法院关于民事诉讼证据的若干规定》（法释〔2001〕33 号，2002 年 4 月 1 日起施行，已被修改）第二条之规定，作出判决如下："一、由被告 C 建设公司于本判决生效之日起 10 日内赔偿原告江某某剩余的各项损失，被告 B 矿业公司对此承担连带赔偿责任。二、驳回原告江某某的其他诉讼请求。"

上诉人 B 矿业公司请求撤销一审判决，依法改判，上诉人公司不承担本案的连带赔偿责任，一、二审案件诉讼费用由被上诉人承担。主要理由为：一审判决认定事实与客观不符，导致判决不公，从而严重损害了上诉人的合法权益。（1）一审判决所认定的事实与客观事实不符。被上诉人江某某受雇期间，C 建设公司是持有《安全生产许可证》且具备安全生产条件的，是法定的安全责任承担主体。上诉人委托 C 建设公司施工是符合法律规定的，上诉人不存在过错，上诉人不应在此案中与 C 建设公司一起承担连带责任，被上诉人江某某的损害应由其雇主 C 建设公司自己承担责任。（2）一审判决适用法律错误。首先，根据《最高人民法院关于民事诉讼证据的若干规定》（法释〔2001〕33 号，2002 年 4 月 1 日起施行，已被修改）第八条第一款及第三款"诉讼过程中，一方当事人对另一方当事人陈述的案件事实明确表示承认的，另一方当事人无需举证。当事人委托代理人参加诉讼的，代理人的承认视为当事人的承认"，被上诉人 C 建设公司在一审庭审时已经明确其持有有效的《安全生产许可证》，法庭让其在庭后限期内提供，但其最终没有向法庭提供，这不影响其真正持有有效《安全生产许可证》的客观事实，而且根据上述规定，C 建设公司已经认可的事实，上诉人无需再举证。其次，被上诉人 C 建设公司在一审时没有提供其持有的真实、合法、有效的《安全生产许可证》，C 建设公司的行为违反了《最高人民法院关于民事诉讼证据的若干规定》（法释〔2001〕33 号，2002 年 4 月 1 日起施行，已被修改）第七十五条："有证据证明一方当事人持有证据无正当理由拒不提供，如果对方当事人主张该证据的内容不利于证据持有人，可以推定该主张成立。"上诉人主张 C 建设公司持有有效的《安全生产许可证》主张成立，C 建设公司持有对自己不利的证据拒不提供的行为不但导致判决所认定的事实与客观事实严重不符，而且判决适用法律错误，显然判决结果也是错误的。

被上诉人江某某答辩称：一审认定事实清楚，适用法律正确，请求驳回上诉，维持原判。

被上诉人 C 建设公司无答辩意见。

二审中，上诉人 B 矿业公司提交 C 建设公司《安全生产许可证》相关文件，欲证实 C 建设公司具有安全生产资质的事实，二审法院予以确认。

• 争议焦点

上诉人 B 矿业公司是否应承担本案连带赔偿责任。

法院认为，《最高人民法院关于审理人身损害赔偿案件适用法律若干问题的解释》（法释〔2003〕20 号，2004 年 5 月 1 日起施行，已被修改）第十一条规定："雇员在从事雇佣活动中遭受人身损害，雇主应当承担赔偿责任。雇佣关系以外的第三人造成雇员人身损害的，赔偿权利人可以请求第三人承担赔偿责任，也可以请求雇主承担赔偿责任。雇主承担赔偿责任后，可以向第三人追偿。雇员在从事雇佣活动中因安全生产事故遭受人身损害，发包人、分包人知道或者应当知道接受发包或者分包业务的雇主没有相应资质或者安全生产条件的，应当与雇主承担连带赔偿责任。属于《工伤保险条例》调整的劳动关系和工伤保险范围的，不适用本条规定。"本案中被上诉人江某某通过 C 建设公司员工胡某某的雇请到上诉人 B 矿业公司的矿井进行工作，其工资由 C 建设公司进行发放，C 建设公司亦认可被上诉人江某某是其公司雇员，故被上诉人江某某与被上诉人 C 建设公司形成雇佣关系，江某某在从事雇佣活动中受到身体损害，应由其雇主 C 建设公司承担，对此一审处理正确，二审法院予以确认。同时，被上诉人 C 建设公司与上诉人 B 矿业公司之间通过《B 矿业公司采、掘生产施工合同书》明确，将其矿区的井巷挖掘和矿石回采工作发包给 C 建设公司完成，故双方形成工程承包关系。而通过审查，作为承包人的 C 建设公司系经核准登记的企业法人，其核定的经营范围内确有矿山工程施工总承包及隧道工程专业承包的内容，且其亦经国家安全生产监督部门核发了《安全生产许可证》，即 C 建设公司具备相应资质或者安全生产条件，故被上诉人江某某要求上诉人 B 矿业公司与被上诉人 C 建设公司对其损害承担连带赔偿责任的请求并无事实依据，一审对此处理不当，二审法院予以纠正。

- **裁判结果**

综上所述，一审判决认定事实不清，适用法律不当，二审法院依法予以纠正。上诉人 B 矿业公司的上诉主张成立，二审法院依法予以支持。据此，二审法院依照《最高人民法院关于审理人身损害赔偿案件适用法律若干问题的解释》（法释〔2003〕20 号，2004 年 5 月 1 日起施行，已被修改）第十一条、《中华人民共和国民事诉讼法》（2012 年修正，已被修改）第一百七十条第一款第（二）项及第一百一十八条之规定，作出判决如下：

（1）撤销一审民事判决书；

（2）由被上诉人 C 建设公司赔偿被上诉人江某某各项经济损失；

（3）驳回被上诉人江某某对上诉人 B 矿业公司的诉讼请求；

（4）驳回被上诉人江某某的其他诉讼请求。

三、类案裁判规则的解析确立

1. 结合法律规定，分析行为人与其雇佣者的直接法律关系，区分雇佣关系与《工伤保险条例》中规定的劳动关系，确定第一赔偿责任人。

由于矿山类企业通常规模较大，人事复杂且工种繁多，生产线较长，一家企业不可能做到全部包揽。故对于生产线末端的工作，通常都是进行对外分包，若承包人为个人，其与实际施工人之间形成的也是个人用工关系。

上述第一个案例中，一审法院及二审法院都将雇主作为人身赔偿责任的第一责任人，正是因为其与行为人之间的雇佣事实无可辩驳。在案例二中，一审原告江某某与一审被告 C 建设公司虽非个人用工，但被告 C 建设公司对二者的雇佣关系表示认可。

故根据《最高人民法院关于审理人身损害赔偿案件适用法律若干问题的解释》（法释〔2003〕20 号，2004 年 5 月 1 日起施行，已被修改）第十一条的规定："雇员在从事雇佣活动中遭受人身损害，雇主应当承担赔偿责任。雇佣关系以外的第三人造成雇员人身损害的，赔偿权利人可以请求第三人承担赔偿责任，也可以请求雇主承担赔偿责任。雇主承担赔偿责任后，可以向第三人追偿。雇员在从事雇佣活动中因安全生产事故遭受人身损害，发包人、分包人知道或者应当知道接受发包或者分包业务的雇主没有相应资质或者安全生产条件的，应当与雇主承担连带赔偿责任。属于《工伤保险条例》调整的劳动关系和工伤保险范围的，不适用本条规定。"可见，在此类人身损害赔偿案件中，一旦确定雇佣关系的存在，雇主就是第一责任人。

2. 结合法律规定，承包人的资质将成为发包人是否承担连带责任的关键。

由于矿山企业本身规模的庞大性与工种的复杂性，除了主体工作外，其他工作多以承包合同的方式对外发包，承包人是否具有法律规定的资质成为发包人是否与其在矿山安全事故中承担人身损害赔偿连带责任的关键。

对此，《中华人民共和国安全生产法》（2021年修正）第一百零三条规定："生产经营单位将生产经营项目、场所、设备发包或者出租给不具备安全生产条件或者相应资质的单位或个人的，责令限期改正，没收违法所得；违法所得十万元以上的，并处违法所得二倍以上五倍以下的罚款；没有违法所得或者违法所得不足十万元的，单处或者并处十万元以上二十万元以下的罚款；对其直接负责的主管人员和其他直接责任人员处一万元以上二万元以下的罚款；导致发生生产安全事故给他人造成损害的，与承包方、承租方承担连带赔偿责任。"

国家安全生产监督管理总局颁布的部门规章《非煤矿山外包工程安全管理暂行办法》第六条规定："发包单位应当依法设置安全生产管理机构或者配备专职安全生产管理人员，对外包工程的安全生产实施管理和监督。发包单位不得擅自压缩外包工程合同约定的工期，不得违章指挥或者强令承包单位及其从业人员冒险作业。发包单位应当依法取得非煤矿山安全生产许可证。"第七条规定："发包单位应当审查承包单位的非煤矿山安全生产许可证和相应资质，不得将外包工程发包给不具备安全生产许可证和相应资质的承包单位。承包单位的项目部承担施工作业的，发包单位除审查承包单位的安全生产许可证和相应资质外，还应当审查项目部的安全生产管理机构、规章制度和操作规程、工程技术人员、主要设备设施、安全教育培训和负责人、安全生产管理人员、特种作业人员持证上岗等情况。承担施工作业的项目部不符合本办法第二十一条规定的安全生产条件的，发包单位不得向该承包单位发包工程。"

在上述案例一中，虽然A矿业公司以其与吴某某之间系承揽合同关系，与原告葛某某之间没有利害关系为由主张不承担责任，但其作为矿山企业，在明知吴某某不具备《安全生产许可证》和相应资质的情况下，仍与其签订承包合同，且对承包人吴某某及其雇佣的工人未进行必要的安全教育、管理、监督，从而造成安全事故的发生，故 A 矿业公司应与吴某某承担连带责任。与之形成对比的是案例二。在一审中，承包人 C 建设公司并未向法院提供《安全生产许可证》，使得一审法院以发包人并未尽到审查承包资质的义务为由，判定发包人 B 矿业公司承担连带赔偿责任。二审中，发包人 B 矿业公司提交了承包人的相关《安全生产许可证》以证实承包人 C 建设公司具有安全生产资质，即发包人已经完成了资质审查的义务，要求其承担责任便毫无依据，故二审进行了改判，由承包人 C 建设公司承担全部赔偿责任。

矿山安全类事故所引发的人身损害赔偿纠纷中，安全生产责任人应承担安全保障基本义务，其他主体根据实际劳动关系确认责任分担形式

一、聚焦司法案件裁判观点

■ 争议焦点

　　矿山安全类事故所引发的人身损害赔偿纠纷，在复杂的法律关系中，如何确定责任分担？

二、司法案例样本对比

样本案例一

马某某与曹某、张某等提供劳务者受害责任纠纷一审民事判决书

　•当事人

原告：马某某。

被告：曹某。

被告：张某。

被告：N 矿业公司。

被告：何某。

　•案情简介

　　甲方发包方被告 N 矿业公司与乙方承包方被告曹某、何某签订《矿山生产责任权利协议书》，将 N 矿业公司名下的两处矿区分包给乙方，原告马某某经人介绍，由曹某安排在矿区工作。后马某某在矿区工作的过程中不慎受伤，因赔偿问题发生纠纷，马某某诉至法院。

　　法院认定，被告曹某与何某系合伙。原告马某某及被告曹某、何某没有采矿、选矿加工资质，马某某系曹某所雇佣，在提供劳务过程中受伤，双方应按

照过错承担责任。而何某因合伙关系与曹某承担连带责任，N 矿业公司未尽到安全生产资质审查义务，与曹某、何某共同承担连带责任。

• **基本案情**

2018 年 3 月 2 日，甲方发包方被告 N 矿业公司与乙方承包方被告曹某、何某签订《矿山生产责任权利协议书》，协议约定：甲方将其名下的两处矿区发包给乙方，对于双方的收益和报酬，协议约定甲乙双方按照销售额对半分，销售税由双方共同缴纳。协议签订后，被告曹某和何某便组织相关工作人员进行采矿及选矿作业。2018 年 4 月，原告马某某通过齐某被介绍给曹某，并由曹某安排具体工作。双方口头约定每个月 6000 元工资，在磷矿选矿加工区"带班"负责，并从事维修及质量检测等工作，没有书面合同。被告曹某与何某系合伙。原告马某某及被告曹某、何某没有采矿、选矿加工资质。

2017 年某一天，原告在磷矿选矿加工作业时，因皮带机跑偏，原告在矫正皮带的过程中，右上肢胳膊不慎被卷入传送带中受伤。

被告 N 矿业公司为甲方，被告曹某、张某为乙方，甲乙双方签订《矿山生产责任权利协议书》。在该协议中，被告 N 矿业公司将其所属某处矿产的探采、运输、分选等采选矿工作发包给被告曹某、张某，双方约定从矿产出售收入中按比例分成。该合同签订后，原、被告均认可未实际履行。另还查明，被告 N 矿业公司和 L 化工公司的法定代表人均为马某。

原告马某某受伤后，向 N 县劳动人事争议仲裁委员会申请工伤认定，后仲裁委员会以申请人的仲裁请求不属于劳动人事争议处理范围为主要理由作出了不予受理通知书，原告找被告赔偿被推诿拒绝。

• **争议焦点**

原告是为谁提供劳务，其所受伤害由谁承担责任，如何承担；原告的诉讼请求是否合法、是否应得到支持，以及对原告诉讼请求的金额认定问题。

关于原告是为谁提供劳务、其所受伤害由谁承担责任、如何承担的问题。其一，原告马某某系被告曹某所雇佣而为其与被告何某承包的被告 N 矿业公司的采矿、磷矿选矿加工提供劳务，其在提供劳务过程中不慎受伤，原、被告应按照各自的过错承担赔偿责任。原告马某某在该磷矿选矿加工场所内"带班"，并从事维修、检测等工作已达数月，其应当知道在传送设备运行下矫正传送皮带具有一定的危险性。原告带电操作，未尽到注意安全、谨慎施工的义务，导致自己右上肢胳膊被卷入传送带中受伤，其自身有过错，应当承担相应的责任。

被告曹某系无用工主体资格的自然人，故其与原告之间形成的是雇佣合同关系，是原告的实际雇佣人，理应对原告所受到的损害承担责任。其二，被告曹某、何某系合伙关系，共同承包了被告 N 矿业公司的采矿、磷矿选矿加工业务，故被告何某理应对合伙人曹某承担的赔偿金额共同承担连带赔偿责任。其三，作为具有采矿权的 N 矿业公司，明知曹某、何某作为自然人在接受发包业务时没有相应的资质或者安全生产条件，仍将该采矿、磷矿选矿加工业务发包给曹某、何某，由其进行开采、磷矿选矿加工，造成安全教育、安全施工监督的缺失，以致发生安全事故。雇员在从事雇佣活动中因安全生产事故遭受人身损害，作为发包人的 N 矿业公司，也应对曹某及其何某承担的损害赔偿责任承担连带责任。结合本案，对双方责任的划分，应以原告承担 20% 责任，被告曹某、何某承担 80% 责任为宜，被告 N 矿业公司对被告曹某、何某的赔偿责任承担连带赔偿责任。此外，（1）被告曹某、张某与 N 矿业公司签订的《矿山生产责任权利协议书》未实际履行，故被告张某在本案中不承担赔偿责任；（2）被告曹某提出被告 N 矿业公司才是原告所提供劳务的使用人，且已在合理范围内支付了相关费用，本案自己不应再承担其他责任的辩解意见，与法院查明的事实不符，且被告曹某也没有提供证据予以证实，故对其提出的辩解意见，法院不予采纳。（3）被告 N 矿业公司辩称，原告受伤与 N 矿业公司无关，而应由被告曹某等人承担赔偿责任的主张，因被告曹某、何某与 N 矿业公司签订的《矿山生产责任权利协议书》中约定了甲乙双方的责任、权利和义务，其中被告曹某、何某负责开采、运输、分选等采选矿工作，明确了选矿加工也是承包的内容之一，故被告 N 矿业公司对全过程具有安全教育、安全施工的义务，因此，对其不承担责任的主张不予采纳；（4）被告何某辩称，要求 N 矿业公司按照与其和曹某签订的《矿山生产责任权利协议书》中约定的销售比例承担责任，即 N 矿业公司承担 50% 的责任。对此主张，法院认为，虽然《矿山生产责任权利协议书》约定了收益按甲方占销售收入金额的 50%、乙方占销售收入金额的 50% 的比例分配，但该约定是 N 矿业公司与曹某、何某之间基于采矿、选矿、销售后的收入分配比例，是承包经营中关于收入分配方式的约定，对于是否履行该协议，属于另一法律关系，本案对此不作处理。因此，对被告何某的这一主张，法院不予采纳。

• 裁判结果

综上所述，原告马某某受被告曹某所雇佣而为被告曹某、何某承包的 N 矿业公司的采矿、磷矿选矿加工提供劳务，其在提供劳务过程中不慎受伤，原、被告应按照各自的过错承担赔偿责任。据此，依照《中华人民共和国民法通则》（已被《民法典》废止）第三十五条第二款"合伙人对合伙的债务承担连带责任，法律另有规定的除外"，《中华人民共和国侵权责任法》（已被《民法典》废止）第十三条"法律规定承担连带责任的，被侵权人有权请求部分或者全部连带责任人承担责任"，第十六条、第二十二条、第三十五条"个人之间形成劳务关系，提供劳务一方因劳务造成他人损害的，由接受劳务一方承担侵权责任。提供劳务一方因劳务自己受到损害的，根据双方各自的过错承担相应的责任"，《最高人民法院关于审理人身损害赔偿案件适用法律若干问题的解释》（法释〔2003〕20号，2004年5月1日起施行，已被修改）第十一条第二款"雇员在从事雇佣活动中因安全生产事故遭受人身损害，发包人、分包人知道或者应当知道接受发包或者分包业务的雇主没有相应资质或者安全生产条件的，应当与雇主承担连带赔偿责任"，第十七条、第十九条、第二十条、第二十一条、第二十二条、第二十三条、第二十四条、第二十五条、第二十八条、第三十五条和《中华人民共和国民事诉讼法》（2017年修正，已被修改）第六十四条第一款"当事人对自己提出的主张，有责任提供证据"以及第一百四十四条"被告经传票传唤，无正当理由拒不到庭的，或者未经法庭许可中途退庭的，可以缺席判决"的规定，判决如下：

（1）原告马某某的经济损失，由被告曹某、何某连带承担80%。

（2）被告N矿业公司对以上款项的给付承担连带赔偿责任。

（3）驳回原告马某某的其他诉讼请求。

样本案例二

黄某某诉H县一号砂场等身体权纠纷案

• 当事人

原告：黄某某。

被告：林某某。

被告：潘某某。

被告：H县一号砂场。

• **案情简介**

原告黄某某与被告林某某、潘某某及案外人张某某因同是从事打炮眼工种而相互认识，在一起打工中形成有工作做就相互通知、工作一起做、报酬平均分配的劳动合作习惯。2013年，四人前往被告砂场工作。工作过程中，黄某某被作业区的碎石击中受伤晕厥，后多方因赔偿问题争议诉至法院。

法院认定被告一号砂场与包括原告黄某某、被告林某某在内的四人形成承揽合同关系，认定其中原告黄某某、被告林某某等四人为共同承揽行为，故被告林某某不对黄某某的伤害承担赔偿责任，被告一号砂场未对四人的从业资质进行审查就对其发包，应承担连带责任。

• **基本案情**

经肖某（被告H县一号砂场负责人）申请，H县国土局于向其颁发了《采矿许可证》，采矿权人为一号砂场，经济类型为私营，同年，肖某登记注册了此砂场的个体工商户营业执照。后肖某注销了原个体工商户营业执照，将其重新登记为合伙企业，合伙人有肖某、何某、张某，肖某为执行事务合伙人。

原告黄某某与被告林某某、潘某某及案外人张某某因同是从事打炮眼工种而相互认识，在一起打工中形成有工作做就相互通知、工作一起做、报酬平均分配的劳动合作习惯。张某某与肖某协商后确定需要在放炮下来的岩石上打分眼，将放炮炸下来的岩石砸成石沙，以每立方1.6元支付报酬。在协商中张某某告知肖某："我们有四个工人做工，但不固定到哪家砂场做，看哪家砂场没有石料了，就去哪家砂场做。"肖某表示："只要不断石料就行。"2013年3月7日肖某打电话给工人张某某要求次日上工，当日晚张某某对林某某、潘某某及原告三人说："肖某打电话来，要求我们明天去H县一号砂场打炮眼。明天安排我和潘某某两人到某坳一号砂场，林某某和黄某某留在××砂场。"3月8日早上林某某、黄某某在另一砂场打炮眼，张某某、潘某某到一号砂场做工，进场时，该场管理人员向张、潘二人发放了安全帽。十时许，林某某、黄某某操作的机器坏了，经张某某协调，林黄二人也转移到一号砂场，四人共同做工。在实际工作中，张、林、潘三人戴有安全帽，黄某某未戴。在打第二个炮眼时张某某负责机器操作，黄某某负责替换打炮眼的钢钎。林某某、潘某某就在一边找打下一个炮眼的位置。当第二个炮眼打到三米时，从作业区上面掉下来一块石头砸到黄某某的头部致其当场受伤晕厥。张某某就立即打电话给肖某，肖某等人乘车赶到现场后，立即用车将原告送往H县医院抢救治疗。审理中，被告一号砂场的合伙人何某、张老六、肖某三人均同意由合伙企业一号砂场为本案被告和赔偿义务人，不要求变更被告。

法院认为：张某某与肖某达成的协议符合承揽合同法律要件，应认定为承揽合同关系，张某某、林某某、潘某某及原告黄某某四人共同到肖某开办的砂场进行打炮眼工作，可认定为共同承揽行为，原告黄某某与肖某无劳务或雇佣关系。肖某在与张某某协商打炮眼工作时，未审查张某某是否有过矿山从业人员培训经历和从业资格证书，在张某某提出他们是四人同时做工时，不加以审核其他三人的资格而许可，在原告黄某某同林某某进入砂场时，肖某及其管理人员未加以查问，并默许原告黄某某未戴安全帽与张某某等人一同做工，违反了《中华人民共和国安全生产法》第二十一条、第三十七条、第四十一条和《中华人民共和国矿山安全法》第二十六条、第二十八条的规定，在选用人上有疏忽过失，在安全生产管理上有不严格管理的重大过失，应承担主要责任。原告黄某某曾在矿山上从事过打炮眼工作，应当知道矿山从业的危险性，未戴安全帽而进行作业，致石头直接砸到头部，造成严重伤残，因自己疏于安全防范，对事故损害结果负有一定责任，应承担本次事故的次要责任。原告黄某某是在作业区内作业时被作业区上面落下的浮石砸伤致残，本案属于因安全生产管理不严导致的人身损害赔偿案件，法律关系应定为身体权纠纷，故原告以双方系雇佣关系应按提供劳务者受害责任纠纷审理的主张与事实不符，法院不予支持。被告一号砂场提出的该案系劳务承包，原告未经许可擅自进入，本砂场不应当承担责任的抗辩理由不成立，法院不予支持。原告黄某某与张某某、林某某、潘某某三人虽系共同承揽人，但原告黄某某系因砂场安全生产存在过失和自身防范疏忽而造成伤害的，其所受到的损害与张某某、林某某、潘某某三人没有法律上的因果关系，三人不应对原告的损害结果承担责任。故林某某、潘某某提出的不承担赔偿责任的辩解符合本案事实，法院予以支持。

• 裁判结果

根据《中华人民共和国侵权责任法》（已被《民法典》废止）第六条、第十六条、第二十六条及《最高人民法院关于审理人身损害赔偿案件适用法律若干问题的解释》（法释〔2003〕20 号，2004 年 5 月 1 日起施行，已被修改）第十七条、第十八条、第十九条、第二十条、第二十一条、第二十二条、第二十三条、第二十五条、第二十八条、第三十五条之规定，判决如下：

由被告 H 县一号砂场赔偿原告黄某某经济损失。

样本案例三

D 矿业有限公司与程某某、丁某某、李黑某等提供劳务者
受害责任纠纷

• **当事人**

上诉人（原审被告）：D 矿业有限公司。

被上诉人（原审原告）：丁某某，男。

被上诉人（原审被告）：程某某，男。

被上诉人（原审被告）：李黑某，男。

被上诉人（原审被告）：刘某某，男。

• **案情简介**

原审原告丁某某经他人介绍为原审被告刘某某所雇佣，在矿区负责运输矿石，丁某某在工作过程中不慎受伤，因赔偿问题诉至法院。

一审法院认定丁某某与刘某某之间形成个人劳务关系，根据双方各自过错程度承担责任，最终判定原告与刘某某按照 2∶8 的比例承担。而其他三名被告的责任确定，涉及多层分包、挂靠，经法院最终认定 D 矿业公司、李黑某、程某某应与原告雇主刘某某承担连带赔偿责任。后 D 矿业公司不服，提起上诉。上诉理由为被告李黑某为案外人 N 矿业公司的代理人，而非挂靠关系，D 矿业公司并不存在明知李黑某借用资质的情况。二审法院就此问题进行了讨论，综合一审事实及新提交的证据，最终认定 D 矿业公司存在明知李黑某借用资质的情况，其上诉理由不成立，故驳回上诉。

• **基本案情**

2018 年 5 月 18 日，N 矿山工程建筑有限公司出具委托书，载明委托李黑某为该公司代理人，以该公司名义承担 D 矿业公司矿山工程，所有开采施工等一切事项，该公司予以承认，在该项目施工过程中所发生的一切安全责任及经济纠纷由代理人自行负责。同年 10 月 1 日，D 矿业公司法定代表人杨某某与 N 矿山工程建筑有限公司委托代理人李黑某以各自公司名义签订《1 号矿洞采掘工程承包合同》一份，约定 D 矿业公司将名下位于 1 号矿洞的采掘工程发包给 N 矿山工程建筑有限公司完成。10 月 18 日，李黑某又以 L 铅锌矿名义与程某

某签订《采掘工程劳务合同》，将前述 1 号矿洞的采掘工程发包给程某某完成。10 月 26 日，程某某与刘某某签订《采掘工程劳务合同》，约定程某某将 1 号矿洞的井下施工发包给刘某某完成，由刘某某负责组织工人采矿和巷道运输，自备采矿和运输设备并负责维修，刘某某方须听从程某某方统一指挥。同月，原告经他人介绍来到该矿山务工，即驾驶刘某某提供的柴油三轮车在巷道内运输矿石，由刘某某计付报酬。11 月 18 日 23 时许，原告在 1 号矿洞内驾驶满载矿石的三轮车往洞外行驶，行至洞内上坡路段时，车头突然翘起，驾驶位的原告被顶到矿洞顶部，原告受伤。跟随其后驾车运矿的工友冯某发现后便喊人施救，到场人员将原告抬出洞外后，程某某驾车将原告送往 Z 县医院救治。因伤势严重，次日凌晨原告又被送往 S 省人民医院治疗。司法鉴定中心对原告的损伤评定为九级伤残。在本案诉讼过程中，被告对鉴定依据的标准提出异议，原、被告一致同意以十级伤残计算原告相应损失。原告无机动车驾驶资格。

一审法院认为，个人之间形成劳务关系，提供劳务一方因劳务而使自己受到损害的，根据双方各自的过错承担相应的责任。本案中，原告驾驶刘某某提供的运输车辆，为刘某某提供驾车运输劳务，由刘某某按车次数向原告计付劳务报酬，双方之间即形成了劳务关系，原告为提供劳务一方，刘某某为接受劳务一方。原告在提供劳务过程中自己受到损害，依法应根据双方各自过错承担相应责任。刘某某作为接受劳务方，雇佣无机动车驾驶资格的原告从事矿井驾车运输，其作为采矿施工承包人，自身不具备安全生产条件，在原告进行运输作业时又未尽到必要的现场监管责任以防范安全事故发生，对损害的发生具有重大过错，依法应承担主要责任。原告作为提供劳务者，明知自己无机动车驾驶资格却从事矿井驾车运输，对运输过程可能存在的安全隐患未予以足够警惕和防范，自身也存在一定过错，应承担次要责任。根据双方对损害发生的过错程度，酌定对原告所受各项损失，原告与刘某某按 2∶8 的比例承担责任。

关于另三名被告的责任确定问题。从 N 矿山工程建筑有限公司向李黑某出具的委托书内容来看，该公司既然授权李黑某代理该公司承包矿山工程，但同时又载明施工过程中所发生的一切安全责任及经济纠纷与己无关，而由代理人李黑某自行负责，明显有违于正常的委托代理关系。结合李黑某继而又以其他公司名义将采掘工程转包给程某某的事实，可以认定李黑某系借用 N 矿山工程建筑有限公司的名义从 D 矿业公司承包矿山工程。D 矿业公司将案涉矿区 1 号矿洞采掘工程发包给借用 N 矿山工程建筑有限公司名义的李黑某，李黑某又将该工程转包给程某某，程某某又将该工程转包给刘某某，而李黑某、程某某和刘某某均系自然人，不具备矿山采掘工程资质和安全生产条件，依照法律规定，D矿业公司、李黑某、程某某应与原告雇主刘某某承担连带赔偿责任。

二审中，上诉人D矿业公司当庭提交以下三份证据：1.N矿山工程建筑有限公司证明该公司授权李黑某全权负责承接D矿业公司铅锌矿工程项目，李黑某不存在借用该公司资质问题的证明；2.《N矿山工程建筑有限公司关于成立N矿山工程有限责任公司S省D矿业有限公司铅锌矿项目部的通知》；3.《N矿山工程建筑有限公司关于成立N矿山工程有限责任公司S省D矿业有限公司铅锌矿项目部安全领导小组的通知》。上诉人欲以上述证据证明李黑某是N矿山工程公司的代理人，一审法院认定双方系挂靠关系错误。

二审法院认为，首先，委托代理是指代理人在被代理人授权范围内以被代理人的名义从事民事活动，由被代理人承担法律后果的民事法律行为。但本案中，上诉人提供的N矿山工程建筑有限公司的授权委托书中，该公司授权李黑某代表该公司处理承包矿山工程事宜，但却明确向上诉人表明"该项目施工过程中所发生的一切安全责任及经济纠纷由代理人自行负责"，上述内容明显不符合委托代理的基本法律特征。其次，既然是N矿山工程建筑有限公司承包了D矿业公司的采掘工程，那么，N矿山工程建筑有限公司在施工中的对外劳务合作应以该公司的名义进行，而李黑某之后又以与该公司无任何关系的L县铅锌矿名义与程某某签订《采掘工程劳务合同》，这一行为显然有悖常理。再次，李黑某自称其是N矿山工程建筑有限公司的职工，但其并未提供任何诸如劳动合同、工资流水（工资表）、交纳社会保险之类能够证明其与该公司存在劳动关系的证明。最后，上述证据中的证明文件无公司负责人及经办人签名，该证据在形式上不符合单位出具证明的形式要件，在该公司未提供任何与D矿业公司有经济往来的票据、凭证的情况下，三份证明文件不足以证明N矿山工程建筑有限公司和D矿业公司之间存在真实的矿山工程承包关系。据上述理由，二审法院认定上诉人的证据不能达到其证明目的，一审法院认定李黑某和N矿山工程建筑有限公司存在挂靠关系是正确的，从上述事实亦能推定D矿业公司对李黑某借用N矿山工程建筑有限公司施工资质签订合同是明知的。

• 争议焦点

1. 一审法院判决D矿业公司对丁某某的受伤承担连带责任是否正确？

2. 一审法院未追加 N 矿山工程建筑有限公司参加诉讼是否属于程序严重违法？

对以上焦点问题，二审法院评析如下。

关于第一个焦点问题。《最高人民法院关于审理人身损害赔偿案件适用法律若干问题的解释》（法释〔2003〕20 号，2004 年 5 月 1 日起施行，已被修改）第十一条第二款规定："雇员在从事雇佣活动中因安全生产事故遭受人身损害，发包人、分包人知道或应当知道接受发包或者分包业务的雇主没有相应资质或者安全生产条件的，应当与雇主承担连带赔偿责任。"本案中，丁某某受伤属于矿山安全生产事故，D 矿业公司在明知李黑某借用 N 矿山工程建筑有限公司资质的情况下与其签订合同将矿山开采工作交由李黑某实施，而李黑某又将采矿工程交由不具有施工资质的程某某实施，程某某再次将工程交由同样不具有施工资质的刘某某实施，一审法院根据上述事实和司法解释的规定，判决雇主刘某某对雇员丁某某的受伤承担赔偿责任，并判决 D 矿业公司、李黑某、程某某与刘某某承担连带责任是正确的。上诉人 D 矿业公司认为一审法院判决其承担连带责任错误的上诉理由不能成立，二审法院不予采纳。此外，关于本案中涉及的雇主责任保险问题，因该问题与本案侵权责任纠纷不属同一法律关系，故对这一问题当事人可以另行解决。

关于一审法院审理程序问题。本案中，N 矿山工程建筑有限公司虽然没有参加诉讼，但根据现有证据足以认定该公司与李黑某之间存在挂靠关系，该公司没有参加诉讼并不影响事实的查明。在原告对该公司无诉讼请求，而其他当事人未申请该公司参加诉讼并要求其承担责任的情况下，一审法院未追加该公司作为当事人参加诉讼是正确的，因此，本案一审并不存在程序违法的问题。一审法院认定李黑某挂靠 N 矿山工程建筑有限公司与 D 矿业公司签订矿山工程承包合同只是依据证据对案件事实作出的认定，至于该合同的效力一审法院并未评判，一审法院也未对当事人之间因该合同产生的权利义务作出处理，故上诉人认为一审法院违背当事人意思自治原则否定合同效力，侵害合同当事人合法权益的理由无事实根据，二审法院不予采纳。

• 裁判结果

综上所述，上诉人 D 矿业公司的上诉请求不能成立，应予驳回。一审判决认定事实清楚，适用法律正确，应予维持。依据《中华人民共和国民事诉讼法》第一百七十条第一款第（一）项规定，作出判决如下：

驳回上诉，维持原判。

三、类案裁判规则的解析确立

多层分包的法律关系中，应结合具体事实及法律规定进行具体法律关系的确定，从而合理划分侵权责任。

矿山安全事故中，通常会存在多层分包、层层分工的情况，此时，辨析各主体之间的法律关系对于划分责任来说就显得尤为重要。

在案例一中，被告曹某是本案的实际承包人，原告马某某也系其所雇佣而为另一被告 N 矿业公司的采矿、磷矿选矿加工提供劳务，其在提供劳务过程中不慎受伤，各主体应按照各自的过错承担赔偿责任。本案中的连带责任承担主体主要是被告何某与 N 矿业公司，前者是因为与曹某的合伙关系，二人共同承包了被告 N 矿业公司的采矿、磷矿选矿加工业务，根据《中华人民共和国民法典》第九百七十三条"合伙人对合伙债务承担连带责任"的规定，何某需要与曹某承担连带责任；后者 N 矿业公司承担连带责任的主要原因是作为拥有采矿权的发包人，其在明知曹某、何某系没有相应资质或安全生产条件的自然人的情况下，仍将该采矿、磷矿选矿加工业务发包给二人进行开采、磷矿选矿加工，造成安全教育、安全施工监督的缺失，从而致使发生安全事故，其作为发包人，也应对曹某及其何某承担的损害赔偿责任承担连带责任。

案例二的主要争议点在于与原告黄某某共同做工的另外三人是否承担连带责任，根据判决书可知"原告黄某某与被告林某、潘某及案外人张某因同是从事打炮眼工种而相互认识，在一起打工中形成有工作就相互通知，工作一起做，报酬平均分配的劳动合作习惯"，因此虽然原告黄某某是经案外人张某介绍来到此砂场从事打炮眼工作的，但二者并非雇佣关系或者合伙关系。张某与被告一号砂场的负责人肖某达成的协议符合承揽合同要件，根据张、林、潘、黄四人的工作习惯，四人共同前往肖某开办的砂场进行打炮眼工作，实际应认定为共同承揽行为。《中华人民共和国民法典》第一千一百九十三条规定："承揽人在完成工作过程中造成第三人损害或者自身损害的，定作人不承担赔偿责任。但是，定作人对定作、指示或者选任有过错的，应当承担相应的责任。"本案中被告一号砂场与原告黄某某之间形成的是承揽合同关系，其负责人肖某"未审查张某是否有过矿山从业人员培训经历和从业资格证书，在张某提出他们是四人同时做工时，不加以审核其他三人的资格而许可，在原告黄某某同林某进入砂场时，肖某及其管理人员未加以查问，并默许原告黄某某未戴安全帽与张某等人一同做工"，违反了《中华人民共和国安全生产法》第二十一条、第三十七条、第四十一条和《中华人民共和国矿山安全法》第二十六条、第二十八条的规定，应承担相应的赔偿责任。张、林、潘作为原告黄某某的共同承揽人，在承揽合同中作为平等的合同主体，对其行为的后果应该依法自行承担责任。原告黄某某所受到的伤害系因砂场安全生产存在过失和自身防范疏忽而造成，与张、林、潘三人没有法律上的因果关系，三人不对原告的损害结果承担连带责任。

案例三中被告刘某某与原告之间系个人之间形成的劳务关系。根据法律规定，在此类个人用工关系中，提供劳务一方因劳务而使自己受到损害的，根据双方的过错承担相应的责任。被告刘某某作为接受劳务的一方，一方面其在明知原告无机动车驾驶资格的情况下仍雇佣原告从事矿井驾车运输，另一方面其自身作为采矿施工承包人，也不具备安全生产条件，在原告进行运输作业时又未尽到必要的现场监管责任以防范安全事故发生，对损害的发生具有重大过错，应依法承担主要责任。本案的关键点在于厘清原告上方多层分包的连带责任主体资格问题，尤其是被告李黑某与 N 矿山工程建筑有限公司之间的关系以及另一被告 D 矿业公司在其中所扮演的"角色"问题。本案中，D 矿业公司是案涉矿产采矿权的实际拥有人，其将该采掘工程发包给 N 矿山工程建筑有限公司负责人李黑某，后李黑某又以另外的公司名义与被告程某某签订《采掘工程劳务合同》，将前述工程发包给程某某完成，又经程某某再次转包，将前述工程中的井下施工发包给被告刘某某，由刘某某实际雇佣工人进行施工，原告实际受刘某某雇佣。而程某某、李黑某、刘某某均系自然人，不具备矿山采掘工程资质和安全生产条件。D 矿业公司虽声称其在与李黑某签订承包合同时，明确其为有施工资质的 N 矿山工程建筑有限公司的委托代理人，但对于 N 矿山工程建筑有限公司提供的《授权委托书》中存在的"该项目施工过程中所发生的一切安全责任及经济纠纷由代理人自行负责"这种并不符合委托代理的条款未提出异议，在明知有此类异常免责条款存在且无其他证实李黑某为 N 矿山工程建筑有限公司正式员工的证据存在的情况下，法院因此推定"D 矿业公司对李黑某借用 N 矿山工程建筑有限公司施工资质签订合同是明知的"是合理的。因此在这种情况下，D 矿业公司未对被告李黑某的承包资质提出任何异议，就应对相关的安全生产事故承担相应的连带责任。

由于矿山类企业中存在大量的资质挂靠、违法分包的情况，一旦提供劳务者在工作期间受到伤害，而雇主通常是无资质的个人，赔偿能力有限，提供劳务者最终可能无法得到相应的赔偿。同时，矿业行业属于高危行业，容易发生事故，一旦发生事故，同样可能会造成受伤害者无法得到相应赔偿的结果，故此时认定连带责任主体资格、确定连带责任分配就尤为重要。

在矿山安全案件中，应根据主体是否承担安全生产组织活动判断其是否为生产经营单位的一线工人

一、聚焦司法案件裁判观点

■ 争议焦点

在矿山安全相关案件中，基层员工是否应对本单位的安全生产负责？

■ 裁判观点

1. 生产经营单位的主要负责人是本单位安全生产第一责任人，对本单位的安全生产工作全面负责。

2. 其他负责人对职责范围内的安全生产工作负责。

3. 矿山、金属冶炼、建筑施工、运输单位和危险物品的生产、经营、装卸单位，应当设置安全生产管理机构或者配备专职安全生产管理人员，其主要负责人和安全生产管理人员，应当由主管的负有安全生产监督管理职责的部门对其安全生产知识和管理能力考核合格。

二、司法案例样本对比

样本案例一

古某某等 3 人重大责任事故案

• 当事人

被告人：叶某某，某矿业有限公司法定代理人。

被告人：温某某，某铁矿副矿长。

被告人：古某某，某矿业公司股东。

● 基本案情

被告人叶某某是××市××县某矿业有限公司法定代理人并负责公司全面工作，被告人古某某是该公司股东，担任该公司某铁矿矿长并负责铁矿安全生产工作，被告人温某某是该公司某铁矿副矿长并负责铁矿井下安全生产工作。该公司明知被告人温某某未取得安全生产知识和管理能力考核合格证，仍安排其担任安全员。

2020 年 5 月、7 月，市、县两级应急管理局分别对该公司进行现场检查，发现多个安全隐患并责令限期整改，但该公司未及时有效完成整改任务。

2020 年 12 月 10 日、13 日，被告人古某某、温某某等人在例行巡查中发现该铁矿第二矿层一作业面存在安全隐患，古某某两次口头提出要求停止作业，但均未采取具体工作举措。2020 年 12 月 13 日 14 时 50 分许，工人在上述作业面违章进行凿岩作业时，工作面边帮发生片帮，造成三人死亡。事故发生后，古某某、叶某某及温某某三人均在现场配合开展救援工作，到案后均如实供述犯罪事实；该公司和被害人家属达成工伤补偿协议，并取得被害人家属的谅解。

● 案件争点

被告古某某、叶某某、温某某都构成什么罪名？

● 裁判结果

2021 年 11 月 17 日，××县人民检察院指控古某某等 3 人犯重大责任事故罪，向××县人民法院提起公诉。××县人民法院经审理，于 2021 年 12 月 27 日作出一审判决，以重大责任事故罪分别判处古某某有期徒刑二年五个月，缓刑三年；叶某某有期徒刑二年三个月，缓刑三年；温某某有期徒刑二年二个月，缓刑三年。

根据《中华人民共和国安全生产法》（2021 年修正）的规定，生产经营单位的主要负责人是本单位安全生产第一责任人，对本单位的安全生产工作全面负责。其他负责人对职责范围内的安全生产工作负责。矿山、金属冶炼、建筑施工、运输单位和危险物品的生产、经营、装卸单位，应当设置安全生产管理机构或者配备专职安全生产管理人员，其主要负责人和安全生产管理人员，应当由主管的负有安全生产监督管理职责的部门对其安全生产知识和管理能力考核合格。本案中，古某某、叶某某、温某某依其职责均应对本单位安全生产负责。事故单位明知温某某未取得安全生产知识和管理能力考核合格证，仍安排其担任专职安全生产管理人员，违反了安全生产法的规定。

根据《中华人民共和国安全生产法》（2021年修正）的规定，生产经营单位应当建立健全并落实生产安全事故隐患排查治理制度，采取技术、管理措施，及时发现并消除事故隐患。本案中，古某某等3人对于发现的安全隐患未能及时有效整改消除，导致重大责任事故的发生，其行为已构成重大责任事故罪。

样本案例二
宋某某等人重大责任事故案

• 当事人

被告人：宋某某，男，山西 A 煤业公司（隶属于山西 B 煤业公司）原矿长。

被告人：杨某，男，A 煤业公司原总工程师。

被不起诉人：赵某某，男，A 煤业公司原工人。

• 基本案情

2016年5月，宋某某作为 A 煤业公司矿长，在3号煤层配采项目建设过程中，违反《关于加强煤炭建设项目管理的通知》要求，在没有施工单位和监理单位的情况下，即开始自行组织工人进行施工，并与周某某（以伪造公司印章罪另案处理）签订虚假的施工、监理合同以应付相关单位的验收。杨某作为该矿的总工程师，违反《煤矿安全规程》（国家安全监管总局令第87号）要求，未结合实际情况加强设计和制订安全措施，在3号煤层配采施工遇到旧巷时仍然采用常规设计，且部分设计数据与相关要求不符，导致旧巷扩刷工程对顶煤支护的力度不够。2017年3月9日3时50分许，该矿施工人员赵某某带领4名工人在3101综采工作面运输顺槽和联络巷交叉口处清煤时，发生顶部支护板塌落事故，导致上覆煤层坍塌，造成3名工人死亡，赵某某及另1名工人受伤，直接经济损失635.9万元。

• 案件争点

宋某某、杨某构成什么罪名?

• 裁判结果

2018 年 12 月 21 日,××区人民法院作出一审判决,认定宋某某、杨某犯重大责任事故罪,考虑到二人均当庭认罪悔罪,如实供述自己的犯罪事实,具有坦白情节,且 A 煤业公司积极对被害方进行赔偿,分别判处二人有期徒刑三年,缓刑三年。二被告人均未提出上诉,判决已生效。

样本案例三

某矿业有限责任公司、程某某工伤保险待遇纠纷民事
二审民事判决书

• 当事人

上诉人(原审被告):某矿业有限责任公司。

法定代表人:马某某,董事长。

委托诉讼代理人:智某某。

被上诉人(原审原告):程某某。

委托诉讼代理人:司某,××律师事务所律师。

委托诉讼代理人:郭某,××律师事务所实习人员。

• 基本案情

上诉人某矿业有限责任公司(以下简称某矿业公司)因与被上诉人程某某工伤保险待遇纠纷一案,不服××省××市人民法院(20××)×××民初××号民事判决,向二审法院提起上诉。二审法院于 2021 年 8 月 16 日立案后,依法组成合议庭,不开庭进行了审理。本案现已审理终结。

某矿业公司上诉请求:1. 撤销原民事判决,依法驳回程某某的诉讼请求或予以改判;2. 一、二审案件受理费均由程某某承担。事实和理由:1. 程某某虽然没有工伤认定书,但某矿业公司已经按照程某某的伤残等级在其受伤后、退休前履行了各项义务,其退休后某矿业公司依照《山东省贯彻〈工伤

保险条例》实施办法》第二十二条第二款和《中华人民共和国社会保险法》（2018 年修正）第四十条的规定，终止程某某的伤残津贴和不再承担医疗费合理合法。《工伤保险条例》（2010 年修订）及有关法律法规也没有规定工伤人员退休后的医疗费由单位承担。一审法院依照《工伤保险条例》（2010 年修订）第三十条第一款判决某矿业公司承担程某某退休后的医疗费适用法律错误，应当纠正。2. 在一审程某某提交的医疗单据中有部分药品不是用于治疗工伤部位的药，如程某某购买的 683.92 元的"雷贝拉唑钠肠溶片"，稍有医学常识的人就知道该药是治疗胃溃疡、十二指肠溃疡的专用药，与治疗脚部伤情毫无关联性，一审也予以支持。这违背了《工伤保险条例》（2010 年修订）第三十条第五款"工伤职工治疗非工伤引发的疾病，不享受工伤医疗待遇，按照基本医疗保险办法处理"的规定，应当纠正。3. 退一步讲，假如程某某退休后产生的医疗费用由某矿业公司承担，也应当先由医疗保险机构报销后，剩余部分才由某矿业公司处理。然而，一审法院却判决程某某的所有医疗费用都由某矿业公司承担，明显不当，应当纠正。综上所述，一审法院认定事实不清，适用法律错误。

程某某辩称，依据《山东省贯彻〈工伤保险条例〉实施办法》第二十二条第二款和《中华人民共和国社会保险法》（2018 年修正）第四十条规定，工伤职工符合领取基本养老金条件的，停发伤残津贴，享受基本养老保险待遇，并没有规定停发治疗工伤的医疗费用。根据《工伤保险条例》（2010 年修订）第三十条规定，职工因治疗工伤产生的一切医疗费用均应获得赔偿。某矿业公司主张其不应承担程某某退休之后的医疗费用没有法律依据。程某某长期服用的治疗工伤部位的药物对胃部具有刺激性，故需要服用"雷贝拉唑钠肠溶片"。程某某服用的药物均是医生根据其伤情开具，有相应的门诊病历相互印证。某矿业公司在一审中并没有申请对程某某用药的必要性和合理性进行鉴定，视为其对此无异议。程某某产生的医疗费用均是门诊费用，不属于医保报销的范围。即使属于报销范围，因程某某系因工受伤，应当优先享受工伤保险待遇，不属于医保报销的范围。综上所述，某矿业公司的上诉没有事实和法律依据，请求二审法院依法驳回上诉，维持原判。

程某某向一审法院起诉请求：依法判令被告赔偿原告医疗费 6567.91 元。

一审法院认定事实：程某某诉某矿业公司劳动争议一案，××市劳动人事争议仲裁委员会于 2021 年 3 月 16 日作出决定书，决定对程某某的申诉，该委不予受理。程某某系某矿业公司职工，现已退休。2002 年 3 月 8 日，程某某在某矿业公司工作过程中受伤。某矿业公司填写了程某某的职工伤亡事故呈报表

（程某某右小腿和右上肩肩胛骨骨折和骨裂），但未进行工伤认定。2008 年 1 月 31 日，××市劳动能力鉴定委员会经鉴定，向某矿业公司发出通知：程某某达到《劳动能力鉴定职工工伤与职业病致残等级》标准六级，大部分丧失劳动能力，无护理依赖。

程某某提交了诊断证明书（程某某，2020 年 11 月 4 日）、2020 年 7 月 25 日至 2021 年 4 月 1 日程某某的门诊收费票据（合计 6567.91 元）及相应的××市中心人民医院门诊病历。门诊收费票据 6567.91 元的支出均与门诊病历相符，门诊病历的诊断为右踝骨折术后创伤性关节炎。

程某某与某矿业公司健康权纠纷一案，程某某诉讼请求为：判令某矿业公司赔偿原告医疗费 2513.43 元，赔偿原告尚未发生的后续治疗费用。一审法院于 2020 年 11 月 27 日作出民事判决，驳回程某某的起诉。程某某不服提起上诉，××市中级人民法院于 2021 年 2 月 2 日作出民事判决，判决如下：驳回上诉，维持原裁定。

• 案件争点

1. 某矿业公司是否需要赔偿程某某医疗费？
2. 程某某是否享受工伤保险待遇？

• 裁判结果

1. 依照《工伤保险条例》（2010 年修订）第三十条第一款，《中华人民共和国民事诉讼法》（2012 年修正，已被修改）第六十四条第一款，《中华人民共和国劳动争议调解仲裁法》第六条，《最高人民法院关于适用〈中华人民共和国民事诉讼法〉的解释》（法释〔2015〕5 号，2015 年 2 月 4 日起施行，已被修改）第九十条规定，判决被告某矿业公司赔偿原告程某某医疗费 6567.91 元，于判决生效之日起十日内履行完毕。如果未按判决指定的期间履行给付金钱义务，应当依据《中华人民共和国民事诉讼法》（2012 年修正，已被修改）第二百五十三条规定，加倍支付迟延履行期间的债务利息。案件受理费 10 元，减半收取计 5 元，由某矿业公司承担。

2. 一审法院认为，《工伤保险条例》（2010 年修正）第三十条第一款规定："职工因工作遭受事故伤害或者患职业病进行治疗，享受工伤医疗待遇。"第六十七条规定："本条例自 2004 年 1 月 1 日起施行。本条例施行前已受到事故伤害或者患职业病的职工尚未完成工伤认定的，按照本条例的规定执行。"原告虽未进行工伤认定，但某矿业公司认可原告的工伤事实，应由某矿业公司承担原告的工伤保险待遇。某矿业公司辩称其无义务承担原告退休后所产生的医疗费，原告诉求无事实和法律依据。原告支出的医疗费用6567.91元系用于工作受伤引起的疾病，原告要求赔偿医疗费6567.91元，符合法律规定，予以支持。本案系劳动争议纠纷，适用仲裁前置，原告申请仲裁后起诉，符合法律规定，不属于重复起诉。

二审查明事实与一审一致，二审法院予以确认。

综上所述，某矿业公司的上诉请求不能成立，应予驳回；一审判决认定事实清楚，适用法律正确，应予维持。依照《中华人民共和国民事诉讼法》（2012年修正，已被修改）第一百七十条第一款第一项规定，作出判决如下：

驳回上诉，维持原判。

三、司法案例类案甄别

（一）事实对比

样本案例一，被告人为××市××县某矿业有限公司法定代理人叶某某、该公司股东古某某、该公司某铁矿副矿长温某某。2020年5月、7月，应急管理局分别对该公司进行现场检查，发现多个安全隐患并责令限期整改，但该公司未及时有效完成整改任务。2020年12月10日、13日，被告人古某某、温某某等人在例行巡查中发现该铁矿第二矿层一作业面存在安全隐患，古某某两次口头提出要求停止作业，但均未采取具体工作举措。之后工人在上述作业面违章进行凿岩作业时，工作面边帮发生片帮，造成三人死亡。

样本案例二，2016年5月，宋某某作为A煤业公司矿长，在3号煤层配采项目建设过程中，违反《关于加强煤炭建设项目管理的通知》要求，在没有施工单位和监理单位的情况下，即开始自行组织工人进行施工，并与周某某签订虚假的施工、监理合同以应付相关单位的验收。杨某作为该矿的总工程师，违反《煤矿安全规程》要求，未结合实际情况加强设计和制订安全措施，在3号煤层配采施工遇到旧巷时仍然采用常规设计，且部分设计数据与相关要求不符，导致旧巷扩刷工程对顶煤支护的力度不够。2017年3月9日3时50分许，该矿施工人员赵某某带领4名工人在3101综采工作面运输顺槽和联络巷交叉口处清煤时，发生顶部支护板塌落事故，导致上覆煤层坍塌，造成3名工人死亡，赵某某及另1名工人受伤，直接经济损失635.9万元。

样本案例三，程某某系某矿业公司职工，现已退休。2002 年 3 月 8 日，程某某在某矿业公司工作过程中受伤。某矿业公司填写了程某某的职工伤亡事故呈报表（程某某右小腿和右上肩肩胛骨骨折和骨裂），但未进行工伤认定。2008 年 1 月 31 日，××市劳动能力鉴定委员会经鉴定，向某矿业公司发出通知：程某某达到《劳动能力鉴定职工工伤与职业病致残等级》标准六级，大部分丧失劳动能力，无护理依赖。

程某某提交了诊断证明书（程某某，2020 年 11 月 4 日）、2020 年 7 月 25 日至 2021 年 4 月 1 日程某某的门诊收费票据（合计 6567.91 元）及相应的××市中心人民医院门诊病历。门诊收费票据 6567.91 元的支出均与门诊病历相符，门诊病历的诊断为右踝骨折术后创伤性关节炎。程某某向一审法院起诉请求依法判令被告赔偿原告医疗费 6567.91 元。二审判决被告某矿业公司赔偿原告程某某医疗费 6567.91 元，于判决生效之日起十日内履行完毕。

（二）适用法律对比

样本案例一，法院认为：

根据《中华人民共和国安全生产法》（2021 年修正）的规定，生产经营单位的主要负责人是本单位安全生产第一责任人，对本单位的安全生产工作全面负责。其他负责人对职责范围内的安全生产工作负责。矿山、金属冶炼、建筑施工、运输单位和危险物品的生产、经营、装卸单位，应当设置安全生产管理机构或者配备专职安全生产管理人员，其主要负责人和安全生产管理人员，应当由主管的负有安全生产监督管理职责的部门对其安全生产知识和管理能力考核合格。本案中，古某某、叶某某、温某某依其职责均应对本单位安全生产负责。事故单位明知温某某未取得安全生产知识和管理能力考核合格证，仍安排其担任专职安全生产管理人员，违反了安全生产法的规定。

根据《中华人民共和国安全生产法》（2021 年修正）的规定，生产经营单位应当建立健全并落实生产安全事故隐患排查治理制度，采取技术、管理措施，及时发现并消除事故隐患。本案中，古某某等 3 人对于发现的安全隐患未能及时有效整改消除，导致重大责任事故的发生，其行为已构成重大责任事故罪。以重大责任事故罪分别判处古某某有期徒刑二年五个月，缓刑三年；叶某某有期徒刑二年三个月，缓刑三年；温某某有期徒刑二年二个月，缓刑三年。

样本案例二，法院作出一审判决，认定宋某某、杨某犯重大责任事故罪，考虑到二人均当庭认罪悔罪，如实供述自己的犯罪事实，具有坦白情节，且 A 煤业公司积极对被害方进行赔偿，分别判处二人有期徒刑三年，缓刑三年。二被告人均未提出上诉，判决已生效。

样本案例三，二审查明事实与一审一致，二审法院予以确认。某矿业公司的上诉请求不能成立，应予驳回；一审判决认定事实清楚，适用法律正确，应予维持。依照《中华人民共和国民事诉讼法》（2012 年修正，已被修改）第一百七十条第一款第一项规定，作出判决如下：驳回上诉，维持原判。

四、类案裁判规则的解析确立

结合法律规定，以行为人是否有负责身份和违规行为为标准确定可能的责任主体最大范围。《中华人民共和国安全生产法》（2021 年修正）第五条规定："生产经营单位的主要负责人是本单位安全生产第一责任人，对本单位的安全生产工作全面负责。其他负责人对职责范围内的安全生产工作负责。"第二十二条规定："生产经营单位的全员安全生产责任制应当明确各岗位的责任人员、责任范围和考核标准等内容。生产经营单位应当建立相应的机制，加强对全员安全生产责任制落实情况的监督考核，保证全员安全生产责任制的落实。"第二十四条规定："矿山、金属冶炼、建筑施工、运输单位和危险物品的生产、经营、储存、装卸单位，应当设置安全生产管理机构或者配备专职安全生产管理人员。前款规定以外的其他生产经营单位，从业人员超过一百人的，应当设置安全生产管理机构或者配备专职安全生产管理人员；从业人员在一百人以下的，应当配备专职或者兼职的安全生产管理人员。"依据上述规定，结合上述类案具体情况，可以确定责任主体最大范围：

（1）生产经营单位的主要负责人；

（2）其他负责人；

（3）矿山、金属冶炼、建筑施工、运输单位和危险物品的生产、经营、装卸单位。

五、关联法律法规

（一）《中华人民共和国安全生产法》（2021 年修正）

第五条　生产经营单位的主要负责人是本单位安全生产第一责任人，对本单位的安全生产工作全面负责。其他负责人对职责范围内的安全生产工作负责。

第二十二条　生产经营单位的全员安全生产责任制应当明确各岗位的责任人员、责任范围和考核标准等内容。

生产经营单位应当建立相应的机制，加强对全员安全生产责任制落实情况的监督考核，保证全员安全生产责任制的落实。

第二十四条　矿山、金属冶炼、建筑施工、运输单位和危险物品的生产、经营、储存、装卸单位，应当设置安全生产管理机构或者配备专职安全生产管理人员。

前款规定以外的其他生产经营单位，从业人员超过一百人的，应当设置安全生产管理机构或者配备专职安全生产管理人员；从业人员在一百人以下的，应当配备专职或者兼职的安全生产管理人员。

第二十五条　生产经营单位的安全生产管理机构以及安全生产管理人员履行下列职责：

（一）组织或者参与拟订本单位安全生产规章制度、操作规程和生产安全事故应急救援预案；

（二）组织或者参与本单位安全生产教育和培训，如实记录安全生产教育和培训情况；

（三）组织开展危险源辨识和评估，督促落实本单位重大危险源的安全管理措施；

（四）组织或者参与本单位应急救援演练；

（五）检查本单位的安全生产状况，及时排查生产安全事故隐患，提出改进安全生产管理的建议；

（六）制止和纠正违章指挥、强令冒险作业、违反操作规程的行为；

（七）督促落实本单位安全生产整改措施。

生产经营单位可以设置专职安全生产分管负责人，协助本单位主要负责人履行安全生产管理职责。

第二十六条　生产经营单位的安全生产管理机构以及安全生产管理人员应当恪尽职守，依法履行职责。

生产经营单位作出涉及安全生产的经营决策，应当听取安全生产管理机构以及安全生产管理人员的意见。

生产经营单位不得因安全生产管理人员依法履行职责而降低其工资、福利等待遇或者解除与其订立的劳动合同。

危险物品的生产、储存单位以及矿山、金属冶炼单位的安全生产管理人员的任免，应当告知主管的负有安全生产监督管理职责的部门。

第二十七条　生产经营单位的主要负责人和安全生产管理人员必须具备与本单位所从事的生产经营活动相应的安全生产知识和管理能力。

危险物品的生产、经营、储存、装卸单位以及矿山、金属冶炼、建筑施工、运输单位的主要负责人和安全生产管理人员，应当由主管的负有安全生产监督管理职责的部门对其安全生产知识和管理能力考核合格。考核不得收费。

危险物品的生产、储存、装卸单位以及矿山、金属冶炼单位应当有注册安全工程师从事安全生产管理工作。鼓励其他生产经营单位聘用注册安全工程师从事安全生产管理工作。注册安全工程师按专业分类管理，具体办法由国务院人力资源和社会保障部门、国务院应急管理部门会同国务院有关部门制定。

（二）《中华人民共和国刑法》（2023 年修正）

第一百三十四条　【重大责任事故罪】在生产、作业中违反有关安全管理的规定，因而发生重大伤亡事故或者造成其他严重后果的，处三年以下有期徒刑或者拘役；情节特别恶劣的，处三年以上七年以下有期徒刑。

（三）《工伤保险条例》（2010 年修订）

第三十条　职工因工作遭受事故伤害或者患职业病进行治疗，享受工伤医疗待遇。

职工治疗工伤应当在签订服务协议的医疗机构就医，情况紧急时可以先到就近的医疗机构急救。

治疗工伤所需费用符合工伤保险诊疗项目目录、工伤保险药品目录、工伤保险住院服务标准的，从工伤保险基金支付。工伤保险诊疗项目目录、工伤保险药品目录、工伤保险住院服务标准，由国务院社会保险行政部门会同国务院卫生行政部门、食品药品监督管理部门等部门规定。

职工住院治疗工伤的伙食补助费，以及经医疗机构出具证明，报经办机构同意，工伤职工到统筹地区以外就医所需的交通、食宿费用从工伤保险基金支付，基金支付的具体标准由统筹地区人民政府规定。

工伤职工治疗非工伤引发的疾病，不享受工伤医疗待遇，按照基本医疗保险办法处理。

工伤职工到签订服务协议的医疗机构进行工伤康复的费用，符合规定的，从工伤保险基金支付。

因矿山项目本身存在缺陷导致事故发生的，矿山项目所属主体承担事故主要责任，矿山的建设方与设计方承担次要责任

一、聚焦司法案件裁判观点

■ 争议焦点

在矿山行业设计管理类案件中，哪些主体需要对事故发生承担责任？如何确定各自的因果关系与责任大小？

■ 裁判观点

因矿业项目设计管理出现缺陷而发生事故，应当通过分析多方主体在事故中的职责判决其应承担的责任。矿山生产开发主体违法违规设计、施工，承担事故发生的主要责任；矿山生产监管主体监管不力，承担事故发生的次要责任。

二、司法案例样本对比

样本案例一

肖某某等重大责任事故案

• 基本案情

原公诉机关××省××市××区人民检察院。

上诉人（原审被告人）肖某甲，某甲公司矿山实际控制人。

上诉人（原审被告人）肖某乙，某甲公司矿山管理人员。

1.非法买卖爆炸物事实。

2010年3月30日，被告人肖某甲向某乙公司定额承包某甲公司经营权，为期三年，承包费用8000万元。在此期间，被告人肖某甲任命被告人肖某乙为某甲公司总经理，指定其负责公司日常管理。

2010 年 7 月，被告人肖某乙明知某甲公司某矿区南矿井＋417m 矿硐未经设计，不具备探、采矿资质，仍私下与杨某某、肖某伟等人合伙向某甲公司承包该矿硐，并命名该矿硐为"18-1 号矿硐"。被告人肖某甲作为某甲公司承包人、实际控制人对此亦予以默许。此后至 2010 年 12 月 23 日，被告人肖某甲、肖某乙将某甲公司申购的民爆物品（火工品）非法出售给没有购买、使用爆炸物资质的杨某某、肖某伟等人使用，其中膨化炸药 2055 公斤、乳化炸药 123 公斤、电雷管 482 发、导爆管雷管 1247 发、导爆管 6235 米，金额达 35139.65 元。

2. 重大责任事故事实。

2010 年 12 月 23 日 20 时，"18-1 号矿硐"在组织工人进行迎头探采工作面时，顶板突然垮落，致工人蔡某存、张某杰当场死亡。××县安监局组织事故调查组调查认为：该探采工作面未经设计，属公司自行安排的一般生产工作面；顶板裂隙发育，加上潮湿导致坠落石块与顶板脱层而冒落是导致事故发生的直接原因；在处理顶板过程中，未采取临时支护措施以及处理方法不当是导致事故发生的间接原因。2011 年 1 月 21 日，事故调查组出具《某甲公司某铅锌矿南矿井＋417m 矿硐"12·23"冒顶死亡事故调查报告》，对该事故相关责任人作出行政处罚。2013 年 5 月 23 日，事故调查组出具《某甲公司某铅锌矿南矿井＋417m 矿硐"12·23"冒顶死亡事故补充调查报告》，认为该矿硐未经设计开采，存在违规行为，根据《中华人民共和国安全生产法》《中华人民共和国矿山安全法》《生产安全事故报告和调查处理条例》等有关法律法规规定，建议追究事故相关责任人肖某甲、肖某乙、杨某某的刑事责任。

上诉人肖某甲及其辩护人诉辩：（1）关于非法买卖爆炸物，某甲公司是涉案民事行为的法律主体，肖某甲不是这些民事行为的法律主体，不可能去销售民爆物品；肖某甲作为企业承包人不可能通过买卖爆炸物去获取小于企业正常经营百倍的微利；某甲公司对领取的民爆物品加价后提供给杨某某等人是企业内部核算行为，不是买卖。（2）关于重大责任事故，肖某甲没有管理某甲公司日常事务，也没有参与发生事故的矿硐生产、作业，对杨某某承包的"18-1 矿硐"没有按照规程清理巷道并不知情，也不是该起事故的主管人员和直接责任人，更没有违反有关安全生产的规定，故不应成为承担刑事责任的自然人主体。

上诉人肖某乙及其辩护人诉辩：（1）关于非法买卖爆炸物，"18-1 矿硐"的开发权在某甲公司，杨某某承包该矿硐后，取得了经营权，某甲公司严格按流程对其发放火工品的行为并未超出公司开采范围，在购买价基础上加价也是基于公司内部成本核算，不是刑法意义上的买卖行为，且肖某乙并未出资与杨某某合伙承包该矿硐，故肖某乙不构成非法买卖爆炸物罪。（2）关于重大责任事故，2011 年，事故调查组已经对矿硐发生的事故出具了调查报告，2013 年又出具的补充调查报告，在程序和实体上存在重大瑕疵；本案事故发生的直接原因是自然原因，事故的发生和某甲公司将矿硐承包给杨某某等人的行为之间没有必然因果关系，故肖某乙不构成重大责任事故罪。综上，请求二审查明事实，依法改判。

• 裁判结果

辩护人所提交的证人周某哲、周某强的笔录针对重大责任事故，欲证实"18-1 矿硐"在发生事故时所进行的作业无需事先设计，发生事故时正在打通"18-1 矿硐"和"18 矿硐"巷道，该行为是合法、正当作业。二审法院认为，根据《中华人民共和国矿山安全法》规定，设计应该在生产、作业前期进行。也就是说，不管是生产性探矿，还是打通巷道行为，均需提前设计。该矿硐未经设计，也不在安全生产许可证范围之内，不具备安全生产条件。另外，相关行业管理规定（国家安监局《关于已经申请安全生产许可证的非煤矿山整改和颁证有关问题的通知》）明确，不同的矿山企业的井下开采系统不应当互联互通。也就是说，即使事故发生时，该矿硐正在进行的是打通"18-1 矿硐"与"18 号矿硐"之间巷道作业，也是不允许的。二证人的证言是在未全面了解事故现场的情况下作出，具有片面性，二审法院不予采信。

关于二上诉人及其辩护人提出肖某甲、肖某乙不构成重大责任事故罪的诉辩意见，经查，事故调查报告、证人杨某星等人的证言、同案人杨某某的供述等证据可相互印证，证实肖某甲作为某甲公司矿山实际控制人，上诉人肖某乙作为某甲公司矿山的管理人员，对矿山生产、作业负有组织、指挥和管理职责。二上诉人违规将未经设计、不具备安全作业条件的矿硐承包给他人进行生产，同时在生产、作业中违背安全管理规定，未进行足够安全生产监管、未采取安全措施，因而造成二人死亡的重大事故，其行为与后果存在刑法上的因果关系，故二上诉人及其辩护人的该诉辩意见无理，二审法院不予采纳。

上诉人肖某甲、肖某乙作为某甲公司承包人、管理人员，明知该公司不具备民爆物品销售资质，亦明知某甲公司"18-1 矿硐"承包人杨某某等不具备购买、使用民爆物品主体资质，仍向其非法出售膨化炸药 2055 公斤、乳化炸药 123 公斤、电雷管 482 发、导爆管雷管 1247 发、导爆管 6235 米，其行为均已构成非法买卖爆炸物罪，且属情节严重；上诉人肖某甲、肖某乙作为对某甲公司矿山生产、作业负有组织、指挥、管理职责的实际控制人、管理人员，在生产、作业中违反有关安全管理的规定，因而造成二人死亡的重大事故，其行为均已构成重大责任事故罪。

样本案例二
××炭质页岩矿 "3·23" 较大透水事故

■ 矿山生产开发主体责任承担

• 基本案情

原公诉机关为××省××县人民检察院。

上诉人（原审被告人）陈某某，系××县马某某炭质页岩矿实际投资人，董事长兼法人代表。

上诉人（原审被告人）向某某，系××县马某某炭质页岩矿矿长兼技术负责人。

原审被告人贵某某，系××县马某某炭质页岩矿安全副矿长。

原审被告人王某某，系××县马某某炭质页岩矿生产副矿长。

原审被告人彭某某，系××县马某某炭质页岩矿四平西掘进班班长。

××县马某某炭质页岩矿矿区原系建于 1972 年的××县××煤矿，1992年关闭。该矿 2010 年 5 月成立，为私营独资企业，企业法人、投资人为陈某某，经营范围为石煤开采、加工、销售，有开采石煤的采矿许可证。2015 年 3月 23 日 21 时 25 分，××县马某某炭质页岩矿四平掘进作业面发生较大透水事故，造成在井下作业的 6 名矿工李某某、瞿某乙、瞿某丙、瞿某丁、刘某乙、张某某溺水窒息死亡，直接经济损失 486 万元。

经事故调查认定，事故发生时，××县马某某炭质页岩矿正处在矿山基建期，有以下安全生产条件、安全生产设施不符合国家规定：（1）技改没完成，安全生产设施不完善，未取得安全生产许可证；（2）分管安全和生产的副矿长没有经过安监部门的培训取得安全资格证书；（3）违规组织施工，图实不符，2015 年春节前，该矿接到××县安监局下发的关于停工停产及节后复工复产的通知，但节后未经安监部门验收合格而擅自开工，擅改施工图纸，未按批准的初步设计方案组织矿山施工建设；（4）该矿暗斜井四平巷西掘进工作面上部为老窑积水区，隔水保护煤柱不足，存在透水隐患；（5）探放水管理不到位，未对老窑分布和积水情况进行详细调查，未成立探放水领导小组和专业队伍，未配备专用探放水设备，未编制探放水施工设计，未按规定进行探放水施工，该矿仅用风钻及3米的钎杆探水，探水超前控制距离严重不足，无探放水台账或记录，透水安全隐患没排除；（6）该矿采矿许可证许可开采的矿种是炭质页岩，但在基建技改期内，以基建之名，超深越界放炮掘进作业，超许可矿种范围采煤作业；（7）该矿安全生产管理人员发现透水预兆，仍继续组织施工，未采取果断措施撤离井下作业人员；（8）该矿安全管理、安全教育培训不到位，未按规定组织应急预案培训及演练，管理人员未严格执行矿领导带班制度；（9）未严格落实安全生产管理制度，该矿四平巷放炮掘进，巷道支护不及时。××县马某某炭质页岩矿对事故发生负主要责任。被告人陈某某为该矿实际投资人、董事长兼法人代表，对事故的发生负有直接监管责任；被告人向某某为该矿矿长兼技术负责人，主持该矿全面工作，对事故的发生负有直接监管责任；被告人贵某某为安全副矿长，对事故的发生负有直接监管责任；被告人王某某为生产副矿长，对事故的发生负有直接监管责任；被告人彭某某为该矿四平西掘进班班长，对事故的发生负有直接监管责任。

事故发生后，陈某某、向某某清点人数时发现6名矿工被困井下，立即分别打电话向××市政府、××县政府相关职能部门报告并组织抢救。从事故发生至公安机关4月3日刑事立案之前，五被告人均在矿山参与事故抢救，配合事故调查组的调查处理，在事故调查组询问时如实供述了本案的基本事实，被告人陈某某、向某某、贵某某、王某某、彭某某认为自己应当承担相应的责任。3月29日，××县马某某炭质页岩矿及被告人陈某某与6名受害人亲属达成赔偿协议。

• 裁判结果

二审法院认为，××县马某某炭质页岩矿处于矿山基建期，在多处安全生产设施、安全生产条件不符合国家规定的情况下，上诉人陈某某、向某某，原审被告人贵某某、王某某、彭某某仍然组织采掘，因而发生六人死亡、直接经济损失486万元的重大矿山安全事故，情节特别恶劣，其行为均已构成重大劳动安全事故罪。上诉人陈某某系该矿投资人、实际控制人、法定代表人，向某某系该矿矿长，二人对该矿的生产、作业均负有组织、指挥和管理职责，在明知安全生产设施、安全生产条件不符合国家规定的情况下，仍违法组织采掘，导致事故发生，应负事故的主要责任。二人上诉称不应负事故主要责任的辩解不成立，二审法院不予采纳。××县人民法院重审判决认定事实和适用法律正确，根据犯罪的事实、犯罪的性质、情节和对于社会的危害程度，对各上诉人、原审被告人量刑适当，程序合法。依照《中华人民共和国刑事诉讼法》（2012年修正，已被修改）第二百二十五条第一款第（一）项之规定，裁定如下：驳回上诉，维持原判，即

（1）被告人陈某某犯重大劳动安全事故罪，判处有期徒刑二年。

（2）被告人向某某犯重大劳动安全事故罪，判处有期徒刑二年。

（3）被告人贵某某犯重大劳动安全事故罪，判处有期徒刑一年八个月。

（4）被告人王某某犯重大劳动安全事故罪，判处有期徒刑一年，缓刑一年六个月，在缓刑考验期内禁止从事矿山的经营管理工作。

（5）被告人彭某某犯重大劳动安全事故罪，免予刑事处罚。

矿山生产监管主体责任承担

• 基本案情

公诉机关：××市××区人民检察院。

被告人：彭某。

1. 被告人彭某的基本情况、工作职责及职责要求。

被告人彭某 1986 年 8 月开始参加工作，1996 年 10 月 28 日过渡为国家公务员；2012 年春节后至 2015 年 3 月 23 日担任市安监局非煤矿山安全监督管理科科长，负责市安监局非煤矿山安全监督管理科的全盘工作。市安监局非煤矿山安全监督管理科主要承担以下工作职责：（1）依法监督检查非煤矿山（含地质勘探）、尾矿库、有色、石油（炼化、成品油管理除外）等行业生产经营单位安全生产工作；（2）组织授权范围内建设项目安全设施设计的审查和竣工验收工作；（3）承担非煤矿山企业安全生产准入管理工作；（4）指导监督相关行业安全标准化和不具备安全生产条件的非煤矿井关闭工作；（5）负责工矿商贸生产经营单位作业场所（煤矿作业场所除外）职业卫生监督检查工作；（6）组织查处职业危害事故和违法违规行为（煤矿除外）；（7）承担作业场所（煤矿除外）职业卫生安全许可证（含使用有毒物品作业场所职业卫生安全许可证）的核发管理工作；（8）参与相关行业较大、重大事故的调查处理和应急救援工作。

市安监局对非煤矿山安全监督管理科开展执法检查的部分要求：（1）执法检查时应全面检查国家安全生产监督管理总局令第 24 号第八条规定的十九项重点内容；（2）对执法检查中发现的问题和存在的安全隐患按国家安全生产监督管理总局令第 24 号第九条、第十条、第十一条、第十二条的规定进行处理，并

将相关信息及时录入涉危企业基础数据库；（3）严格按照法定程序行使安全生产现场检查职权，切实履行执法职责，承担国家安全生产监督管理总局令第24号规定的相关责任，实行"谁检查、谁签字、谁负责"；（4）严格按照"谁检查、谁下文书、谁负责"对违法违章行为进行整改复查；（5）对行政检查中发现的安全生产违法违章行为，要应用《湖南省安全生产行政监察管理系统》执法软件，对所需采取的现场处置、行政强制措施依法下达执法文书；（6）在检查中发现不属于职责范围内的安全生产违法行为，应及时填写《案件移送审批表》，经分管负责人审批后制作《案件移送书》，连同相关材料移送有管辖权的部门；（7）执法检查中对安全设备设施的维护、保养、定期监测情况进行检查；（8）对重大危险源登记建档，定期监测、评估、监控和制定应急预案的情况进行检查。

2. 各级安全监管部门对建设项目的监管职责：（1）要落实安全监管主体责任，认真履行建设项目安全设施"三同时"审批职责，对本行政区域内建设项目安全设施的施工情况进行监督检查；（2）对辖区内建设项目进行专项检查，摸清情况，逐一建档，定期对建设项目安全设施施工情况进行监督检查，督促建设单位、施工单位切实落实安全生产责任，认真履行建设项目安全设施"三同时"审批手续，强化现场安全管理，确保施工安全；（3）要加大行政执法力度，及时制止违法违规行为，对于将建设项目发包给不具备相应资质或者挂靠资质的施工单位，要责令停止建设，限期整改；对于建设项目初步设计安全专篇未经审批擅自开工或者不按经审批的设计组织施工，安全设施未经竣工验收擅自投入生产或者故意拖延工期、边建设边生产的，要责令其停止建设、生产，限期整改；对于施工现场无安全管理人员跟班以及存在重大安全隐患的，要责令停止施工，限期整改；对于前述违法违规行为，还要依法按规定上限予以处罚；（4）对存在重大安全隐患的矿山依法作出停产整顿、停止施工的行政处罚，并向当地人民政府提出不具备安全生产条件的拟关闭矿山名单。

3. ××矿的基本情况及彭某涉××矿履职情况及相关规定对履职的要求。

××矿位于××县东北方向38公里处，矿区有原××县县办××煤矿老窿。2010年××县马某某矿业有限公司获得该矿矿权后，经××市国土资源局批准，于2010年8月24日取得了采矿许可证，有效期至2015年8月24日，许可开采面积0.2131平方公里，开采深度为＋750米至＋410米，开采矿种为石煤。2013年6月13日，经××市国土资源局《划定矿权范围批复》，××矿矿区范围变更为0.77平方公里，开采深度变更为＋750米至＋215米，有效期至2013年12月31日，后经××市国土资源局批准，有效期延至2014年12月

31 日。该批复中超出 2010 年所取得的采矿许可证范围的矿区部分，××矿没有取得采矿许可证。

2012 年 4 月，被告人彭某在检查时发现××矿未经安监部门审查同意，非法组织基建生产，对××矿作出罚款三万八千元的行政处罚。按照《国家安全监管总局关于加强金属非金属矿山建设项目安全工作的通知》的规定，未经安监部门审查同意，非法组织基建生产的，应责令停止建设、生产，限期整改。

2012 年 5 月，××县马某某矿业有限公司委托衡阳某某设计有限公司对××矿＋750 米至＋380 米的开采标高开展初步设计。2012 年 6 月，湖南省煤业集团某某安全评价有限公司对××矿地下开采工程作出《安全预评价报告》，指出该矿主要存在冒顶、片帮、水害等危险、有害因素，针对透水危害因素，提出了矿井标高应高于当地历史最高洪水位一米、探放水工作应由有经验的人根据专门设计进行等安全防范技术和管理措施。2012 年 8 月，衡阳某某设计有限公司出具了《××县马某某矿业有限公司××炭质页岩矿初步设计安全专篇》（以下简称"安全专篇"）、《××县马某某矿业有限公司××炭质页岩矿地下开采初步设计说明书》（以下简称"初步设计说明书"）。安全专篇指出：为防止矿井发生透水事故，矿山在建设和生产过程中，矿井应配探水钻机，坚持"有疑必探、先探后掘"的原则，探放水应编制探放水设计并明确安全技术措施。初步设计说明书指出××矿生产过程中存在透水危害等危险因素，应采用机械排水，有备用水泵，同时配置探放水设备，坚持"有疑必探、先探后掘"的原则。安全预评价报告、安全专篇及初步设计说明书所依照的委托设计范围均为标高＋750 米至＋380 米，实际设计开采范围均为标高＋750 米至＋420 米，实际设计开采范围没有超出采矿许可证许可的范围。

2012 年 12 月 10 日，市安监局评审认为，××矿的安全专篇格式规范、依据较为充分，内容较为全面，符合国家有关规定和要求，同意专家组评审通过的意见。

2014 年 2 月 18 日，经报市人民政府批准后，市安监局下发《2014 年全市安全生产行政执法检查工作计划》，将××矿列为市安监局的年度计划执法单位，并规定非煤矿山生产经营单位每年应检查 2—4 次。

2014 年 4 月 22 日，被告人彭某和××县安监局王某 1 等人到××矿进行检查，检查中发现××矿存在矿山工程图纸存放在公司而未在矿山等多项问题，被告人彭某等人将其中的三项问题记录在《现场检查记录》上，并作出了《责令限期整改指令书》；对检查中同时发现的矿井四平巷上可能存在老窑水隐患的问题，彭某口头要求××矿不能在西四平巷上进行施工。按照《××市 2013—

2015 年金属非金属矿山依法整顿工作实施方案》的要求，对存在重大安全隐患的矿山应依法作出停产整顿、停止施工的行政处罚，并向当地人民政府提出不具备安全生产条件的拟关闭矿山名单。对检查中发现的超深越界问题，因国土局曾对该问题进行过处罚，彭某口头要求××矿尽快到国土部门办理相关手续，使得超深越界合法化，并重新进行施工设计，及时到安监部门报备。按照《2014 年全市安全生产行政执法检查工作计划》的要求，行政检查中发现不属于职责范围内的安全生产违法行为，应填写《案件移送审批表》，经分管负责人审批后制作《案件移送书》，连同相关材料移送有管辖权的部门。按照《2014 年全市安全生产行政执法检查工作计划》附件 2 的要求，检查时应对安全设备设施的维护、保养、定期检测情况进行检查，该次执法检查中没有发现××矿没有配备探放水专业队伍、专用设备等问题。

2014 年 7 月 1 日，××矿发生死亡一人的生产责任事故，直接经济损失 65 万元；2014 年 9 月 12 日，××县安全生产监督管理局就"7·1 事故"对××县马某某矿业有限公司作出责令停产整顿、罚款十万元的行政处罚。在此期间，××县马某某矿业有限公司于 2014 年 8 月 18 日向市安监局提出顺延基建工期的请示和请求技术改造延续的报告。2014 年 8 月 20 日，被告人彭某到××矿进行整改复查时，没有下井检查，仅书面检查了××矿的瓦斯检查"三对口"制度及应急预案的编制情况，没有按照《2014 年全市安全生产行政执法检查工作计划》附件 2 的要求对安全设备设施的维护、保养、定期检测情况进行检查，没有发现××矿没有配备探放水专业队伍、专用设备等问题。2014 年 8 月 21 日，被告人彭某在没有核实××矿的延期理由、没有核实剩余工程及"7·1 事故"尚未处理完毕的情况下，在《关于××县马某某矿业有限公司××炭质页岩矿顺延基建工期的请示》上签署"企业申请理由属实，剩余工程与设计基本吻合，同意延期至 2015 年 8 月 18 日"呈报审批意见。2014 年 9 月 12 日，××县安全生产监督管理局因"7·1 事故"对××县马某某矿业有限公司作出责令停产整顿、罚款十万元的行政处罚。

2014 年 12 月 2 日，被告人彭某到××矿现场检查时，发现××矿五平巷有渗水现象及未按照基建批复的时间完成基建工程等问题，在现场检查记录上指出"基建施工管理不严密，未按照基建批复的时间完成基建工程，西五坪顶板发现淋水，要求加强探放水措施"，并口头就西四平上方的老窑水积水问题对××矿的相关人员作出交代。按照《××市 2013—2015 年金属非金属矿山依法整顿工作实施方案》的要求，对存在重大安全隐患的矿山应依法作出停产整顿、停止施工的行政处罚，并向当地人民政府提出不具备安全生产条件的拟关闭矿山名单。在这次检查中，彭某等人要求县安监局对××矿存在的问题进行督促整改。按照《2014 年全市安全生产行政执法检查工作计划》的要求，应实行"谁检查、谁签字、谁负责"，对距离较远的企业，市安监局可以委托企业所在地区县安监局，但应书面通知，并以委托机关名义下达法律文书。2014 年 12 月 10 日，××矿向市县两级安监局报送了《安全隐患整改落实情况》。按照《2014 年全市安全生产行政执法检查工作计划》的要求，对行政检查中发现的安全生产违法违章行为，严格按照"谁检查、谁下文书、谁负责"对违法违章行为进行整改复查，不得将复查责任移交下级。

2014 年 12 月 22 日，市安监局下发《关于严格执行 2015 年春节后的通知》，对 2015 年春节后非煤矿山的复工复产条件以文件的形式进行了通知。

2015 年 1 月 13 日，××市人民政府办公室明传发电（特急）下发通知，将 2015 年第一批安全生产隐患整改任务分解下达给各区县人民政府及有关单位，其中以××矿存在扩界、手续不齐全，存在超深越界的安全隐患为由，要求××市国土资源局作为市直主要责任单位，于 3 月底前对××矿采取停止开采的安全隐患整改措施。

2014 年被告人彭某到××矿进行了三次检查，发现××矿存在超深越界开采、以采代建的问题及非法生产、改变矿种开采的嫌疑，但被告人彭某未按《2014 年全市安全生产行政执法检查工作计划》的要求填写《案件移送审批表》，经分管负责人审批后制作《案件移送书》，连同相关材料移送有管辖权的部门。

4. ××矿发生透水事故造成的损失、原因及被告人彭某在事故后的履职行为。

2015 年 3 月 23 日，××矿发生透水事故，造成六人死亡，直接经济损失达 486 万元。受事故调查组委托，事故技术鉴定专家组对事故进行了技术鉴定，认定××矿透水事故的直接原因是：（1）该矿暗斜井四平巷西掘进工作面上部为老窑积水区，隔水保护煤柱不足，存在透水威胁；（2）支护不及时，产生空顶，在爆破震动、上部积水水压和煤体自重共同作用下，隔水煤柱突然垮落，导致透水事故发生；（3）探放水不到位；（4）发现明显透水预兆，未采取果断措施撤离相关区域作业人员，透水后导致六平巷六名作业人员被淹溺遇难。事故的间接原因有：（1）违法超深越界开拓；（2）违法改变矿种开采；（3）探放水管理不到位；（4）违规制作矿图；（5）违规组织施工；（6）现场安全管理不到位；（7）安全设施"三同时"建设进度严重滞后；（8）矿井应急救援预案和灾害预防与处理计划不完善；（9）安全教育培训不到位；（10）违规"以采代建"。

事故发生后，被告人彭某第一时间向局长邢某、副局长龚某进行报告，并根据局长指示向省安监局非煤处报告，随后赶赴事故现场，积极参与了事故的救援工作。

事故发生后，在检察机关对被告人彭某立案侦查前，被告人彭某曾向市安监局局长邓某如实汇报了自己在××矿的履职情况。

• 裁判结果

法院审判委员会讨论后认为，被告人彭某身为国家机关工作人员，在涉及××矿的工作中存在以下不认真履行工作职责的行为：（1）没有严格处罚××矿的非法基建行为；（2）没有严格履行"三同时"审查工作职责；（3）没有在安全生产检查中严格要求××矿执行探放水措施、对××矿可能存在的透水隐患没有采取正确的处理措施；（4）在对××矿的情况没有完全掌握的情况下同意该矿的基建延期申请；（5）没有对××矿存在的超深越界开采行为及非法生产等行为进行严格调查处理或移送有关部门处理。××矿"3·23较大透水事故"造成6人死亡、损失达到486万元，被告人彭某的行为已构成玩忽职守罪，公诉机关指控的罪名成立，应予以确认。被告人彭某及其辩护人辩称的已履职到位、不构成犯罪的意见与法院查明的事实不符，法院不予采信。

被告人彭某及其辩护人辩称公诉机关指控的第三项职责即"监督检查非煤矿山，查处矿山企业无证照或证照不全、私挖滥采、以探代采、超深越界开采以及以基建名义进行采矿等违法行为"不是被告人彭某的职责的观点，经查，没有证据证实被告人彭某有查处矿山企业无证照或证照不全、私挖滥采、以探代采、超深越界开采以及以基建名义进行采矿等违法行为的职责，故对被告人及其辩护人的这个观点法院予以采信。

但同时应指出，被告人彭某在检查中发现不属于其职责范围内的安全生产违法行为时，有向有关部门或单位移交违法线索和材料的职责。对辩护人辩称的"安全专篇设计高度没有超出采矿许可证的设计高度"的观点，经查，该观点与法院查明的事实一致，法院予以采信。对辩护人辩称的"起诉书指控的对于××矿未配备探放水设备的问题没有严格要求整改不实，工作记录上对加强探放水措施已经做了要求，而2014年4月23日并没有发现问题"的观点，经查，被告人彭某虽在工作记录上对加强探放水措施做了要求，但没有对其整改复查，公诉机关指控其没有严格要求整改并无不当，故对该观点法院不予采信。对辩护人辩称的被告人彭某的履职行为与××矿"3·23事故"没有刑法上的因果关系的观点，经查，被告人彭某身为国家工作人员，在工作中实际存在不认真履职的行为，其行为与事故的发生存在间接的因果关系，故其行为构成玩忽职守罪，对辩护人的该观点法院不予采信。同时，因××矿发生矿难的原因是多方面的，其中既有××矿没有听取安全监督管理局的警告和整改要求，在未获准复工复产的情况下安排工人在严禁作业的西四平巷施工，进而导致事故的发生的原因；也有××矿现场管理工作人员的临场处置不力的原因；还有安监、国土等部门的监管和履职不到位的原因。被告人彭某在事故发生前虽有不认真履职的行为，但也实际以书面或口头的方式履行了自己的工作职责，事故主要由××矿在停工停产期间违法违规施工所致。且事故发生前，××矿已被市人民政府决定停止开采，市人民政府已将××矿停止开采事宜交由市国土资源局办理，故被告人彭某在××矿"3·23透水事故"的发生上所起作用较小。事故发生后，被告人彭某如实向主管领导和相关部门汇报自己的履职情况和××矿的情况，积极参与事故救援，在侦查机关传唤后主动到案并如实交代相关事实，应认定为有自首情节，故被告人彭某犯罪情节轻微，不需要判处刑罚。故依照《中华人民共和国刑法》（已被《中华人民共和国刑法修正案（八）》修订，已被修改）第三百九十七条第一款、第六十七条第一款、第三十七条的规定，作出判决如下：

被告人彭某犯玩忽职守罪，免予刑事处罚。

三、司法案例类案甄别

（一）事实对比

样本案例一，被告人肖某甲、肖某乙对于承包的矿山，违规将未经设计、不具备安全作业条件的矿硐承包给他人进行生产，同时在生产、作业中违背安全管理规定，未进行足够的安全生产监管，未采取安全措施，因而造成二人死亡的重大事故。作为对某甲公司矿山生产、作业负有组织、指挥、管理职责的实际控制人、管理人员，构成重大责任事故罪的，对事故承担主要责任。

样本案例二之开发生产主体，被告人陈某某、向某某擅改施工图纸，未按批准的设计方案组织施工，在设计上存在明显漏洞的情况下仍然组织工人生产，导致矿山事故发生。陈某某为该矿实际投资人、董事长兼法人代表，对事故的发生负有直接监管责任；被告人向某某为该矿矿长兼技术负责人，主持该矿全面工作，对事故的发生负有直接监管责任。

样本案例二之监管主体，彭某身为国家机关工作人员，在涉及××矿的工作中存在不认真履行工作职责的行为，对于矿山的设计监管不到位，其行为与事故的发生存在间接的因果关系，已构成玩忽职守罪。彭某在事故发生前虽有不认真履职的行为，但也实际以书面或口头的方式履行了自己的工作职责；事故发生后，被告人彭某如实向主管领导和相关部门汇报自己的履职情况和××矿的情况，积极参与事故救援，最终在事故中仅承担次要责任。

（二）适用法律对比

样本案例一，根据《中华人民共和国矿山安全法》（2009 年修正）规定，设计应该在生产、作业前期进行，被告人违规将未经设计、不具备安全作业条件的矿硐承包给他人进行生产，相关行业管理规定国家安监局《关于已经申请安全生产许可证的非煤矿山整改和颁证有关问题的通知》明确，不同的矿山企业的井下开采系统不应当互联互通，被告人对于互通情况未尽到充足的监管责任，造成二人死亡的重大事故，行为已构成重大责任事故罪。

样本案例二之开发生产主体案件，根据《中华人民共和国矿山安全法》（2009 年修正）的具体规定，被告人陈某某在设计存在严重缺陷的情况下仍然组织工人施工，造成重大事故。根据《最高人民法院、最高人民检察院关于办理危害生产安全刑事案件适用法律的解释》（法释〔2015〕22 号，2015 年 12 月 16 日起施行）的具体规定，判决被告人的具体刑事责任。

四、类案裁判规则的解析确立

（一）结合法律规定，明确矿山必备设计项目及程序

《中华人民共和国矿山安全法》（2009 年修正）

第八条　矿山建设工程的设计文件，必须符合矿山安全规程和行业技术规范，并按照国家规定经管理矿山企业的主管部门批准；不符合矿山安全规程和行业技术规范的，不得批准。

矿山建设工程安全设施的设计必须有劳动行政主管部门参加审查。

矿山安全规程和行业技术规范，由国务院管理矿山企业的主管部门制定。

第九条　矿山设计下列项目必须符合矿山安全规程和行业技术规范：

（一）矿井的通风系统和供风量、风质、风速；

（二）露天矿的边坡角和台阶的宽度、高度；

（三）供电系统；

（四）提升、运输系统；

（五）防水、排水系统和防火、灭火系统；

（六）防瓦斯系统和防尘系统；

（七）有关矿山安全的其他项目。

（二）结合具体案件，分析案件涉及的主体及因素

矿难案件的发生通常是由多方面因素导致的，要合理分析不同的事件与案件有无因果关系、何种因果关系、因果关系大小，确定不同主体承担责任的大小。

矿业项目生产流程涉及因素：（1）前期未获得安全生产许可证等一系列证件；（2）矿业项目未经过设计或者设计欠缺；（3）矿业项目违规施工，与先前设计不符；（4）矿业项目相关人员培训管理不到位；（5）矿业项目安全生产管理不到位，未落实相关制度；（6）事故发生后矿业项目负责人员处理不当。

矿业项目监管流程涉及主体：（1）矿业项目的实际投资人或董事长等总负责人；（2）矿业项目安全或者技术负责人；（3）安全监督管理局、国土资源局等国家安全管理部门。

其中主要原因及直接原因多为矿业项目生产主体一方。矿业设计为矿产开发前期的重要及必备项目，所有的项目不论是生产性探矿，还是中途再施工行为都需提前设计，未经设计的项目擅自开工不仅违反法律规定，而且极易发生安全事故，造成人员伤亡；矿业项目生产过程中不依照先前设计进行施工，违规施工，多为矿业事故发生的主要及直接原因。矿山建设工程中方案的设计及其后续施工建设极为重要，必须严格遵守《中华人民共和国矿山安全法》的规定，提高矿业项目的安全性，减少矿难事故的发生。

矿山生产监督主体，国土资源部门及安全监督管理部门对于矿难的发生承担间接的责任。作为高危性产业，国家的监管是必需的，可以控制事故发生的概率，监督矿业开发的质量。

五、关联法律法规

（一）《中华人民共和国刑法》（2023 年修正）

第一百三十四条第一款　在生产、作业中违反有关安全管理的规定，因而发生重大伤亡事故或者造成其他严重后果的，处三年以下有期徒刑或者拘役；情节特别恶劣的，处三年以上七年以下有期徒刑。

第一百二十五条第一款　非法制造、买卖、运输、邮寄、储存枪支、弹药、爆炸物的，处三年以上十年以下有期徒刑；情节严重的，处十年以上有期徒刑、无期徒刑或者死刑。

第六十七条　犯罪以后自动投案，如实供述自己的罪行的，是自首。对于自首的犯罪分子，可以从轻或者减轻处罚。其中，犯罪较轻的，可以免除处罚。

第七十二条第一款　对于被判处拘役、三年以下有期徒刑的犯罪分子，同时符合下列条件的，可以宣告缓刑，对其中不满十八周岁的人，怀孕的妇女和已满七十五周岁的人，应当宣告缓刑：

（一）犯罪情节较轻；

（二）有悔罪表现；

（三）没有再犯罪的危险；

（四）宣告缓刑对所居住社区没有重大不良影响。

（二）《最高人民法院、最高人民检察院关于办理危害生产安全刑事案件适用法律若干问题的解释》（法释〔2015〕22 号，2015 年 12 月 16 日起施行）

第一条　刑法第一百三十四条第一款规定的犯罪主体，包括对生产、作业负有组织、指挥或者管理职责的负责人、管理人员、实际控制人、投资人等人员，以及直接从事生产、作业的人员。

第二条　刑法第一百三十四条第二款规定的犯罪主体，包括对生产、作业负有组织、指挥或者管理职责的负责人、管理人员、实际控制人、投资人等人员。

第三条　刑法第一百三十五条规定的"直接负责的主管人员和其他直接责任人员"，是指对安全生产设施或者安全生产条件不符合国家规定负有直接责任的生产经营单位负责人、管理人员、实际控制人、投资人，以及其他对安全生产设施或者安全生产条件负有管理、维护职责的人员。

第四条　刑法第一百三十九条之一规定的"负有报告职责的人员"，是指负有组织、指挥或者管理职责的负责人、管理人员、实际控制人、投资人，以及其他负有报告职责的人员。

第五条　明知存在事故隐患、继续作业存在危险，仍然违反有关安全管理的规定，实施下列行为之一的，应当认定为刑法第一百三十四条第二款规定的"强令他人违章冒险作业"：

（一）利用组织、指挥、管理职权，强制他人违章作业的；

（二）采取威逼、胁迫、恐吓等手段，强制他人违章作业的；

（三）故意掩盖事故隐患，组织他人违章作业的；

（四）其他强令他人违章作业的行为。

第六条　实施刑法第一百三十二条、第一百三十四条第一款、第一百三十五条、第一百三十五条之一、第一百三十六条、第一百三十九条规定的行为，因而发生安全事故，具有下列情形之一的，应当认定为"造成严重后果"或者"发生重大伤亡事故或者造成其他严重后果"，对相关责任人员，处三年以下有期徒刑或者拘役：

（一）造成死亡一人以上，或者重伤三人以上的；

（二）造成直接经济损失一百万元以上的；

（三）其他造成严重后果或者重大安全事故的情形。

实施刑法第一百三十四条第二款规定的行为，因而发生安全事故，具有本条第一款规定情形的，应当认定为"发生重大伤亡事故或者造成其他严重后果"，对相关责任人员，处五年以下有期徒刑或者拘役。

实施刑法第一百三十七条规定的行为，因而发生安全事故，具有本条第一款规定情形的，应当认定为"造成重大安全事故"，对直接责任人员，处五年以下有期徒刑或者拘役，并处罚金。

实施刑法第一百三十八条规定的行为，因而发生安全事故，具有本条第一款第一项规定情形的，应当认定为"发生重大伤亡事故"，对直接责任人员，处三年以下有期徒刑或者拘役。

第七条　实施刑法第一百三十二条、第一百三十四条第一款、第一百三十五条、第一百三十五条之一、第一百三十六条、第一百三十九条规定的行为，因而发生安全事故，具有下列情形之一的，对相关责任人员，处三年以上七年以下有期徒刑：

（一）造成死亡三人以上或者重伤十人以上，负事故主要责任的；

（二）造成直接经济损失五百万元以上，负事故主要责任的；

（三）其他造成特别严重后果、情节特别恶劣或者后果特别严重的情形。

实施刑法第一百三十四条第二款规定的行为，因而发生安全事故，具有本条第一款规定情形的，对相关责任人员，处五年以上有期徒刑。

实施刑法第一百三十七条规定的行为，因而发生安全事故，具有本条第一款规定情形的，对直接责任人员，处五年以上十年以下有期徒刑，并处罚金。

实施刑法第一百三十八条规定的行为，因而发生安全事故，具有下列情形之一的，对直接责任人员，处三年以上七年以下有期徒刑：

（一）造成死亡三人以上或者重伤十人以上，负事故主要责任的；

（二）具有本解释第六条第一款第一项规定情形，同时造成直接经济损失五百万元以上并负事故主要责任的，或者同时造成恶劣社会影响的。

第八条　在安全事故发生后，负有报告职责的人员不报或者谎报事故情况，贻误事故抢救，具有下列情形之一的，应当认定为刑法第一百三十九条之一规定的"情节严重"：

（一）导致事故后果扩大，增加死亡一人以上，或者增加重伤三人以上，或者增加直接经济损失一百万元以上的；

（二）实施下列行为之一，致使不能及时有效开展事故抢救的：

1.决定不报、迟报、谎报事故情况或者指使、串通有关人员不报、迟报、谎报事故情况的；

2.在事故抢救期间擅离职守或者逃匿的；

3.伪造、破坏事故现场，或者转移、藏匿、毁灭遇难人员尸体，或者转移、藏匿受伤人员的；

4.毁灭、伪造、隐匿与事故有关的图纸、记录、计算机数据等资料以及其他证据的；

（三）其他情节严重的情形。

具有下列情形之一的，应当认定为刑法第一百三十九条之一规定的"情节特别严重"：

（一）导致事故后果扩大，增加死亡三人以上，或者增加重伤十人以上，或者增加直接经济损失五百万元以上的；

（二）采用暴力、胁迫、命令等方式阻止他人报告事故情况，导致事故后果扩大的；

（三）其他情节特别严重的情形。

第九条　在安全事故发生后，与负有报告职责的人员串通，不报或者谎报事故情况，贻误事故抢救，情节严重的，依照刑法第一百三十九条之一的规定，以共犯论处。

第十条　在安全事故发生后，直接负责的主管人员和其他直接责任人员故意阻挠开展抢救，导致人员死亡或者重伤，或者为了逃避法律追究，对被害人进行隐藏、遗弃，致使被害人因无法得到救助而死亡或者重度残疾的，分别依照刑法第二百三十二条、第二百三十四条的规定，以故意杀人罪或者故意伤害罪定罪处罚。

第十一条　生产不符合保障人身、财产安全的国家标准、行业标准的安全设备，或者明知安全设备不符合保障人身、财产安全的国家标准、行业标准而进行销售，致使发生安全事故，造成严重后果的，依照刑法第一百四十六条的规定，以生产、销售不符合安全标准的产品罪定罪处罚。

第十二条　实施刑法第一百三十二条、第一百三十四条至第一百三十九条之一规定的犯罪行为，具有下列情形之一的，从重处罚：

（一）未依法取得安全许可证件或者安全许可证件过期、被暂扣、吊销、注销后从事生产经营活动的；

（二）关闭、破坏必要的安全监控和报警设备的；

（三）已经发现事故隐患，经有关部门或者个人提出后，仍不采取措施的；

（四）一年内曾因危害生产安全违法犯罪活动受过行政处罚或者刑事处罚的；

（五）采取弄虚作假、行贿等手段，故意逃避、阻挠负有安全监督管理职责的部门实施监督检查的；

（六）安全事故发生后转移财产意图逃避承担责任的；

（七）其他从重处罚的情形。

实施前款第五项规定的行为，同时构成刑法第三百八十九条规定的犯罪的，依照数罪并罚的规定处罚。

第十三条　实施刑法第一百三十二条、第一百三十四条至第一百三十九条之一规定的犯罪行为，在安全事故发生后积极组织、参与事故抢救，或者积极配合调查、主动赔偿损失的，可以酌情从轻处罚。

第十四条　国家工作人员违反规定投资入股生产经营，构成本解释规定的有关犯罪的，或者国家工作人员的贪污、受贿犯罪行为与安全事故发生存在关联性的，从重处罚；同时构成贪污、受贿犯罪和危害生产安全犯罪的，依照数罪并罚的规定处罚。

第十五条　国家机关工作人员在履行安全监督管理职责时滥用职权、玩忽职守，致使公共财产、国家和人民利益遭受重大损失的，或者徇私舞弊，对发现的刑事案件依法应当移交司法机关追究刑事责任而不移交，情节严重的，分别依照刑法第三百九十七条、第四百零二条的规定，以滥用职权罪、玩忽职守罪或者徇私舞弊不移交刑事案件罪定罪处罚。

公司、企业、事业单位的工作人员在依法或者受委托行使安全监督管理职责时滥用职权或者玩忽职守，构成犯罪的，应当依照《全国人民代表大会常务委员会关于〈中华人民共和国刑法〉第九章渎职罪主体适用问题的解释》的规定，适用渎职罪的规定追究刑事责任。

第十六条　对于实施危害生产安全犯罪适用缓刑的犯罪分子，可以根据犯罪情况，禁止其在缓刑考验期限内从事与安全生产相关联的特定活动；对于被判处刑罚的犯罪分子，可以根据犯罪情况和预防再犯罪的需要，禁止其自刑罚执行完毕之日或者假释之日起三年至五年内从事与安全生产相关的职业。

（三）《中华人民共和国矿山安全法实施条例》（1996年10月30日劳动部第4号令发布，自发布之日起施行）

第五条　矿山设计使用的地质勘探报告书，应当包括下列技术资料：

（一）较大的断层、破碎带、滑坡、泥石流的性质和规模；

（二）含水层（包括溶洞）和隔水层的岩性、层厚、产状，含水层之间、地面水和地下水之间的水力联系，地下水的潜水位、水质、水量和流向，地面水流系统和有关水利工程的疏水能力以及当地历年降水量和最高洪水位；

（三）矿山设计范围内原有小窑、老窑的分布范围、开采深度和积水情况；

（四）沼气、二氧化碳赋存情况，矿物自然发火和矿尘爆炸的可能性；

（五）对人体有害的矿物组分、含量和变化规律，勘探区至少一年的天然放射性本底数据；

（六）地温异常和热水矿区的岩石热导率、地温梯度、热水来源、水温、水压和水量，以及圈定的热害区范围；

（七）工业、生活用水的水源和水质；

（八）钻孔封孔资料；

（九）矿山设计需要的其他资料。

第六条　编制矿山建设项目的可行性研究报告和总体设计，应当对矿山开采的安全条件进行论证。

第七条　根据《矿山安全法》第八条的规定，矿山建设单位在向管理矿山企业的主管部门报送审批矿山建设工程安全设施设计文件时，应当同时报送劳动行政主管部门审查；没有劳动行政主管部门的审查意见，管理矿山企业的主管部门不得批准。经批准的矿山建设工程安全设施设计需要修改时，应当征求原参加审查的劳动行政主管部门的意见。

生产经营单位委托机构提供技术、管理服务的，保证安全生产的责任仍由本单位负责。在矿山工程事故中，矿山企业与中介机构的责任独立认定，责任方须承担各自的安全责任

一、聚焦司法案件裁判观点

■ 争议焦点

重大事故中，如何划分安全评价机构与生产经营单位的责任？

■ 裁判观点

结合法律规定，生产经营单位委托机构提供技术、管理服务的，保证安全生产的责任仍由本单位负责；在矿山工程事故中，矿山企业与中介机构的责任独立认定，都需要承担各自的安全责任。

二、司法案例样本对比

样本案例一

某省 A 煤矿重大透水事故

• 事故概况

某省 A 煤矿重大透水事故是一起国务院安全生产委员会挂牌督办的重大安全事故。事故发生于 2021 年 4 月 10 日 18 时 11 分，共造成 21 人死亡，直接经济损失达 7067.2 万元。事实上，事故发生时，A 煤矿理应处于停产整顿状态。某省安全监察局某监察分局在 2021 年 3 月 4 日至 5 日对 A 煤矿进行安全检查后，指出 A 煤矿存在重大安全隐患，并责令 A 煤矿停产整顿。2021 年 3 月 25 日，A 煤矿在隐患未整改完毕、未取得复工许可的情况下，擅自恢复井下掘进作业。事故发生前，迎头已出现透水征兆。4 月 10 日，也即事故发生当日，煤矿违章指挥、冒险组织掘进作业，在老空积水压力和掘进扰动作用下，相邻的 B 煤矿老空水突破有限煤柱，通过 1 号废弃轨道上山溃入 A 煤矿 B4W01 回风顺槽，造成重大透水淹井事故。

事故调查报告显示，在 A 煤矿前期的技术工作中，三家技术单位及 A 煤矿自身都存在相关问题，甲研究院未全面分析老空位置、范围、积水情况，编制的水文地质类型划分报告结论与矿井实际严重不符。乙公司编制的初步设计对矿井边界煤柱技术参数选取严重失误，施工图设计将开切眼布置在边界煤柱中。丙公司对物探成果解释未正确反映掘进面前方异常区水体性质，将采空区积水误判为顶板砂岩裂隙水。A 煤矿周边老窑资料缺乏，部分留存的资料不能真实反映井下开采情况；煤矿隐蔽致灾地质因素普查不到位，未查明井田范围内及周边采空区、老窑分布范围及积水情况；委托地质勘查单位进行水文地质补充勘探，为节省合同费用而减少或变更验证钻孔，未能发现 B 煤矿采空区及废弃巷道积水；探放水设计照抄照搬，未按探放老空水要求设计钻孔，未确定探水线和警戒线，设计编制滞后。

从报告认定的各自责任来看，对于安全中介机构而言，虽然 A 煤矿提供的资料不能真实反映井下开采情况，且存在矿山企业为节省合同费用减少或变更验证钻孔的情况，但一旦发生安全事故，安全中介机构依然需要承担结论与矿井实际不符、选取参数失误、问题性质误判的责任；对矿山企业而言，虽然安全中介机构已经出具了专业报告，但也不能背离实际和相关规定照搬照抄。简言之，就安全中介机构出具的报告失实一事，矿山企业与中介机构的责任之间独立认定，都需要承担各自的安全责任。

• 处理结果

本次事故共对 50 名责任人员进行追责问责，其中，A 煤矿法定代表人委托代理人兼总经理、矿长、总工程师等 3 人被移送司法机关追究刑事责任；对 A 煤矿处以罚款 500 万元的行政处罚并提请地方人民政府予以关闭；对涉案技术服务单位给予没收违法所得，并处违法所得加倍罚款的行政处罚。

样本案例二
某省 A 煤矿重大顶板事故

• 事故概况

2022 年 2 月 25 日 7 时 37 分，某省 A 煤矿发生一起重大顶板事故，造成 14

人死亡，直接经济损失达 2288.47 万元。事故调查报告显示，事故直接原因是超出矿界范围布置的隐蔽采面支护强度不足，导致复合顶板离层、断裂，支柱稳定性不够造成顶板推垮，酿成事故。本案中 A 煤矿未依法管矿，安全生产主体责任不落实。中介机构出具虚假的储量动态核实报告。某省地质矿产勘查开发局甲地质大队出具的《某省 A 煤矿 2021 年上半年矿山储量动态监测小结》《A 煤矿 2021 年矿山储量年报》失实，报告内容与煤矿实际情况严重不符。一是 2021 年二季度，甲地质大队 3 名工作人员到矿后均未入井进行现场实测，仅依据由煤矿提供的井上下对照图、采掘工程平面图（电子版）编写的《A 煤矿 2021 年上半年矿山储量动态监测小结》失实，该小结显示：2021 年上半年，采出原煤量 0 万吨，损失煤量 0 万吨，损失率为 0。二是 2021 年 12 月 13 日，甲地质大队 4 名工作人员在对甲煤矿开展 2021 年度储量动态监测时，测量人员仅到 M 运输巷进行实测，出具的年报显示：2021 年未采煤，动用资源储量 0 万吨，原煤量 0 万吨，损失煤量 0 万吨，损失率为 0。三是对 2021 年度矿山资源储量动态监测工作不规范，未按照 2020 年 11 月 10 日新修订的《工程测量规范》规定采用国家级动态监测基点，造成与实际不符的结果。

• 处理结果

A 煤矿安全生产主体责任不落实，违法承包给乙公司，对事故负有责任。数项合并，进行罚款。建议州人民政府提请省人民政府予以关闭，有关部门依法吊销其有关证照。甲地质大队未按规定对 A 煤矿进行现场实测，出具的评估报告与煤矿实际情况严重不符，建议由州自然资源局对其出具虚假资料的行为进行立案查处，依据国家安全生产监督管理总局（原国家安全监管总局）《对安全生产领域失信行为开展联合惩戒的实施办法》第二条第一款第（十）项之规定："生产经营单位及其有关人员存在下列失信行为之一的，纳入联合惩戒对象：（十）安全生产和职业健康技术服务机构出具虚假报告或证明，违规转让或出借资质的。"上报应急管理部，纳入联合惩戒对象。

三、司法案例类案甄别

（一）事实对比

样本案例一，某省安全监察局某监察分局在 2021 年 3 月 4 日至 5 日对 A 煤矿进行安全检查后，指出 A 煤矿存在重大安全隐患，并责令 A 煤矿停产整顿。

2021 年 3 月 25 日，A 煤矿在隐患未整改完毕、未取得复工许可的情况下，擅自恢复井下掘进作业。事故发生前，迎头已出现透水征兆。4 月 10 日，也即事故发生当日，煤矿违章指挥、冒险组织掘进作业，在老空积水压力和掘进扰动作用下，相邻的 B 煤矿老空水突破有限煤柱，通过 1 号废弃轨道上山溃入 A 煤矿 B4W01 回风顺槽，造成重大透水淹井事故。事故调查报告显示，在 A 煤矿前期的技术工作中，三家技术单位及 A 煤矿自身都存在相关问题，甲研究院未全面分析老空位置、范围、积水情况，编制的水文地质类型划分报告结论与矿井实际严重不符。乙公司编制的初步设计对矿井边界煤柱技术参数选取严重失误，施工图设计将开切眼布置在边界煤柱中。丙公司对物探成果解释未正确反映掘进面前方异常区水体性质，将采空区积水误判为顶板砂岩裂隙水。A 煤矿周边老窑资料缺乏，部分留存的资料不能真实反映井下开采情况；煤矿隐蔽致灾地质因素普查不到位，未查明井田范围内及周边采空区、老窑分布范围及积水情况；委托地质勘查单位进行水文地质补充勘探，为节省合同费用而减少或变更验证钻孔，未能发现 B 煤矿采空区及废弃巷道积水；探放水设计照抄照搬，未按探放老空水要求设计钻孔，未确定探水线和警戒线，设计编制滞后。

样本案例二，本案中 A 煤矿未依法管矿，安全生产主体责任不落实。中介机构出具虚假的储量动态核实报告。某省地质矿产勘查开发局甲地质大队出具的《某省 A 煤矿 2021 年上半年矿山储量动态监测小结》《A 煤矿 2021 年矿山储量年报》失实，报告内容与煤矿实际情况严重不符。一是 2021 年二季度，甲地质大队 3 名工作人员到矿后均未入井进行现场实测，仅依据由煤矿提供的井上下对照图、采掘工程平面图（电子版）编写的《A 煤矿 2021 年上半年矿山储量动态监测小结》失实，该小结显示：2021 年上半年，采出原煤量 0 万吨，损失煤量 0 万吨，损失率为 0。二是 2021 年 12 月 13 日，甲地质大队 4 名工作人员在对甲煤矿开展 2021 年度储量动态监测时，测量人员仅到 M 运输巷进行实测，出具的年报显示：2021 年未采煤，动用资源储量 0 万吨，原煤量 0 万吨，损失煤量 0 万吨，损失率为 0。三是对 2021 年度矿山资源储量动态监测工作不规范，未按照 2020 年 11 月 10 日新修订的《工程测量规范》规定采用国家级动态监测基点，造成与实际不符的结果。

上述案例一与案例二均是由于煤矿企业自身依法管矿责任履行不到位和安全中介机构出具虚假证明，隐瞒真实情况导致的重大矿山安全事故，均涉及矿山企业和安全中介机构的责任划分与承担问题。

（二）适用法律对比

样本案例一，本次事故共对 50 名责任人员进行追责问责，其中，A 煤矿法定代表人委托代理人兼总经理、矿长、总工程师等 3 人被移送司法机关追究刑事责任；对 A 煤矿处以罚款 500 万元的行政处罚并提请地方人民政府予以关闭；对涉案技术服务单位给予没收违法所得，并处违法所得加倍罚款的行政处罚。

样本案例二，A 煤矿安全生产主体责任不落实，违法承包给乙公司，对事故负有责任。数项合并，进行罚款。建议州人民政府提请省人民政府予以关闭，有关部门依法吊销其有关证照。甲地质大队未按规定对 A 煤矿进行现场实测，出具的评估报告与煤矿实际情况严重不符，建议由州自然资源局对其出具虚假资料的行为进行立案查处，依据《对安全生产领域失信行为开展联合惩戒的实施办法》第二条第一款第（十）项之规定，"生产经营单位及其有关人员存在下列失信行为之一的，纳入联合惩戒对象：（十）安全生产和职业健康技术服务机构出具虚假报告或证明，违规转让或出借资质的。"上报应急管理部纳入联合惩戒对象。

四、类案裁判规则的解析确立

1. 结合法律规定，生产经营单位委托机构提供技术、管理服务的，保证安全生产的责任仍由本单位负责。

《中华人民共和国安全生产法》（2021 年修正）第十五条规定："依法设立的为安全生产提供技术、管理服务的机构，依照法律、行政法规和执业准则，接受生产经营单位的委托为其安全生产工作提供技术、管理服务。生产经营单位委托前款规定的机构提供安全生产技术、管理服务的，保证安全生产的责任仍由本单位负责。"

《中华人民共和国安全生产法》规定生产经营单位为安全责任主体，保证安全生产的责任仍由本单位负责。接受生产经营单位的委托后，从事安全生产服务机构与生产经营单位之间是一种委托关系。按照《中华人民共和国民法典》的规定，在委托范围之内，受托机构的一切行为后果都由委托的生产经营单位承担。生产经营单位委托相关机构为其安全生产提供技术、管理服务，属于单位内部安全生产管理的一种方式，对生产经营单位的安全生产责任本身没有任何影响，其安全生产责任并不因委托行为而减轻或免除。

实践中，生产经营单位与安全中介机构之间，生产经营单位处于优势地位，在委托合同履行过程中拥有较大话语权，往往会将"评审通过""结论合格"作为合同付款的条件。安全中介机构为了自身利益，往往会选择在报告中含糊其词，对企业存在的问题避重就轻，怀着侥幸心理出具失实乃至虚假的报告。另一方面，地下矿山矿井情况复杂，安全中介机构要查清地下的具体情形十分困难，需要以生产经营单位提供的资料作为辅助。实践中，大量生产经营单位谋求一己私利，不向安全中介机构提供全部真实资料，甚至故意隐瞒重要信息导致安全中介机构出具的报告严重失实。A 煤矿透水事故中涉及的三家安全中介机构就存在这一问题。有鉴于此，将安全生产责任主体仍然确定为生产经营单位，可以在一定程度上改善企业对安全评价等工作应付了事、重文书轻实质的现状。承担主体责任具体表现在需要对安全中介机构的资质进行审查和必要的管理，如实提供相关资料并按照中介机构的报告及实际情况整改隐患，发现安全中介机构存在问题的，及时向主管部门反映。

2. 结合法律规定，矿山工程事故中矿山企业与中介机构的责任独立认定，都需要承担各自的安全责任。

矿山企业须审查安全中介机构的资质条件，包括拟聘请的安全中介机构是否具备安全评价、安全生产检测检验的基础资质，是否存在明显的租借、挂靠资质问题。存在问题的，应当及时向主管部门反映。矿山企业可以借助安全评价检测检验机构信息查询系统等信息平台查询拟聘请安全中介机构的资质与执业记录，避免因安全中介机构的不专业承担额外的安全责任风险。生产经营单位对安全生产服务机构有自主选择权。有关政府部门不得强令生产经营单位接受其指定机构的服务。

从事专业安全生产服务的机构必须符合法律法规等规定的设立条件，其人员也要有一定的资质条件，以保证能提供专业化的服务。专业安全生产服务机构可以申请专业技术服务资质证书，并在许可的范围内开展活动。安全生产服务机构开展安全生产技术服务，应当遵守公开、公正、诚信和自愿的原则，按照政府指导价或者行业自律价，与委托方签订委托协议，明确双方的权利和义务。安全生产服务机构必须遵守法律、行政法规的有关规定和执业准则，按照生产经营单位的委托，提供有关的安全评价、检测、检验、认证、咨询、培训、管理等服务。安全中介机构应当本着负责、客观、审慎的态度出具相应报告，应对委托方提供资料的完整性、真实性作出审查，并及时将服务及报告予以公开。

矿企、安全中介机构双方应在委托协议中明确委托事项与具体的委托范围，并合理约定双方的权利和义务。双方均应秉持尊重科学、尊重客观事实的态度，避免形式主义，真正将安全生产工作落到实处。

五、关联法律法规

（一）《中华人民共和国安全生产法》（2021 年修正）

第三十二条　矿山、金属冶炼建设项目和用于生产、储存、装卸危险物品的建设项目，应当按照国家有关规定进行安全评价。

第七十二条　承担安全评价、认证、检测、检验职责的机构应当具备国家规定的资质条件，并对其作出的安全评价、认证、检测、检验结果的合法性、真实性负责。资质条件由国务院应急管理部门会同国务院有关部门制定。

承担安全评价、认证、检测、检验职责的机构应当建立并实施服务公开和报告公开制度，不得租借资质、挂靠、出具虚假报告。

第九十二条　承担安全评价、认证、检测、检验职责的机构出具失实报告的，责令停业整顿，并处三万元以上十万元以下的罚款；给他人造成损害的，依法承担赔偿责任。

承担安全评价、认证、检测、检验职责的机构租借资质、挂靠、出具虚假报告的，没收违法所得；违法所得在十万元以上的，并处违法所得二倍以上五倍以下的罚款，没有违法所得或者违法所得不足十万元的，单处或者并处十万元以上二十万元以下的罚款；对其直接负责的主管人员和其他直接责任人员处五万元以上十万元以下的罚款；给他人造成损害的，与生产经营单位承担连带赔偿责任；构成犯罪的，依照刑法有关规定追究刑事责任。

对有前款违法行为的机构及其直接责任人员，吊销其相应资质和资格，五年内不得从事安全评价、认证、检测、检验等工作；情节严重的，实行终身行业和职业禁入。

第九十五条　生产经营单位的主要负责人未履行本法规定的安全生产管理职责，导致发生生产安全事故的，由应急管理部门依照下列规定处以罚款：

（一）发生一般事故的，处上一年年收入百分之四十的罚款；

（二）发生较大事故的，处上一年年收入百分之六十的罚款；

（三）发生重大事故的，处上一年年收入百分之八十的罚款；

（四）发生特别重大事故的，处上一年年收入百分之一百的罚款。

（二）《中华人民共和国刑法》（2023 年修正）

第一百三十四条　在生产、作业中违反有关安全管理的规定，因而发生重大伤亡事故或者造成其他严重后果的，处三年以下有期徒刑或者拘役；情节特别恶劣的，处三年以上七年以下有期徒刑。强令他人违章冒险作业，或者明知存在重大事故隐患而不排除，仍冒险组织作业，因而发生重大伤亡事故或者造成其他严重后果的，处五年以下有期徒刑或者拘役；情节特别恶劣的，处五年以上有期徒刑。

第一百三十四条之一　在生产、作业中违反有关安全管理的规定，有下列情形之一，具有发生重大伤亡事故或者其他严重后果的现实危险的，处一年以下有期徒刑、拘役或者管制：

（一）关闭、破坏直接关系生产安全的监控、报警、防护、救生设备、设施，或者篡改、隐瞒、销毁其相关数据、信息的；

（二）因存在重大事故隐患被依法责令停产停业、停止施工、停止使用有关设备、设施、场所或者立即采取排除危险的整改措施，而拒不执行的；

（三）涉及安全生产的事项未经依法批准或者许可，擅自从事矿山开采、金属冶炼、建筑施工，以及危险物品生产、经营、储存等高度危险的生产作业活动的。

第一百三十五条　安全生产设施或者安全生产条件不符合国家规定，因而发生重大伤亡事故或者造成其他严重后果的，对直接负责的主管人员和其他直接责任人员，处三年以下有期徒刑或者拘役；情节特别恶劣的，处三年以上七年以下有期徒刑。

当矿山工程外包时，发包单位和承包单位都负有安全保障义务，就安全生产事故应依据过错承担连带责任

一、聚焦司法案件裁判观点

■ **争议焦点**

在矿山工程外包时，如何认定划分发包人和承包人的安全生产责任？

■ **裁判观点**

发包人承担安全主体责任，承包人承担施工现场的安全责任，发包人和承包人都负有安全保障义务，就安全生产事故应依据过错承担连带责任，同时若受害人未尽到安全注意义务的，也应当承担较小比例的责任。

二、司法案例样本对比

样本案例一
邓某某、张某红等健康权纠纷案

• **当事人**

原告：邓某某。

被告：甲公司。

被告：张某红。

被告：周某某。

被告：陈某某。

被告：张某某。

• **基本案情**

2019年9月3日，甲公司（甲方）与张某红（乙方）签订《矿山开采施工劳务承包合同》，约定：甲方将××县××镇××矿山开采项目工程的相关劳务工程发包给乙方。工程内容包括：矿山运输车辆道路路基的爆破与建设（如需浇筑砼面层由甲方负责），矿山开采平台的爆破与建设，爆破后大块原料解离、破碎及原料品质分类，所有解离后的块料装车的劳务。劳务承包方式为：乙方包人工、包机械，爆破物管理和安全管理。自主管理，负责所有矿山开采相关的劳务与机械费用，自负盈亏。承包工期为两年。开采施工劳务计价：本矿山劳务采用综合单价总承包，承包单价是 13.8 元/吨（不含税）等。工程价款结算方式：次月对当月产量进行对账，对账完成后 45 天内支付对账款项。工程款采用银行转账方式支付，转入乙方指定的张某红收款账户。第七条约定甲方的权利和义务：1. 有权对乙方在劳务施工作业过程中的安全、质量、进度进行监督和检查。对不符合要求的施工作业行为提出相应整改意见。对违章行为有权要求其限期整改或停工整顿。2. 负责提供给乙方良好的施工作业环境及制作进矿山的安全相关标牌……第八条约定乙方的权利和义务：……8. 乙方负责矿山所有安全责任，并承担相应的法律责任。

签订上述合同后，被告张某红（甲方）与周某某（乙方）签订《矿山开采施工劳务合作协议》一份，该协议约定：张某红将××县××镇××矿山开采项目工程的相关劳务工程发包给周某某。工程内容包括：矿山运输车辆道路路基和上山顶机械施工道路爆破与建设（如需浇筑砼面层由甲方负责），矿山开采平台的爆破与建设，爆破后大块原料解离、破碎及原料品质分类，所有解离后的块料装车的劳务，甲方负责运输，双方负责指定一名现场负责人，负责计算车数签证方量作为结账依据。工程量：不低于 $50×10^4$ 米³/年（以实际开采量为准），超出 $50×10^4$ 米³ 的开采量，甲方在正常结算情况下，还应予以 2 元/米³ 对乙方进行奖励。劳务承包方式为：乙方包人工、包机械，爆破物管理和安全管理。自主管理，负责所有矿山开采相关的劳务与机械费用，自负盈亏。承包工期：本采矿施工劳务工期合同为五年，合同到期后，乙方有优先继续承包权。劳务计价：承包单价为 16 元/米³（不含税）。工程款结算方式为：当月月底（30 号左右）甲、乙双方进行对账，甲方于次月 15 日前支付当月对账款项。第七条约定甲方的权利和义务：1. 有权对乙方在劳务施工作业过程中的安全、质量、进度进行监督和检查。对不符合要求的施工作业行为提出相应整改意见。对违章行为有权要求其限期整改或停工整顿。2. 负责提供给乙方良好的施工作业环境及制作进矿山的安全相关标牌……第八条约定乙方的权利和义务：……8. 乙方负责矿山所有安全责任，并承担相应的法律责任。

2019 年 11 月 7 日，周某某（甲方）与陈某某（乙方）签订《联营股份分红合同》，该合同就××县××镇××矿山开采项目股份利益分配的相关事宜进行了相关约定，其中：工程造价按 16 元/米³（车上量方），甲方占 2 元/米³，乙方占 14 元/米³。甲方指定一名现场负责人负责计算车数方量作为结算依据，甲方指定的负责人每月 5000 元工资，保险及食宿由乙方负责和安排。乙方开采工程量不低于 50×10^4 米³/年（以实际开采量为准），超出 50×10^4 米³ 的开采量，业主方还应予以 2 元/米³ 对乙方进行奖励。承付甲方工程股份分红额度款是乙方自愿行为，与盈亏无关，乙方承付甲方股份额度款是不可撤销的法律凭证，与主合同具有同等法律效力。乙方在施工中发生的经济损失和法律责任与甲方无关，乙方的债权债务与甲方无关。

2019 年 11 月 8 日，周某某出具内容为"兹委托陈某某（身份证号×××）具体负责本人承包的××县××镇××矿山开采项目工程，全权代表本人处理在生产过程中的一切事务。委托权限主要为××矿山开采内容，委托期限自双方签订合同之日起至矿山开采施工劳务承包合同期满止。委托人周某某，代理人陈某某，2019 年 11 月 8 日"的授权委托书给陈某某，委托陈某某负责相关事务。

陈某某与周某某签订上述合同后，因工地缺乏挖掘机及司机，陈某某联系被告张某某，张某某自带挖掘机及挖掘机司机（即原告邓某某）为该工地提供挖掘机作业施工劳务。

原告邓某某自 2019 年 2 月 20 日起，一直受雇于被告张某某，为其驾驶挖掘机，月薪 7000 元。2019 年 11 月，原告邓某某受张某某的指派，到××县甲公司享有采矿权的矿山开采工地进行石方挖掘施工。2019 年 11 月 12 日上午，原告在该工地排险施工作业时，挖掘机被上方坠落的大石块砸中，挖掘机发生侧翻，原告受困车内，经××县消防中队出警救援，原告被送到××县××镇卫生院检查后于当日送至××市人民医院住院治疗，2019 年 11 月 20 日出院，共住院 8 天。出院诊断如下。1. 左足第 4、5 跖骨粉碎性开放性骨折；2. 右肩部外伤，右肩袖损伤；右腋神经损伤；3. 左颜面部皮肤软组织挫裂伤；出院医嘱为建议继续住院治疗。同日，原告转院治疗至 2020 年 1 月 21 日出院，共住院 62 天。出院诊断如下。1. 右侧肩袖损伤：1.1 冈上肌损伤，1.2 冈下肌损伤，1.3 肩胛下肌损伤，1.4 右侧肩胛盂骨折，1.5 右侧关节腔大量积液；2. 左足多发性骨折：2.1 左足第 4、5 跖骨近段粉碎性骨折，2.2 左骰骨骨折，2.3 左足舟骨骨折，2.4 左足中间楔骨撕脱骨折；3. 胆囊息肉；4. 胆囊多发结石；5. 左足手术切口愈合不良；6. 右侧冻结肩。出院医嘱：全休 3 个月，加强营养，继续加强右上肢、左下肢功能锻炼，避免剧烈运动和负重锻炼，定期复查 X 线片、CT、MRI（术后 1、3、6、9、12 个月）了解康复情况，继续予左足换药处理，1 次/天……术后 1 年可考虑回创伤骨科住院拆除左足部内植入物（以目前医疗价格约 10000 元，具体费用以当时出院清单为准）。出院后原告到××市中医医院复查，支出门诊费用 235.58 元。综上，原告共支出医疗费 100422.57 元（1.××市人民医院门诊费用 479 元、住院费用 8969.76 元；2. 转至××医院住院收费 89750.23 元、门诊 988 元；3.××市中医医院门诊费用 235.58 元）。

2020 年 5 月 28 日，原告委托广西××司法鉴定中心对其因此次事故受伤的伤残程度、伤病关系及误工、护理、营养时限进行评定。该中心于 2020 年 6 月 11 日作出《司法鉴定意见书》，鉴定意见："一、被鉴定人邓某某上述部位损伤与 2019 年 11 月 12 日外伤存在因果关系；二、被鉴定人邓某某的损伤构成 10 级伤残；三、被鉴定人邓某某伤后误工期 150 日、护理期 70 日、营养期 90 日。原告为此支出鉴定费 2300 元。"

甲公司在××养老保险股份有限公司为原告邓某某投保了"团体人身保险"。事故发生后，被告张某某垫付原告邓某某赔偿款 136400 元，该款扣除被告张某某认可并同意在本案中抵扣的应支付原告工资 7600 元后，被告张某某实际垫付原告赔偿款为 128800 元。被告张某某垫付原告 136400 元后，向甲公司为原告投保的保险公司理赔 86545.06 元，即张某某实际垫付原告的款项为 42254.94 元（128800 元－86545.06 元），保险公司直接向原告邓某某理赔了 100000 元，其余各被告未赔偿原告。原告为此提起本案诉讼，各方由此涉诉。

• **裁判结果**

法院认为就本案的民事责任承担问题，原告与被告张某某之间成立劳务关系。根据《中华人民共和国侵权责任法》（已被《民法典》废止）第三十五条"个人之间形成劳务关系，提供劳务一方因劳务造成他人损害的，由接受劳务一方承担侵权责任。提供劳务一方因劳务自己受到伤害的，根据双方各自的过错承担相应的责任。"原告具有挖掘机操作证，按照规范操作挖掘机，上方有落石掉下，砸损挖掘机、砸伤原告，没有证据证实原告存在过错，原告对其损伤不承担责任。被告张某某雇请原告驾驶、操作挖掘机，原告及挖掘机受矿山现场工作人员安排从事挖掘作业，落石掉下并非张某某能控制及预见的，张某某没有过错。甲公司作为涉案矿山的采矿权人，对整个矿山的安全负责，现落石掉下，砸伤原告，甲公司未尽到安全保障义务，具有过错，根据《中华人民共和国侵权责任法》（已被《民法典》废止）第二十八条"损害是因第三人造成的，第三人应当承担侵权责任。"甲公司应对原告的损失承担赔偿责任，被告张某某不承担赔偿责任。

甲公司与张某红签订《矿山开采施工劳务承包合同》，将矿山开采的相关劳务发包给张某红，合同约定乙方张某红负责矿山安全责任并承担相应的法律责任；张某红与周某某签订的《矿山开采施工劳务合作协议》也约定乙方周某某负责矿山安全责任，周某某与陈某某签订《联营股份分红合同》，周某某、陈某某的联营体应共同承担《矿山开采施工劳务合作协议》的义务，即对矿山安全负责。现落石掉下，砸伤原告，张某红、周某某、陈某某均未尽到矿山安全保障义务，具有一定的过错，应对原告的损失承担相应的赔偿责任。根据《中华人民共和国侵权责任法》（已被《民法典》废止）第二十八条的规定，综合各方的过错，法院确认甲公司承担40％的责任，张某红承担30％的责任，周某某、陈某某承担30％的责任。

样本案例二

某矿业有限公司等与麻某某等生命权、健康权、身体权纠纷上诉案

• 当事人

上诉人（原审被告）：某矿业有限公司。

法定代表人刘某某，职务经理。

委托代理人宫某某，河北A律师事务所律师。

上诉人（原审被告）某运输有限公司。

法定代表人高某，职务经理。

委托代理人张某某，河北A律师事务所律师。

上诉人（原审被告）丁某某。

委托代理人李某某，河北B律师事务所律师。

被上诉人（原审原告）麻某某。

委托代理人周某某，河北C律师事务所律师。

被上诉人（原审被告）郭某某。

- **基本案情**

一审法院认定事实：2015 年 8 月 1 日，被告某矿业有限公司（甲方）与被告某运输有限公司（乙方）签订了《某矿业有限公司矿石岩石装运合同》，合同期限至 2015 年 12 月 31 日。合同约定："乙方自备设备按甲方要求在甲方作业，甲方根据乙方实际发生的业务量结算。因乙方违反国家安全方面的法律法规，一切责任及损失均由乙方承担。乙方在履行协议过程中，必须服从甲方的安全管理，必须按甲方的要求进行整改、落实，确保安全。如发生各类人身、财产安全事故，一切经济费用均由乙方负责……"

2015 年 10 月 31 日，被告某矿业有限公司（甲方）与被告某运输有限公司（乙方）签订了《非煤矿山外包工程安全生产管理协议》，协议约定工程名称为矿石岩石装运工程，工程地点位于某矿业有限责任公司三采区，工程工期自 2015 年 10 月 31 日至 2017 年 10 月 31 日。甲方承诺对工程安全生产负主体责任，乙方承诺对工程施工现场的安全生产负责。工程施工发生事故后，事故现场有关人员应当立即向乙方项目部负责人报告；乙方项目部负责人接到报告后，应及时向甲乙双方的负责人报告。工程施工发生事故后，甲方负责人应当按照《生产安全事故报告和调查处理条例》等法律法规、规章的规定报告。

2015 年 3 月 19 日，被告某运输有限公司（甲方）与案外人麻某志（乙方）就冀×××××号车辆签订了《车辆租赁协议》，协议约定甲方租赁乙方车辆进行运营，在租赁期间，乙方的车辆由乙方自驾或雇佣有驾驶证的司机驾驶，费用由乙方承担。在租赁期间，乙方必须服从甲方的安全管理，乙方车辆如发生各类人身、财产事故，给乙方自己和第三人造成的一切责任及损失均由乙方自己承担，与甲方无关……

原告麻某某是案外人麻某志的亲哥哥，原告与麻某志倒班驾驶冀×××××号车辆运输矿石，被告某运输有限公司与运矿车辆签订协议时，冀×××××号车辆由案外人麻某志驾驶，故被告某运输有限公司与麻某志签订了《车辆租赁协议》，该车辆的所有人登记为原告麻某某。原告麻某某与案外人麻某志均受被告某运输有限公司的调度、管理。

被告丁某某雇佣被告郭某某驾驶挖掘机在被告某矿业有限公司的某矿山采区大坑采矿场装载矿石，其挖掘机受被告某运输有限公司调度、管理，装载费由被告某运输有限公司按装载量进行结算。被告某运输有限公司与被告丁某某就挖掘机的管理和使用未签订书面合同，被告某运输有限公司与被告丁某某属于事实租赁合同关系。

2015年12月12日下午，原告驾驶冀××××××号车辆在被告某矿业有限公司某矿山采区大坑采矿场拉矿石时，由被告郭某某操作挖掘机装载矿石。被告郭某某示意原告麻某某在装车完毕后，下车清除车胎附近碎石。原告麻某某在清除碎石时被掉下的石头砸伤。原告受伤后在工友的救助下，被120急救中心接到××医学院附属医院治疗。

原告麻某某在××医学院附属医院住院33天，住院期间进行了手术治疗，手术名称是右股骨干骨折闭合复位外固定术、左大腿创伤性截肢离断残端修整术，于2016年1月14日出院。出院诊断：（1）左股骨干骨折伴血管、神经、肌肉损伤；（2）右股骨干骨折；（3）创伤性休克；（4）头皮裂伤；（5）左侧股动脉断裂；（6）左侧股静脉断裂；（7）左侧股神经断裂；（8）左侧股四头肌断裂、股二头肌断裂；（9）右下肢深静脉血栓形成。出院医嘱：（1）注意休息、加强营养；（2）患肢不负重，避免剧烈活动；（3）骨折愈合后逐渐加强患肢功能锻炼；（4）定期（1、2、3个月）至我院门诊复诊，根据复查结果决定患肢功能锻炼程度及患肢负重时间；（5）出院后8个月，安装假肢；（6）不适随诊。

原告自2015年12月12日受伤住院至2016年4月30日期间各项经济损失为：医药费124025.70元，误工费按2016年河北省交通事故赔偿标准交通运输业53159元/年计算为20389.75元（53159元/年÷365天/年×140天），住院期间及出院后护理费14000.00元（100元/天×140天），住院伙食补助费1650.00元（50元/天×33天），住院期间护理必需品费256.00元，营养费2800元（20元/天×140天），残疾辅助器具费777.95元；救护车费900.00元，系实际发生的费用，且有证人孙某某证实，予以认定；住宿费1980.00元，虽无正式票据，但原告伤势严重，其家人住在旅馆轮流照顾原告，符合情理，予以认定；交通费3000.00元，虽无正式票据，但有证人证实，且符合实际，予以认定。原告的经济损失合计为169779.40元。

原告住院期间其母刘某某向被告丁某某借款19500.00元，用于支付原告的医疗费用。被告某矿业有限公司与被告某运输有限公司均未对事故进行报告、调查和处理。

二审法院查明的事实与一审法院认定的事实基本一致。

• **裁判结果**

上诉人某矿业有限公司（甲方）作为加工、销售矿石的经营单位，将矿石装运工程发包给了上诉人某运输有限公司（乙方），协议虽约定，"乙方在履行协议过程中，必须服从甲方的安全管理……如发生各类人身、财产安全事故，一切经济费用均由乙方负责……"但以合同或协议的方式约定免除自己法定责任义务，属无效条款。上诉人某矿业有限公司是工程安全投入的责任主体，对施工现场负有安全生产管理责任，却没有派安全管理人员到场进行管理和监督，未尽到安全生产管理义务，存在疏于安全管理的过错，对被上诉人麻某某的损害后果应承担责任。一审法院判决赔偿被上诉人麻某某伤后经济损失的 20％，赔偿比例确定适当，其上诉主张不承担赔偿责任的理由二审法院不予支持。

上诉人某运输有限公司（甲方）与案外人麻某志（乙方）签订的《车辆租赁协议》约定"在租赁期间，乙方必须服从甲方的安全管理，乙方的车辆如发生各类人身、财产事故，给乙方自己和第三人造成的一切责任及损失均由乙方自行承担，与甲方无关"，以协议的方式免除自己法定责任义务，属于无效条款。上诉人某运输有限公司是矿石、岩石运输工程的承包单位，被上诉人麻某某驾驶其所有的冀××××××运输车辆和上诉人丁某某所有的由被上诉人郭某某驾驶的挖掘机，均由上诉人某运输有限公司直接调度和管理，且按实际业务量向被上诉人麻某某及上诉人丁某某结算运费和装载费。上诉人某运输有限公司（甲方）对施工现场负有严格的安全生产管理责任，但整个施工现场未设指挥人员，安全措施落实不到位，未尽到应尽的安全生产管理义务，存在安全管理过错，故对被上诉人麻某某的损害后果应承担大于其他各方的责任。二审法院综合案件事实和被上诉人麻某某损害后果等实际情况，确定上诉人某运输有限公司赔偿被上诉人麻某某伤后经济损失的 40％，其上诉主张不承担赔偿责任的理由二审法院不予支持。

被上诉人郭某某驾驶上诉人丁某某所有的挖掘机在矿石装运工程现场装载矿石时，负有安全装载及注意义务，在为被上诉人麻某某驾驶的运输车辆装载矿石时没有尽到安全装载及注意义务，致使被上诉人麻某某被砸伤，对被上诉人麻某某的损害后果具有过错，应承担责任；上诉人丁某某作为被上诉人郭某某的雇主，对被上诉人麻某某伤后的经济损失，应承担赔偿责任，被上诉人郭某某对上诉人丁某某承担责任部分承担连带责任。二审法院综合案件事实和被上诉人麻某某损害后果等实际情况，确定上诉人丁某某赔偿被上诉人麻某某伤后经济损失的 30％。

被上诉人麻某某对自己安全没有尽到注意义务，应自行承担 10％的责任。一审法院对案件事实认定清楚，对被上诉人麻某某因伤所造成的经济损失项目和数额确定合理，二审法院予以确认。

样本案例三

葛某某等与某矿业有限公司身体权纠纷上诉案

• 当事人

上诉人（一审原告）：葛某某。

委托诉讼代理人：董某某，内蒙古 A 律师事务所律师。

上诉人（一审被告）：吴某某。

委托诉讼代理人：王某某，内蒙古 B 律师事务所律师。

被上诉人（一审被告）：某矿业有限公司。

法定代表人：冀某某，公司经理。

委托诉讼代理人：曹某某，内蒙古 C 律师事务所律师。

• 基本案情

某矿业有限公司（以下简称甲公司）系自然人投资的企业法人，其经营范围为：石灰岩开采及矿产品销售。2013 年 6 月 10 日，甲公司与吴某某签订了为期 3 年的《破碎生产承包合同》，将石灰石破碎工程承包给吴某某，虽然甲公司明知吴某某不具备安全生产许可证和相应资质。双方约定吴某某负责所有人员的安全，承担在场内出现伤亡及人身意外事故的责任。葛某某于 2015 年 3 月被吴某某招聘后，其主要负责凿岩工作。2015 年 5 月 7 日下午，葛某某在工作时，被工地山顶堆砌的滚石砸伤。事发当天，葛某某被送到××市人民医院住院治疗 117 天，主要诊断为：左股骨远端粉碎性骨折。其他诊断为：（1）左腓骨骨折、左内踝骨骨折；（2）右手示指近节指骨骨折；（3）右盖氏骨折脱位；（4）左股骨骨折术后切口感染不愈；（5）左颞顶骨粉碎凹陷骨折；（6）左颞骨乳头部骨折；（7）左颧骨骨折、左侧枕骨骨折；（8）蝶窦左侧壁、前壁、下壁骨折；（9）左眼眶外侧壁、眶上壁骨折；（10）左侧翼板骨折、左眼眶内积气；（11）头皮挫伤、左耳及右手挫裂伤。共支出医疗费 147898.94 元，其中吴某某支付 113997.83 元，葛某某支付 33901.11 元。2016 年 3 月 8 日，某某司法鉴定所受葛某某委托，对其伤残等级作出鉴定，其鉴定意见为：（1）被鉴定人的伤残等级为 8 级；（2）被鉴定人的误工损失日为受伤之日起至本次鉴定的前一日止；（3）被鉴定人的后续治疗费为（2～3）万元人民币。因吴某某对该鉴定意见提出异议，并申请重新鉴定，经二审法院委托外省某某司法鉴定所对葛某某的伤残等级作出鉴定，其鉴定意见为：葛某某此次外伤造成颅脑损伤构成 10 级伤残；左膝关节功能障碍构成 9 级伤残。另查明，甲公司对其 31 名员工（包括葛某某）在某某保险股份有限公司投保，保险期间为 2014 年 8 月 2 日至 2015 年 8 月 1 日，每人伤残责任限额为 10000 元，每人医疗费用责任限额为 10000 元。葛某某向法庭呈交某保险单，证实其属于甲公司员工，但未要求保险公司承担责任。一审法院认为，葛某某与吴某某有事实上的雇佣关系，吴某某系雇主，葛某某系雇员。葛某某在从事雇佣活动中遭受人身损害，吴某某应承担赔偿责任。吴某某与甲公司系承揽合同关系，吴某某作为承揽人，其在完成工作过程中对葛某某造成损害，作为定作人的甲公司不承担赔偿责任。葛某某作为完全民事行为能力人，应知道其作业的危险性，但未采取有力的安全措施，故葛某某对其损害后果也承担一定责任。甲公司对所有员工进行投保，属于对承揽人的救助，不能与承揽人的雇员产生法律关系。葛某某不要求保险公司承担责任，因此权利人可另行主张。葛某某的伤残等级为两个部位两种等级，其丧失劳动能力程度可确定为 21%。即葛某某的伤残赔偿金为 119070 元（28350 元/年×20 年×21%）。医疗费根据医疗机构出具的医药费、住院费收款凭证确定 147898.94 元。误工费根据误工时间和收入状况确定，误工时间计算至第一次定残之日的前一天，即 2015 年 5 月 7 日至 2016 年 3 月 7 日，共 300日，合计 27051 元（90.17 元/天×300 天）。护理费应按住院时间确定，即 12870 元（110 元/天×117 天）。住院伙食补助费可以参照当地国家机关一般工作人员的出差伙食补助标准予以确定，即 11700 元（100 元/天×117 天）。交通费根据受害人及其必要的陪护人员因就医或者转院治疗实际发生的费用计算。在葛某某所呈交的交通费收据中，车票等合计 868 元，予以认定，其他票据均不予采信。依照《中华人民共和国侵权责任法》（已被《民法典》废止）第十六条，《最高人民法院关于审理人身损害赔偿案件适用法律若干问题的解释》（法释〔2003〕20 号，2004 年 5 月 1 日起施行，已被修改）第十一条、第十七条、第二十五条，《最高人民法院关于适用〈中华人民共和国民事诉讼法〉的解释》（法释〔2015〕5 号，2015 年 2 月 4 日起施行，已被修改）第九十条之规定，判决如下："一、被告吴某某在本判决生效后即赔偿原告葛某某各种损失 109622.73 元（319457.94 元×70%－113997.83 元）；二、被告甲公司不承担责任；三、驳回原告葛某某的其他诉讼请求。案件受理费 1047.74 元，由原告葛某某承担 314.74 元，被告吴某某承担 733 元。"

本院二审期间，上诉人葛某某依法提交其户口簿原件，欲证实其为非农业家庭户口，应按城镇标准计算误工费、伤残赔偿金等经济损失。上诉人吴某某、被上诉人甲公司均质证认为，对证据真实性无异议，但该证据应在一审诉讼中提交。二审法院经审理查明，2013 年 6 月 10 日，甲公司与吴某某签订了《破碎生产承包合同》。在合同履行中，甲公司负责机械设备、炸药雷管等全部生产所需物资，但未实际参与实际生产及安全管理，对吴某某招聘的工人亦未进行必要的安全教育培训；吴某某负责招聘工人，具体组织生产及安全管理。另查明，被上诉人葛某某事发当时，未佩戴安全帽等防护装备。对一审法院认定的事实，二审法院予以确认。

• **裁判结果**

1. 关于上诉人葛某某在工作中被滚石砸伤致残后果上诉人吴某某、被上诉人甲公司是否承担赔偿责任问题。

吴某某主张因承包合同效力问题不承担赔偿责任，甲公司承担全部赔偿责任，但对其雇佣葛某某从事凿岩工作的事实无异议。依照《最高人民法院关于审理人身损害赔偿案件适用法律若干问题的解释》（法释〔2003〕20 号，2004 年 5 月 1 日起施行，已被修改）第十一条"雇员在从事雇佣活动中遭受人身损害，雇主应当承担赔偿责任。雇佣关系以外的第三人造成雇员人身损害的，赔偿权利人可以请求第三人承担赔偿责任，也可以请求雇主承担赔偿责任。雇主承担赔偿责任后，可以向第三人追偿。雇员在从事雇佣活动中因安全生产事故遭受人身损害，发包人、分包人知道或者应当知道接受发包或者分包业务的雇主没有相应资质或者安全生产条件的，应当与雇主承担连带赔偿责任"之规定，吴某某对葛某某人身损害后果应承担赔偿责任。吴某某与甲公司签订的承包合同效力问题，不影响吴某某作为雇主对雇员的人身损害后果承担赔偿责任。关于葛某某是否构成工伤问题，2016 年 1 月 6 日××劳动人事争议仲裁委员会作出×劳人仲字（20××）×号通知书，决定对葛某某工伤申请不予受理，且葛某某与吴某某形成雇佣法律关系，但葛某某并未与甲公司签订用工合同，甲公司亦未向葛某某支付工资，故一审法院认定吴某某承担赔偿责任正确，吴某某关于因葛某某构成工伤而不承担赔偿责任的主张不予支持。

甲公司主张其与吴某某系承揽合同关系，与葛某某之间没有直接利害关系，对葛某某不承担赔偿责任。依照《中华人民共和国安全生产法》（2014 年修正，已被修改）第一百条第一款："生产经营单位将生产经营项目、场所、设备发包或者出租给不具备安全生产条件或者相应资质的单位或者个人的，责令限期改正，没收违法所得；违法所得十万元以上的，并处违法所得二倍以上五倍以下的罚款；没有违法所得或者违法所得不足十万元的，单处或者并处十万元以上二十万元以下的罚款；对其直接负责的主管人员和其他直接责任人员处一万元以上二万元以下的罚款；导致发生生产安全事故给他人造成损害的，与承包方、承租方承担连带赔偿责任"之规定，国家安全生产监督管理总局依照该法律制定的部门规章《非煤矿山外包工程安全管理暂行办法》第七条："发包单位应当审查承包单位的非煤矿山安全生产许可证和相应资质，不得将外包工程发包给不具备安全生产许可证和相应资质的承包单位"之规定，甲公司作为矿山企业，明知吴某某不具备安全生产许可证和相应资质，仍与其签订承包合同，且对承包人吴某某及其雇佣的工人未进行必要的安全教育、管理、监督，造成葛某某因伤致残，吴某某与甲公司应承担连带赔偿责任。故甲公司关于对葛某某人身损害后果不承担赔偿责任的主张不予支持，一审法院认定吴某某与甲公司之间承揽合同法律关系的基础上，判决甲公司不承担责任不当，二审法院予以纠正。

2. 关于被上诉人葛某某自身是否存在过错及是否承担责任问题。

葛某某主张其在工作中被滚石砸伤，无法预知、亦无法避免，自身不存在过错，不应承担责任。因本次事故中葛某某造成颅脑损伤和左膝关节功能障碍等两处伤残，二审法院从事故起因、葛某某是否具备可预判和防范性、未佩戴安全帽与伤残后果的关联性，以及吴某某与甲公司对雇佣工人的日常安全教育、管理、监督责任等方面综合考虑，葛某某在本次事故中自身承担 10％的责任较为适宜，一审法院认定 30％责任过高，二审法院予以纠正。

三、司法案例类案甄别

（一）事实对比

样本案例一，原告邓某某受雇于被告张某某，具有相应资质且按规范操作的情况下因矿山落石受伤，在此情况下，因采矿权人亦是发包人的甲公司以及承包人张某红、周某某、陈某某未尽到矿山安全保障义务，具有一定过错，分别对原告的损失承担相应的赔偿责任。

样本案例二，受害人麻某某在自身未尽到安全注意义务的情况下（自行承担 10％责任）在矿石装运现场被砸伤，发包单位某矿业有限公司未派安全管理人员到场进行管理监督，存在疏于安全管理的过错，承包人某运输有限公司及其直接管理调度的挖掘机的租赁人郭某某、丁某某未尽到安全管理义务和安全装载注意义务，共同对受害人麻某某承担相应赔偿责任。

样本案例三，发包人甲公司未参与实际生产及安全管理，但明知承包人吴某某不具备安全生产许可证和相应资质，仍与其签订承包合同，而承包人吴某某亦不具备相关资质且未尽到安全管理责任，两者对受害人葛某某承担连带赔偿责任，受害人葛某某同时因未尽到相关安全注意义务而承担较小责任。

（二）适用法律对比

样本案例一，首先根据邓某某与张某某的个人劳务关系以及甲公司对涉案矿山的采矿权人身份，依据《中华人民共和国侵权责任法》（已被《民法典》废止）第三十五条和第二十八条规定，判定甲公司的侵权责任，同时依据发包人和承包人签订的相关合作协议判定承包人的相关责任。

样本案例二和样本案例三，法院均依照《非煤矿山外包工程安全管理暂行办法》的规定，依据事实认定发布人和承包人违反法定义务的前提下判定其对受害人承担相应责任，同时样本案例三亦结合了《最高人民法院关于审理人身损害赔偿案件适用法律若干问题的解释》以及《中华人民共和国安全生产法》的相关规定，明确发布人和承包人的责任比例问题。

（三）类案大数据报告

截至 2022 年 12 月 31 日，以"矿山外包""安全责任"为关键词，共检索到类案 19 件，整体情况如下。

从类案地域分布来看，涉案数最多的地域是河北省，其次是陕西省，再次为浙江省、广东省、云南省、安徽省等。

从类案结案时间来看，结案最多的年份是 2020 年，共有 4 件；其次分别为 2022 年、2021 年、2017 年，均为 3 件。

从案件经历的审理程序看，只经过一审程序的共计 11 件，经过二审程序的共计 8 件。

四、类案裁判规则的解析确立

（一）关于发包人的责任

虽然我国允许矿山工程外包，但是这绝不意味着发包人将工程承包出去后就可以放手不管。发包人应当切实落实外包工程安全生产主体责任，对工程外包前后的整个过程履行安全管理职责，坚决避免"以包代管、包而不管"。非煤矿山企业与他人签订生产经营承包合同时应审查承包人的相应资质，非煤矿山企业与他人签订违法生产经营承包合同并在生产中发生事故的，应与承包人共同承担赔偿责任。

在上述案件中，发包人未能履行其安全生产主体责任，主要体现在以下两点。

1. 发包人在进行工程外包时未能履行对承包人的安全审查义务。

根据现行《中华人民共和国安全生产法》（2021 年修正）第一百零三条第一款（"生产经营单位将生产经营项目、场所、设备发包或者出租给不具备安全生产条件或者相应资质的单位或者个人的，责令限期改正，没收违法所得……发生生产安全事故给他人造成损害的，与承包方、承租方承担连带赔偿责任"）和《非煤矿山外包工程安全管理暂行办法》第七条（"发包单位应当审查承包单位的非煤矿山安全生产许可证和相应资质，不得将外包工程发包给不具备安全生产许可证和相应资质的承包单位"）之规定，发包人在进行非煤矿山工程外包时应履行安全审查义务，应当审核承包人相应的资质。因此若发包人未对承包人的安全生产资质进行审查，违反安全生产法和其他安全生产方面的行政规章与无矿业生产经营资质的承包人签订生产经营承包合同，应当与承包人一起对员工在工作中的因伤致残承担连带责任。

2. 发包人在进行矿山外包工程中未履行对承包人的安全管理义务。

依据《中华人民共和国安全生产法》（2021 年修正）第四十九条第二款（"生产经营项目、场所发包或者出租给其他单位的，生产经营单位应当与承包单位、承租单位签订专门的安全生产管理协议，或者在承包合同、租赁合同中约定各自的安全生产管理职责；生产经营单位对承包单位、承租单位的安全生产工作统一协调、管理，定期进行安全检查，发现安全问题的，应当及时督促整改"），以及《非煤矿山外包工程安全管理暂行办法》的相关规定，发包人在将矿山工程对外承包后仍然应当履行对承包人的安全管理义务，应当定期对承包人进行安全检查、考核和培训等。上述案件中也是存在发包人对承包人的安全生产和施工情况管理缺失，只包不管的情况，或对承包人招聘的工人亦未进行必要的安全教育培训。

（二）关于承包人的责任

在司法实践中，承包人多与其员工形成劳务关系。《中华人民共和国民法典》第一千一百九十二条："个人之间形成劳务关系，提供劳务一方因劳务造成他人损害的，由接受劳务一方承担侵权责任。接受劳务一方承担侵权责任后，可以向有故意或者重大过失的提供劳务一方追偿。提供劳务一方因劳务受到损害的，根据双方各自的过错承担相应的责任"之规定，个人劳务关系中提供劳务方因劳务致使自身受到损害，应当依据双方的过错分担责任。若承包人并未依照《中华人民共和国安全生产法》（2021 年修正）第四十九条和《非煤矿山外包工程安全管理暂行办法》第十九条的相关规定取得非煤矿山安全生产许可证和相应资质，且在不具备相应安全生产资质的情况下进行生产工作，并且在生产中也未尽到相应的安全管理义务，违反安全生产制度和措施导致发生安全事故，应当对其员工的损失承担主要责任。同时作为实际从事矿山生产工作的员工，也应当具备一定的安全生产知识和安全防范意识，若在案发时未佩戴安全帽等防护装备，也应承担较小比例的责任。

五、关联法律法规

《非煤矿山外包工程安全管理暂行办法》（2015 年修正）

第六条　发包单位应当依法设置安全生产管理机构或者配备专职安全生产管理人员，对外包工程的安全生产实施管理和监督。

发包单位不得擅自压缩外包工程合同约定的工期，不得违章指挥或者强令承包单位及其从业人员冒险作业。

发包单位应当依法取得非煤矿山安全生产许可证。

第七条　发包单位应当审查承包单位的非煤矿山安全生产许可证和相应资质，不得将外包工程发包给不具备安全生产许可证和相应资质的承包单位。

承包单位的项目部承担施工作业的，发包单位除审查承包单位的安全生产许可证和相应资质外，还应当审查项目部的安全生产管理机构、规章制度和操作规程、工程技术人员、主要设备设施、安全教育培训和负责人、安全生产管理人员、特种作业人员持证上岗等情况。

承担施工作业的项目部不符合本办法第二十一条规定的安全生产条件的，发包单位不得向该承包单位发包工程。

公安机关的职责是对涉嫌犯罪的事故依法立案侦查，采取强制措施和侦查措施。县级以上的劳动行政主管部门的主要职责是监督矿山企业的安全生产条件以及保障矿山企业职工的劳动安全条件。负有安全生产监督管理职责的部门的主要职责是对涉及安全生产的事项进行审查、批准、验收，对生产经营单位执行有关安全生产的法律、法规和国家标准或者行业标准的情况进行监督检查

一、聚焦司法案件裁判观点

■ 争议焦点

公安机关、县级以上各级人民政府劳动行政主管部门、负有安全生产监督管理职责的部门在矿山安全监管中的职责，是否存在职责重叠的现象？地方是否有设置专门监管矿山安全的机构以及其职责是什么？

■ 裁判观点

公安机关的职责是根据事故的情况，对涉嫌犯罪的依法立案侦查，采取强制措施和侦查措施。县级以上的劳动行政主管部门的主要职责是贯彻相关法律的实施，监督矿山企业的安全生产条件以及保障矿山企业职工的劳动安全条件。负有安全生产监督管理职责的部门的主要职责是监督矿山企业的安全审查，在监督检查的过程中，可以行使现场调查取证权、现场处理权、查封或扣押行政强制措施权。在国务院机构改革过程中，部分省、市将劳动行政主管部门原有的矿山安全监管职能转化给安全生产监督管理部门，不存在部门职责重叠的现象。

二、司法案例样本对比

样本案例一

申请执行人××县安监局与被申请执行人
四川某某矿业有限公司案

• 当事人

申请执行人：××县安监局。

被申请执行人：四川某某矿业有限公司。

法定代表人：杨某某，总经理。

• **基本案情**

申请执行人××县安监局于 2017 年 8 月 8 日作出的行政处罚决定书认定，四川某某矿业有限公司在"2·27"一般车辆伤害事故案中未严格落实安全生产责任制，安全管理不到位，存在聘用没有取得装载机操作证的人员驾驶装载机，没有教育和督促从业人员严格执行本单位的安全生产规章制度等违法行为。××县安监局向四川某某矿业有限公司送达了《行政处罚告知书》和《行政处罚听证告知书》，在规定期限内，四川某某矿业有限公司未陈述和申辩，亦未申请听证。依据《中华人民共和国安全生产法》（2014 年修正，已被修改）第四十一条、第一百零九条第一项之规定，××县安监局决定对四川某某矿业有限公司给予"处人民币贰拾万元罚款"的行政处罚。限被处罚人在收到处罚决定书之日起十五日内缴纳罚款，并告知如不服处罚决定申请复议的期限和机关，以及向法院起诉的期限。

在法定期限内，四川某某矿业有限公司未提出行政复议申请，亦未提起行政诉讼。××县安监局于 2018 年 3 月 16 日向四川某某矿业有限公司送达了行政强制执行事先催告书，四川某某矿业有限公司未履行处罚决定书确定的义务。

• **裁判要旨**

××县人民法院认为，公民、法人或者其他组织应当履行生效、合法的具体行政行为所确定的义务。××县安监局作出的行政处罚决定书，认定事实清楚，适用法律正确，程序合法。四川某某矿业有限公司在法定期限内未申请行政复议和提起行政诉讼，亦未履行行政处罚决定确定的罚款缴纳义务。××县安监局已依法履行了催告义务，四川某某矿业有限公司仍未履行上述义务。××县安监局申请执行生效的行政处罚决定书，符合法律规定，法院依法予以支持。依照《中华人民共和国行政诉讼法》（2017 年修正）第九十七条、《中华人民共和国行政强制法》第五十三条、第五十七条和《最高人民法院关于适用〈中华人民共和国行政诉讼法〉的解释》（法释〔2018〕1 号，2018 年 2 月 8 日起施行）第一百零一条第一款第十四项、第一百五十五条之规定，作出判决如下：

准予强制执行申请执行人××县安监局于 2017 年 8 月 8 日作出的行政处罚决定书。

样本案例二

××县某某矿业开发有限责任公司、××县应急管理局
二审行政判决书

• 当事人

上诉人（原审原告）：××县某某矿业开发有限责任公司。

法定代表人：黄某，董事长。

上诉人（原审被告）：××县应急管理局（原××县安全生产监督管理局）。

法定代表人：赵某某，局长。

应诉负责人：关某，副局长。

• 基本案情

2018 年 11 月 29 日，××县安全生产委员会办公室接到××县纪律监察委员会"关于对三起安全事故调查处理情况进行反馈的函"，要求核实群众反映的三起安全事故是否属实。如属实，应对事故性质作出认定。如属责任事故，应将事故及相关责任人处理情况予以反馈。后××县纪委、××县安监局、××县人民检察院、××县公安局抽调人员展开调查询问。根据查明的事实：2000 年 4 月 6 日，××县某某矿业开发有限责任公司甲铅锌矿发生 1 起冒顶事故，造成 1 人死亡。事故发生后，截至被举报之日，当事人未按照规定及时、如实报告事故。该行为违反了《中华人民共和国矿山安全法》第四十条的规定。2012 年 2 月 23 日，××县某某矿业开发有限责任公司乙铅锌矿发生 1 起生产安全责任事故，造成 1 人死亡。当事人安全生产主体责任落实不到位，对事故发生负有主要责任。事故发生后，截至被举报之日，当事人未向当地安监部门报告事故情况。2016 年 4 月 14 日，××县某某矿业开发有限责任公司甲铅锌矿发生 1 起生产安全责任事故，造成 1 人死亡。当事人安全生产主体责任落实不到位，对事故发生负有主要责任。事故发生后，截至被举报之日，当事人未向当地安监部门报告事故情况。该行为违反了《生产安全事故报告和调查处理条例》第四条的规定。被告××县安全生产监督管理局于 2018 年 12 月 21 日向××县某某矿业开发有限责任公司送达了两份行政处罚告知书、两份听证告知书。2018 年 12 月 27 日送达了另外两份行政处罚告知书、听证告知书。后××县某某矿业开发有限责任公司申请听证。2019 年 1 月 14 日由被告××县安全

生产监督管理局举行了听证。2019 年 1 月 30 日，××县安全生产监督管理局作出行政处罚决定书，决定给予××县某某矿业开发有限责任公司 29000 元罚款的行政处罚。同日××县安全生产监督管理局又分别作出两份行政处罚决定书，分别决定给予××县某某矿业开发有限责任公司 150 万元罚款并同日送达。后××县某某矿业开发有限责任公司不服，提起行政诉讼，要求撤销处罚决定。

一审法院认为，根据《中华人民共和国矿山安全法》的规定，未按照规定及时、如实报告矿山事故的，由劳动行政部门责令改正，可以并处罚款。后因国务院机构改革，将劳动行政主管部门原有的矿山安全监管职能转化给安监部门，故××县安全生产监督管理局具有相应监管职责，对区域内的涉及安全事故的违法行为有权进行处理，但应当按照法律法规、依照法定的程序进行。本案中原告××县某某矿业开发有限责任公司对 2000 年发生的安全事故至今没有上报，该行为属于瞒报，结合××县某某矿业开发有限责任公司对另外两起安全事故瞒报的事实，可以认定××县某某矿业开发有限责任公司的瞒报行为处于连续或继续状态。根据《中华人民共和国行政处罚法》（2017 年修正，已被修改）第二十九条的规定，违法行为有连续或者继续状态的，行政处罚的追责时效从行为终了之日起计算。故对于原告认为被告处罚时已超过追责时效的意见，法院不予支持。但该三起事故瞒报行为均系××县某某矿业开发有限责任公司所为，又在同一时间被举报，××县安全生产监督管理局在同一时间作出三个处罚决定明显不妥，程序违法。综上所述，根据《中华人民共和国行政诉讼法》第七十条之规定，作出判决如下：一、撤销××县安全生产监督管理局作出的行政处罚决定书；二、由被告××县应急管理局（原××县安全生产监督管理局）在法定期限内重新作出具体行政行为。案件受理费 50 元，由被告××县应急管理局承担。双方不服均提起上诉。

• 案件争点

对于××县某某矿业开发有限责任公司于 2000 年 4 月 6 日、2012 年 2 月 23 日和 2016 年 4 月 14 日发生的三起生产安全事故，瞒报行为是否存在连续或者继续的状态？××县应急管理局作出的行政处罚是否正确？

• 裁判要旨

××省××市中级人民法院认为，根据《生产安全事故报告和调查处理条例》第四条之规定，事故报告应当及时、准确、完整，任何单位和个人对事故不得迟报、漏报、谎报或者瞒报。本案中三起安全事故分别发生于 2000 年 4 月

6 日、2012 年 2 月 23 日和 2016 年 4 月 14 日，自 2000 年 4 月 6 日生产安全事故发生之日起，截至被举报之日，××县某某矿业开发有限责任公司对于三起生产安全事故均未按照规定上报，可以认定该公司的瞒报行为具有连续或者继续状态。故对上诉人××县某某矿业开发有限责任公司主张行政处罚已超过法定处罚时效的上诉理由二审法院不予支持。

××县某某矿业开发有限责任公司对三起事故的瞒报行为在同一时间被发现，××县应急管理局对该公司的连续违法行为分别作出三个处罚决定属认定事实不清。综上，二上诉人的上诉理由均不能成立，二审法院不予支持。

样本案例三

某某矿业有限责任公司诉××县安全生产监督管理局安全生产行政监督案

• 当事人

再审申请人（一审起诉人、二审上诉人）：某某矿业有限责任公司。

法定代表人：李某某，董事长。

• 基本案情

2015 年 9 月 18 日，某某矿业有限责任公司向××县人民法院起诉称，××县安全生产监督管理局自 2013 年 1 月至今，在履行对某某矿业有限责任公司某土矿的安全监管职责过程中，仅以"出现'煤炮'动力现象"为由，在证据不足和不具备相关资质人员调查的情况下，初步得出某某矿业有限责任公司某土矿"存在动力现象，存在瓦斯突出危险性"，要求某某矿业有限责任公司履行瓦斯突出鉴定和瓦斯突出鉴定前期准备工作义务，同时要求某某矿业有限责任公司在某土矿煤与瓦斯突出危险性鉴定结果出来之前，不得进行石门揭煤和沿煤层巷道掘进。某某矿业有限责任公司认为，按照《煤矿瓦斯等级鉴定暂行办法》《煤与瓦斯突出矿井鉴定规范》《防治煤与瓦斯突出规定》等国家有关法律法规的规定，××县安全生产监督管理局在行政执法监管中，违反法定程序，在证据不足的情况下，定性某某矿业有限责任公司某土矿"存在瓦斯突出危险性"，同时滥用职权强行要求某某矿业有限责任公司某土矿履行瓦斯突出鉴定和瓦斯突出鉴定前期准备工作义务，并超越职权干预某某矿业有限责任公司某土矿瓦斯鉴定前期准备施工方案。××县安全生产监督管理局的上述行政行为不具有合法性，侵犯了某某矿业有限责任公司的合法权益，给某某矿业有限责任公司造成了严重损失，故诉至法院，请求依法判决确认××县安全生产监督管理局作出的《关于防治井下煤层动力现象的紧急通知》和 2015 年 8 月 26 日《关于某某矿业有限责任公司 2015 年复工问题的回复》中要求某某矿业有限责任公司某土矿履行瓦斯突出鉴定和瓦斯突出鉴定前期准备工作义务等的行政行为违法，并予以撤销。某某矿业有限责任公司因诉××县安全生产监督管理局（以下简称××县安监局）安全生产行政监督一案，不服××县人民法院于 2016 年 6 月 29 日作出的行政裁定，向××省××市中级人民法院提起上诉，并上诉称：一、××县安监局无行政主体资格，其作出的行政行为无事实依据且违反法定程序，是无效的行政行为，不受起诉期限的限制，故本案并未超过法定的起诉期限。二、原审法院认定上诉人提交的两份新证据"属于重复处理行为，不属于人民法院行政诉讼的受案范围"无事实依据，因为该说明和回复改变了原有的行政行为的状态，对上诉人的权益产生了新的影响，人民法院应对此进行审查。请求撤销原裁定，指令原审法院或者其他法院立案审理。

  ××省××市中级人民法院（二审法院）认为：一、××县安监局具有实施行政监督的行政主体资格。《中华人民共和国安全生产法》（2014 年修正，已被修改）第九条第一款规定，县级以上地方各级人民政府安全生产监督管理部门依照本法，对本行政区域内安全生产工作实施综合监督管理。××县安监局是负责××县辖区内依法行使安全生产监督管理职能的政府工作部门，具备实施行政监督的行政主体资格。二、上诉人某某矿业有限公司提起的行政诉讼不属于人民法院的受案范围。本案中，××县安监局于 2016 年 1 月 7 日出具的说明系××县安监局对《关于防治井下煤层动力现象的紧急通知》中相关问题的进一步阐明；中共××县纪律检查委员会于 2016 年 1 月 11 日出具的回复是上诉人向纪委反映××县安监局存在行政违法的问题后，纪委对上诉人作出的书面答复，该说明和回复没有改变原行政行为内容，也没有增加或者减少上诉人的权利义务，上诉人所称该说明和回复"改变了原有的行政行为的状态，对上诉人的权益产生了新的影响"的理由不能成立，故上诉人某某矿业有限责任公司提起的诉讼不属于人民法院行政诉讼的受案范围。三、上诉人某某矿业有限责任公司的起诉超过法定的起诉期限。《中华人民共和国行政诉讼法》（2014 年修正，已被修改）第四十六条规定，公民、法人或者其他组织直接向人民法院提起诉讼的，应当自知道或者应当知道作出行政行为之日起六个月内提出。法律另有规定的除外。《最高人民法院关于执行〈中华人民共和国行政诉讼法〉若干问题的解释》（法释〔2000〕8号，2000年3月10日起施行，已废止）第四十一条规定，行政机关作出具体行政行为时，未告知公民、法人或者其他组织诉权或者起诉期限的，起诉期限从公民、法人或者其他组织知道或者应当知道诉权或者起诉期限之日起计算，但从知道或者应当知道具体行政行为内容之日起最长不得超过2年。本案中，在××县安监局2013年1月6日作出《关于防治井下煤层动力现象的紧急通知》，要求其某某土矿停止违规建设，履行瓦斯突出鉴定和瓦斯突出鉴定前期准备工作义务后，某某矿业有限责任公司于2013年3月25日向××县××镇人民政府、××县安监局提出书面申请开展瓦斯鉴定前期准备工作，说明某某矿业有限责任公司在2013年3月25日前就已经知道××县安监局作出的《关于防治井下煤层动力现象的紧急通知》的行政行为内容。即使××县安监局未告知上诉人诉权，上诉人的起诉也已超过起诉期限。某某矿业有限责任公司不服，向××省高级人民法院申请再审。

某某矿业有限责任公司申请再审称，原一、二审裁定认定事实和适用法律错误。××县安监局是事业单位不是行政机关，其处罚行为无效，不受起诉期限限制，而且本案并非驳回申诉的重复处理行为，属于行政诉讼受案范围。请求撤销原一、二审裁定，立案审理。

• 案件争点

1. ××县安监局是否具有实施行政监督的行政主体资格。

2. 上诉人某某矿业有限责任公司提起的行政诉讼是否属于人民法院的受案范围。

• 裁判要旨

××省高级人民法院认为，××县安监局是××县辖区内依法行使安全生产监督管理职能的政府工作部门，显然具备实施其管理职能范围内行政行为的主体资格。本案中，××县安监局于2016年1月7日出具的说明系××县安监局对《关于防治井下煤层动力现象的紧急通知》中相关问题的进一步阐明。中共××县纪律检查委员会于2016年1月11日出具的回复是某某矿业有限责任公司向纪委反映××县安监局存在行政违法的问题后，纪委对其作出的书面答复。该说明和回复没有改变原行政行为内容，也没有增加或者减少某某矿业有限责任公司的权利义务，其所称该说明和回复"改变了原有的行政行为的状态，对上诉人的权益产生了新的影响"的理由不能成立，本案不属于人民法院行政诉讼的受案范围。

样本案例四
李某等玩忽职守案

• **当事人**

公诉机关：××县人民检察院。

被告人：李某。2016 年 5 月 25 日因涉嫌玩忽职守被××县人民检察院决定刑事拘留，同年 6 月 8 日被××市人民检察院决定逮捕。7 月 26 日被取保候审。

被告人：周某。2016 年 5 月 25 日因涉嫌玩忽职守被××县人民检察院决定刑事拘留。同年 6 月 1 日被取保候审。

被告人：李某某。2016 年 5 月 25 日因涉嫌玩忽职守被××县人民检察院决定刑事拘留，同年 6 月 8 日被××市人民检察院决定逮捕。6 月 16 日被取保候审。

被告人：宋某某。2016 年 5 月 25 日因涉嫌玩忽职守被××县人民检察院决定刑事拘留，同年 6 月 8 日被××市人民检察院决定逮捕。7 月 26 日被取保候审。

被告人：刘某某。2016 年 5 月 25 日因涉嫌玩忽职守被××县人民检察院决定刑事拘留，同年 6 月 8 日被××市人民检察院决定不予逮捕。同日被取保候审。

被告人：王某某。2016 年 5 月 25 日因涉嫌玩忽职守被××县人民检察院决定刑事拘留。同年 6 月 1 日被取保候审。

• **基本案情**

××县人民检察院指控：××市某某集团有限责任公司（以下简称某某集团）的子公司某某煤业生产管理有限公司，负责监管位于××县××村的某某煤业有限公司（以下简称某某煤业）。2016 年 3 月 23 日 22 时，某某煤业井下综采二队对 8117 工作面违规进行强制预裂爆破，由于煤矿安全隐患长期得不到排除，当班工人的违规爆破作业致使顶板大面积垮落，导致瓦斯爆炸事故，造成死亡 20 人、重伤 1 人、直接经济损失 1904.37 万元的严重后果。被告人李某作为某某煤业安监部副部长，被告人周某作为某某煤业安监队副队长，被告人李某某作为某某煤业生产管理有限公司安监部主任工程师、副部长，被告人王某某作为某某集团安监局监察一处处长，被告人宋某某作为某某集团地煤分部监管二组组长，被告人刘某某作为某某集团地煤分部监管二组组员，六人在日常监管过程中存在监管上的渎职行为：对某某煤业综采二队中班从2015年9月到事发时一直没有安排跟班队长；综采二队专业爆破工长期缺编；某某煤业违反《煤矿安全规程》关于"对坚硬顶板或者坚硬顶煤进行预裂爆破处理时，应在工作面未采动区进行"的规定，于2016年1月违规在8117工作面采动区打了12个炮眼，准备预裂爆破；某某煤业矿压在线检测系统长期不能正常使用等安全隐患问题未能及时发现并排除。被告人李某、周某、李某某、王某某、宋某某、刘某某的行为已触犯《中华人民共和国刑法》（2017年修正，已被修改）第三百九十七条之规定，应当以玩忽职守罪追究其刑事责任。

被告人李某辩称，其不是某某煤业安监部副部长，没有任命文件。当庭自愿认罪。辩护人的辩护意见是，被告人李某不具备玩忽职守罪的主体资格，不构成玩忽职守罪。李某在工作职责范围内履行了职责，其过失行为与本次重大损失之间不具有必然的、直接的因果关系；李某属初犯，认罪态度好。

被告人周某辩称，案发当天其盯着三个工作面，对8117工作面爆破不知情；某某煤业应承担主要责任，其承担次要责任。当庭自愿认罪。辩护人的辩护意见是，对公诉机关认定被告人周某构成玩忽职守罪没有异议，但认为周某有诸多从轻减轻的情节。案发时周某盯着三个工作面，对8117工作面爆破不知情；本次事故是由于某某煤业管理混乱，规章制度没落到实处；某某煤业超能力生产，造成专业设备短缺，专业人员工作量增大，点多线长，对死角无法监督，某某煤业应承担主要责任，周某承担次要责任；周某认罪伏法，有悔罪表现，建议对其判处免予刑事处罚。

被告人李某某对公诉机关指控的事实没有异议，当庭自愿认罪。辩护人的辩护意见是，被告人李某某不属于国家机关工作人员，不能作为玩忽职守罪的犯罪主体，指控的事实无事实和法律依据，应判决被告人无罪。2016年2月18日被告人李某某被任命为安监部主任工程师、副部长，距事发履职才一个月，2月25日被公司临时安排复产验收工作，李某某安排验收人员进行检查，并将检查结果进行记录后汇报给部长谷某某，主观上无任何过失。其没在验收栏中签字的原因是复产验收所涉及的相关验收部门人员未全部参加，只能等其他部门都出具意见后再行签字，这正是被告人严格履职的表现。而安监部长谷某某置若罔闻，私自拟文，批准复产。

被告人王某某辩称，其和监察处的工作职责是对所属煤矿监督抽查，没有隐患排查的职责；监察一处对某某煤业的监管属第三级间接监管；其是 2016 年 3 月 7 日到岗，担任处长仅仅 16 天，共计 12 个工作日，将其监管的 14 座矿井的隐患全部排查出来不客观、不现实；其没有违反自己的职责，不应认为是犯罪。辩护人的辩护意见是，被告人王某某不具有国家机关工作人员身份，不能作为玩忽职守罪的犯罪主体；王某某对某某煤业不具有隐患排查和治理的岗位责任；公诉机关提到某某煤业存在四处隐患，但并未提供证明监察一处应当发现而未发现的证据；王某某组织对某某煤业的监督检查符合"检查月度全覆盖"的职责人要求，且查出 64 条隐患；某某集团属三级监管，跨层级追究被告人的刑事责任不符合责任随层级递减的基本规律。应判决被告人王某某无罪。

被告人宋某某辩称，其按煤经监管字〔2015〕446 号文件和 11 号会议纪要规定要求现场核对问题，与矿方多沟通，把规定和矿方交代清楚，是文件违反了"四不两直"的规定，而不是其违反；对事故的发生，其承担的是行政责任，不是刑事责任；因侦查机关和五人小组管理部未按法律程序通知其家人，造成其妻子非正常死亡。应判决其无罪。辩护人的辩护意见是，被告人宋某某不具有国家机关工作人员的身份要件，不能作为玩忽职守罪的犯罪主体；宋某某所实施的具体行为与本起事故没有直接必然的因果关系，对事故的发生既不充分也不必要；本案适格的主体仅有被告人李某、周某，其余四被告人并不是适格的主体，追究法律责任应限于某某煤业以及其直接上级管理单位某某煤业生产管理有限公司，层级越高，承担的事故责任越小；《放顶技术措施》是在宋某某对某某煤业检查后的次日制定的，正是由于该份技术措施违反煤矿安全生产规程才导致事故发生，对宋某某来说是事后追责；从事故鉴定书看，本起事故是单位领导安排生产计划错误而造成的，与宋某某的行为不具有原因力的关系；追究刑事责任必须具有强制性规范，宋某某监管存在过失，承担行政责任更符合事实与法律规范的要求；宋某某的岗位职责无具体化规范，缺乏可落实性；山西省政府"四不两直"的规定，不能作为追究宋某某玩忽职守的法律依据；办案机关在办案过程中违法办案，拘留后未在 24 小时内通知家属，只通知了单位。法院应宣判被告人宋某某无罪。

被告人刘某某辩称，其是某某煤业联点包保责任人，但没见过任命文件，具体事项也不清楚；其每次检查都是跟随组长、副组长。当庭自愿认罪。辩护人的辩护意见是，刘某某不构成玩忽职守罪。刘某某是某某集团地煤分部监管二组组员，且是地煤集团的一名普通工作人员，没有任何国家机关赋予其行政执法的权利，其不符合玩忽职守罪的主体要件；刘某某 2015 年 12 月去的监管二组，还没有完全熟悉了解该矿的情况，对事故发生无法预见；每次到矿检查时，煤矿都安排检修，其认为煤矿安检工作搞得不错；煤矿工作制度不完善，管理存在漏洞，事故的发生是由具体操作人员违规造成的，刘某某的行为只是工作上存在一定的失误，未达到构成犯罪的程度；刘某某的行为与造成的重大损失结果之间不具有刑法上必然的直接的因果关系；刘某某在职责范围内履行了职责。

经法院查明：某某煤业综采二队中班从 2015 年 9 月至事发时一直没有跟班队长；专业爆破工长期缺编；某某煤业违反《煤矿安全规程》关于"对坚硬顶板或者坚硬顶煤进行预裂爆破处理时，应在工作面未采动区进行"的规定，于 2016 年 1 月违规在 8117 工作面采动区打了 12 个炮眼，准备预裂爆破；矿压在线检测系统长期不能正常使用。六被告人在日常监管过程中，对上述安全隐患问题未能及时发现并督促、监管某某煤业予以完善、整治并排除。2016 年 3 月 23 日 22 时，某某煤业井下综采二队对 8117 工作面违规进行强制预裂爆破，由于煤矿安全隐患长期得不到排除，当班工人的违规爆破作业致使顶板大面积垮落，导致瓦斯爆炸事故，造成死亡 20 人、重伤 1 人、直接经济损失 1904.37 万元的严重后果。经技术鉴定，该起事故的直接原因为 8117 工作面违规实施顶板预裂爆破诱发工作面采空区顶板大面积垮落，使得采空区的瓦斯等有害气体瞬间涌出形成冲击波造成设备损害和人员伤亡；同时采空区内处于爆炸浓度范围的瓦斯，逆流到工作面皮带进风巷，冲击波造成 10 kV 高压电缆受外力撞击破坏产生电火花引爆瓦斯导致事故扩大。另查明，被告人李某 2011 年 6 月享受某某煤业安监部副部长待遇，其工作职责是经常出入现场，查处现场存在的问题、检查特殊工种的持证上岗等情况。被告人周某 2014 年 7 月 6 日任某某煤业安监队副队长，其工作职责是安排当班工作、下井巡查、排查各个工作面安全隐患，检查有无"三违"现象等。被告人李某某 2016 年 2 月 18 日任某某煤业生产管理有限公司安监部主任工程师、副部长，其工作职责是督促落实矿井重大危险源的安全管理措施，搞好重大事故隐患排查和治理安排并及时上报，参与公司对所辖矿井安全生产状况的检查，纠正违反操作规程的行为。被告人王某某 2016 年 3 月 1 日、4 月 11 日经集团公司党委扩大会议研究决定任某某集团安监局监察一处处长，负责某某煤业的安全监管工作。被告人宋某某 2015 年 7 月任某某集团地煤分部监管二组组长，其工作职责是负责某某煤业的安全监管责任，到矿检查时应遵守"四不两直"的规定。被告人刘某某 2015 年 7 月任某某集团地煤分部监管二组组员，其工作职责是监督检查煤矿的安全管理工作及井下安全避险"六大系统",发现"三违"现象应立即制止。2016 年 2 月 25 日,被告人李某某带队巡查了某某煤业复产验收工作,部分验收部门人员未参加,被告人李某某未在《××省煤矿复产验收审核表》验收组意见栏内加注意见,亦未将复产验收情况向安监部长汇报。2016 年 3 月 16 日,被告人王某某组织对某某煤业的监督检查。被告人宋某某、刘某某在对某某煤业检查时,提前通知矿方检查时间,导致每次检查时该矿均处于停止生产的状态。

• 案件争点

被告人李某作为某某煤业安监部副部长,被告人李某某作为某某煤业安监部主任工程师、副部长,被告人宋某某作为某某集团地煤分部监管二组组长,被告人王某某作为某某集团安监局监察一处处长,被告人刘某某作为某某集团地煤分部监管二组组员,五人不具备国家工作人员的身份,是否不构成玩忽职守罪?

被告人周某作为某某煤业安监队副队长,有诸多从轻减轻的情节。案发时周某盯着三个工作面,对 8117 工作面爆破不知情;本次事故是由于某某煤业管理混乱,规章制度没落到实处;某某煤业超能力生产,造成专业设备短缺,专业人员工作量增大,点多线长,对死角无法监督。基于此,是否应认定某某煤业应承担主要责任,周某承担次要责任?

• 裁判要旨

××省××县人民法院认为,被告人李某、周某、李某某、王某某、宋某某、刘某某系依法或者受委托行使国家行政管理职权的企业工作人员,在行使行政管理职权时,履职不认真,疏于监管,对某某煤业长期存在的安全隐患未能及时发现并排除,致使重大安全生产事故发生,造成公共财产、国家和人民利益遭受重大损失,情节特别严重,其行为均已触犯刑法,构成玩忽职守罪。××县人民检察院指控六被告人的犯罪事实清楚,证据确实充分,罪名成立。某某煤业此次事故的发生系在未严格进行复产验收的情况下违规组织生产,工作人员在生产过程中违规操作造成的。且某某煤业管理混乱、超能力生产、安全生产人员配备不足,给监管造成极大的压力,上述原因与事故的发生亦存在一定的因果关系,据此可以减轻监管人员的责任。被告人李某、周某系某某煤业安全生产工作的直接监管责任人,对本起事故的发生负重要责任;被告人李某某、王某某、宋某某、刘某某对某某煤业安全生产工作负有领导监管责任,对本起事故的发生负一定责任。被告人李某、周某、李某某、刘某某自愿认罪，在侦查过程中如实供述犯罪事实，属于坦白；被告人李某某、王某某距事发时任职时间短，客观上不可能对其所监管的煤矿全部监督检查到位，对上述情节在量刑时亦予以考虑。根据各被告人在犯罪中所起作用、情节、认罪悔罪态度及社会调查评估进行量刑，被告人李某、周某不致再发生社会危险性，可以适用缓刑，判处缓刑；被告人李某某、王某某、宋某某、刘某某在监管工作中负有较轻的责任，视为犯罪情节轻微，可以免予刑事处罚。六被告人及其辩护人辩称主体不适格的意见与法律规定不符，不予采信；辩称被告人的履职行为与事故的发生不存在因果关系，亦不予支持。其他辩护意见与法院查明的事实一致，予以采信。据此，法院依照《中华人民共和国刑法》第三百九十七条、第三十七条、第七十二条第一款、第七十三条第二款和第三款，《最高人民法院、最高人民检察院关于办理渎职刑事案件适用法律若干问题的解释（一）》第一条第二款、第七条、第八条第一款，《全国人民代表大会常务委员会关于〈中华人民共和国刑法〉第九章渎职罪主体适用问题的解释》之规定，作出判决如下：

被告人李某犯玩忽职守罪，判处有期徒刑3年，缓刑1年。（缓刑考验期限，从判决确定之日起计算）

被告人周某犯玩忽职守罪，判处有期徒刑3年，缓刑1年。（缓刑考验期限，从判决确定之日起计算）

被告人李某某犯玩忽职守罪，免予刑事处罚。

被告人宋某某犯玩忽职守罪，免予刑事处罚。

被告人刘某某犯玩忽职守罪，免予刑事处罚。

被告人王某某犯玩忽职守罪，免予刑事处罚。

三、司法案例类案甄别

（一）事实对比

样本案例一，四川某某矿业有限公司在"2·27"一般车辆伤害事故案中未严格落实安全生产责任制，安全管理不到位，存在聘用没有取得装载机操作证的人员驾驶装载机，没有教育和督促从业人员严格执行本单位的安全生产规章制度等违法行为。××县安监局向四川某某矿业有限公司送达了《行政处罚告知书》和《行政处罚听证告知书》

样本案例二，××县某某矿业开发有限责任公司于2000年4月6日、2012

年 2 月 23 日和 2016 年 4 月 14 日发生了三起生产安全事故，被告××县安全生产监督管理局于 2018 年 12 月 21 日向××县某某矿业开发有限责任公司送达了两份行政处罚告知书、两份听证告知书。2018 年 12 月 27 日送达了另外两份行政处罚告知书、听证告知书。

样本案例三，××县安监局以某某矿业有限责任公司某土矿"存在动力现象，存在瓦斯突出危险性"为由，要求某某矿业有限责任公司履行瓦斯突出鉴定和瓦斯突出鉴定前期准备工作义务，同时要求某某矿业有限责任公司在某土矿煤与瓦斯突出危险性鉴定结果出来之前，不得进行石门揭煤和沿煤层巷道掘进。某某矿业有限责任公司认为，××县安监局在行政执法监管中违反法定程序，同时滥用职权，强行要求某某矿业有限责任公司某土矿履行瓦斯突出鉴定和瓦斯突出鉴定前期准备工作义务，并超越职权干预某某矿业有限责任公司某土矿瓦斯鉴定前期准备施工方案。××县安监局的上述行政行为不具有合法性，侵犯了某某矿业有限责任公司的合法权益。

样本案例四，××市某某集团有限责任公司（以下简称某某集团）的子公司某某煤业生产管理有限公司，负责监管位于××县××村的某某煤业有限公司（以下简称某某煤业）。2016 年 3 月 23 日 22 时，某某煤业井下综采二队对 8117 工作面违规进行强制预裂爆破，由于煤矿安全隐患长期得不到排除，当班工人的违规爆破作业致使顶板大面积垮落，导致瓦斯爆炸事故，造成死亡 20 人、重伤 1 人、直接经济损失 1904.37 万元的严重后果。被告人李某、周某、李某某、王某某、宋某某、刘某某六人在日常监管过程中，对某某煤业综采二队中班从 2015 年 9 月到事发时一直没有安排跟班队长；综采二队专业爆破工长期缺编；某某煤业违反《煤矿安全规程》关于"对坚硬顶板或者坚硬顶煤进行预裂爆破处理时，应在工作面未采动区进行"的规定，于 2016 年 1 月违规在 8117 工作面采动区打了 12 个炮眼，准备预裂爆破；某某煤业矿压在线检测系统长期不能正常使用等安全隐患问题未能及时发现并排除，存在监管上的渎职行为。

（二）适用法律对比

样本案例一，人民法院认为，公民、法人或者其他组织应当履行生效、合法的具体行政行为所确定的义务。××县安监局作出行政处罚决定书，认定事实清楚，适用法律正确，程序合法。四川某某矿业有限公司在法定期限内未申请行政复议和提起行政诉讼，亦未履行行政处罚决定确定的罚款缴纳义务。××县安监局已依法履行了催告义务，四川某某矿业有限公司仍未履行上述义务。

××县安监局申请执行生效的行政处罚决定书，符合法律规定，法院依法予以支持。依照《中华人民共和国行政诉讼法》（2017年修正）第九十七条、《中华人民共和国行政强制法》第五十三条、第五十七条和《最高人民法院关于适用〈中华人民共和国行政诉讼法〉的解释》（法释〔2018〕1号，2018年2月8日起施行）第一百零一条第一款第十四项、第一百五十五条之规定，作出判决如下：准予强制执行申请执行人××县安监局于2017年8月8日作出的行政处罚决定书。

样本案例二，人民法院认为，根据《生产安全事故报告和调查处理条例》第四条之规定，事故报告应当及时、准确、完整，任何单位和个人对事故不得迟报、漏报、谎报或者瞒报。本案中三起安全事故分别发生于2000年4月6日、2012年2月23日和2016年4月14日，自2000年4月6日生产安全事故发生之日起，截至被举报之日，××县某某矿业开发有限责任公司对于三起生产安全事故均未按照规定上报，可以认定该公司的瞒报行为具有连续或继续状态。故对上诉人××县某某矿业开发有限责任公司主张行政处罚已超过法定处罚时效的上诉理由二审法院不予支持。××县某某矿业开发有限责任公司对三起事故的瞒报行为在同一时间被发现，××县应急管理局对该公司的连续违法行为分别作出三个处罚决定属认定事实不清。综上，二上诉人的上诉理由均不能成立，二审法院不予支持。

样本案例三，人民法院认为，××县安监局是××县辖区内依法行使安全生产监督管理职能的政府工作部门，显然具备实施其管理职能范围内行政行为的主体资格。本案中，××县安监局于2016年1月7日出具的说明系××县安监局对《关于防治井下煤层动力现象的紧急通知》中相关问题的进一步阐明。中共××县纪律检查委员会于2016年1月11日出具的回复是某某矿业有限责任公司向纪委反映××县安监局存在行政违法的问题后，纪委对其作出的书面答复。该说明和回复没有改变原行政行为内容，也没有增加或者减少某某矿业有限责任公司的权利义务，其所称该说明和回复"改变了原有的行政行为的状态，对上诉人的权益产生了新的影响"的理由不能成立，本案不属于人民法院行政诉讼的受案范围。

样本案例四，人民法院认为，被告人李某、周某、李某某、王某某、宋某某、刘某某系依法或者受委托行使国家行政管理职权的企业工作人员，在行使行政管理职权时，履职不认真，疏于监管，对某某煤业长期存在的安全隐患未能及时发现并排除，致使重大安全生产事故发生，造成公共财产、国家和人民利益遭受重大损失，其行为均已触犯刑法，构成玩忽职守罪。××县人民检察院指控六被告人的犯罪事实清楚，证据确实充分，罪名成立。某某煤业此次事故的发生系在未严格进行复产验收的情况下违规组织生产，工作人员在生产过程中违规操作造成的。且某某煤业管理混乱、超能力生产、安全生产人员配备不足，给监管造成极大的压力，上述原因与事故的发生亦存在一定的因果关系，据此可以减轻监管人员的责任。被告人李某、周某系某某煤业安全生产工作的直接监管责任人，对本起事故的发生负重要责任；被告人李某某、王某某、宋某某、刘某某对某某煤业安全生产工作负有领导监管责任，对本起事故的发生负一定责任。被告人李某、周某、李某某、刘某某自愿认罪，在侦查过程中如实供述犯罪事实，属于坦白；被告人李某某、王某某距事发时任职时间短，客观上不可能对其所监管的煤矿全部监督检查到位，对上述情节在量刑时亦予以考虑。根据各被告人在犯罪中所起作用、情节、认罪悔罪态度及社会调查评估进行量刑，被告人李某、周某不致再发生社会危险性，可以适用缓刑，判处缓刑；被告人李某某、王某某、宋某某、刘某某在监管工作中负有较轻的责任，视为犯罪情节轻微，可以免予刑事处罚。六被告人及其辩护人辩称主体不适格的意见与法律规定不符，不予采信；辩称被告人的履职行为与事故的发生不存在因果关系，亦不予支持。其他辩护意见与法院查明的事实一致，予以采信。据此，法院依照《中华人民共和国刑法》（2017 年修正，已被修改）第三百九十七条、第三十七条、第七十二条第一款、第七十三条第二款和第三款，《最高人民法院、最高人民检察院关于办理渎职刑事案件适用法律若干问题的解释（一）》第一条第二款、第七条、第八条第一款，《全国人民代表大会常务委员会关于〈中华人民共和国刑法〉第九章渎职罪主体适用问题的解释》之规定，作出判决如下：

被告人李某犯玩忽职守罪，判处有期徒刑 3 年，缓刑 1 年。（缓刑考验期限，从判决确定之日起计算）

被告人周某犯玩忽职守罪，判处有期徒刑 3 年，缓刑 1 年。（缓刑考验期限，从判决确定之日起计算）

被告人李某某犯玩忽职守罪，免予刑事处罚。

被告人宋某某犯玩忽职守罪，免予刑事处罚。

被告人刘某某犯玩忽职守罪，免予刑事处罚。

被告人王某某犯玩忽职守罪，免予刑事处罚。

（三）类案大数据报告

截至 2023 年 11 月 30 日，以"矿山安全"和"安全生产"为关键词，共检索到类案 63 件。经逐案阅看、分析，与本规则关联度较高的案件共有 47 件，因其中存在同一案件的一审、二审、再审裁判，严格意义上应将其认定为一件案件（同时还有套案因素等，实质上争议的焦点问题是相同的），故剔除前述情形后，实际共有 28 件案件。整体情况如下：

从类案地域分布看，涉案数最多的是湖南省，其次是浙江省和安徽省，再次是山东省、广东省、吉林省、四川省。

从类案结案时间看，结案最多的年份是 2016 年，共有 7 件；其次为 2018 年、2017 年，分别有 6 件和 4 件。

四、类案裁判规则的解析确立

1. 公安机关、县级以上各级人民政府劳动行政主管部门、负有安全生产监督管理职责的部门在矿山安全监管中的职责。

（1）安全生产监督管理局（应急管理局的前身）的主要职责：

安全生产监督管理局对涉及安全生产的事项需要审查批准或者验收的，进行严格的审查，对未依法取得批准或者验收合格的单位擅自从事有关活动的和对已经依法取得批准但不再具备安全生产条件的单位，依法进行处理。

安全生产监督管理部门在监督检查中可以行使以下权利：① 现场调查取证权；② 现场处理权；③ 查封或扣押行政强制措施权。

（2）县级以上各级人民政府劳动行政主管部门的主要职责：

根据《中华人民共和国矿山安全法》（2009 年修正）第三十三条的规定，县级以上各级人民政府劳动行政主管部门对矿山安全工作行使下列监督职责：

（一）检查矿山企业和管理矿山企业的主管部门贯彻执行矿山安全法律、法规的情况；

（二）参加矿山建设工程安全设施的设计审查和竣工验收；

（三）检查矿山劳动条件和安全状况；

（四）检查矿山企业职工安全教育、培训工作；

（五）监督矿山企业提取和使用安全技术措施专项费用的情况；

（六）参加并监督矿山事故的调查和处理；

（七）法律、行政法规规定的其他监督职责。

（3）公安部门的主要职责：

对于安全事故，公安机关应当根据事故的情况，对涉嫌犯罪的依法立案侦查，采取强制措施和侦查措施。

（4）值得注意的是：① 因国务院机构改革，将劳动行政主管部门原有的矿山安全监管职能转给安监部门；② 应急管理局和安监局是同一个单位，安监局是应急管理局前身。

1998 年，在国务院机构改革中成立劳动和社会保障部，将原劳动部承担的安全生产综合管理、职业安全监察、矿山安全监察职能，交由国家经济贸易委员会（简称国家经贸委）承担。国家经贸委成立安全生产局。

1999 年国务院机构改革后，根据煤矿安全生产的实际情况，又增设国家煤矿安全监察局，与国家煤炭工业局一个机构、两块牌子。国家煤矿安全监察局是国家经贸委管理的负责煤矿安全监察的行政执法机构，承担国家经贸委负责的煤矿安全监察职能。国家煤炭工业局的有关内设机构，加挂国家煤矿安全监察局内设机构的牌子。

2000 年 12 月，为适应我国安全生产工作的需要，进一步加强对安全生产的监督管理，预防和减少各类伤亡事故，国务院决定设立国家安全生产监督管理局，国家煤矿安全监察局与其一个机构、两块牌子。涉及煤矿安全监察方面的工作，以国家煤矿安全监察局的名义实施。国家安全生产监督管理局（国家煤矿安全监察局）是综合管理全国安全生产工作、履行国家安全生产监督管理和煤矿安全监察职能的行政机构，由国家经贸委负责管理。当时由国家经贸委承担的安全生产监督管理职能划给国家安全生产监督管理局（国家煤矿安全监察局）。原国家煤矿安全监察局承担的职能不作调整。

2018 年 3 月，根据第十三届全国人民代表大会第一次会议批准的国务院机构改革方案，中华人民共和国应急管理部设立，国家安全生产监督管理总局撤消。安监局全称即为安全生产监督管理局，安监局是政府的职能部门，列入直属机构序列，主管安全生产和相关的政策法规工作，安监局具有行政权和执法权。安监局在中央一级称国家安全生产监督管理总局（国家安监总局），前身是由国家经贸委实行部门管理的"国家煤矿安全监察局"，省级设有安全生产监督管理局，地级和县级也设有安全生产监督管理局（有的地区设办事机构）。

2. 地方设置专门监管矿山安全机构的职责。

山西省设置了专门监管矿山安全机构——煤矿安全监管五人小组，简称"五人小组"，是按照每组五人、每组负责五座煤矿的要求，依据市、县两级分级监管的原则，履行煤矿安全监管检查职责，并对所负责煤矿实行安全监督检查包保责任制的基层煤矿安全监管队伍。"五人小组"实行巡回监管检查机制，每周对包保的每座煤矿巡回检查1次（煤矿停产停建、放假期间除外），每月对每个包保煤矿做到全覆盖对表检查。检查方式以现场检查为主，对表井工矿33项、露天矿25项检查内容，建立健全检查档案。在巡回监管检查中发现煤矿存在一般事故隐患，要督促煤矿立即整改，暂时不能完成整改的按责任、措施、资金、期限和应急预案"五落实"要求限期整改，对逾期不能完成整改的或整改过程中未按规定制定且落实安全技术措施的，要及时提请所属应急管理部门依法依规作出处理决定；发现重大事故隐患，要责令煤矿立即停工停产撤人，并及时上报所属应急管理部门依法依规组织查处。要对包保煤矿建立一矿一档，工作情况要实行一日一报告、一周一汇总、一月一总结。《山西省煤矿安全监管五人小组管理办法（试行）》第五条规定，"五人小组"在巡回监管检查中，履行下列工作职责：

（一）依据有关煤的法律、法规、规章、标准、制度等，监督煤矿落实安全生产主体责任，督促煤矿开展安全风险分级管控和隐患排查治理双重预防机制工作，落实风险管控和隐患治理措施；

（二）监督煤矿建立健全安全生产责任制和各项安全生产管理制度，督促煤矿严格执行安全规程、作业规程和操作规程，依法依规组织生产建设；

（三）重点监督煤矿是否按批准的年度采掘计划进行开拓部署与采掘生产，领导带班下井制度执行情况，特殊工种岗位人员持证上岗情况，高危作业情况，防范"五假五超三瞒三不"等违法违规生产行为发生；

（四）监督煤矿是否按照隐患整改方案和安全技术措施进行整改，并将监督情况及时向应急管理部门汇报；

（五）对照《煤矿安全监管五人小组检查表》（见附表）开展现场检查。

"五假五超三瞒三不"是指：假整改，假密闭，假数据，假图纸，假报告；超层越界，超能力，超强度，超定员，证件超期；隐瞒作业地点，隐瞒作业人员，瞒报谎报事故；不具备安全生产条件组织生产建设，不经批准擅自恢复整改、恢复施工、恢复生产，拒不执行煤矿安全监管监察指令仍然组织生产建设。

第八条规定，"五人小组"在巡回监管检查中发现煤矿存在一般事故隐患，要督促煤矿立即整改，暂时不能完成整改的按责任、措施、资金、期限和应急预案"五落实"要求限期整改，对逾期不能完成整改的或整改过程中未按规定制定且落实安全技术措施的，要及时提请所属应急管理部门依法依规作出处理决定；发现重大事故隐患，要责令煤矿立即停工停产撤人，并及时上报所属应急管理部门依法依规组织查处。

五、关联法律法规

（一）《中华人民共和国矿山安全法》（2009 年修正）

第三十三条　县级以上各级人民政府劳动行政主管部门对矿山安全工作行使下列监督职责：

（一）检查矿山企业和管理矿山企业的主管部门贯彻执行矿山安全法律、法规的情况；

（二）参加矿山建设工程安全设施的设计审查和竣工验收；

（三）检查矿山劳动条件和安全状况；

（四）检查矿山企业职工安全教育、培训工作；

（五）监督矿山企业提取和使用安全技术措施专项费用的情况；

（六）参加并监督矿山事故的调查和处理；

（七）法律、行政法规规定的其他监督职责。

第三十四条　县级以上人民政府管理矿山企业的主管部门对矿山安全工作行使下列管理职责：

（一）检查矿山企业贯彻执行矿山安全法律、法规的情况；

（二）审查批准矿山建设工程安全设施的设计；

（三）负责矿山建设工程安全设施的竣工验收；

（四）组织矿长和矿山企业安全工作人员的培训工作；

（五）调查和处理重大矿山事故；

（六）法律、行政法规规定的其他管理职责。

第三十五条　劳动行政主管部门的矿山安全监督人员有权进入矿山企业，在现场检查安全状况；发现有危及职工安全的紧急险情时，应当要求矿山企业立即处理。

第四十条　违反本法规定，有下列行为之一的，由劳动行政主管部门责令改正，可以并处罚款；情节严重的，提请县级以上人民政府决定责令停产整顿；对主管人员和直接责任人员由其所在单位或者上级主管机关给予行政处分：

（一）未对职工进行安全教育、培训，分配职工上岗作业的；

（二）使用不符合国家安全标准或者行业安全标准的设备、器材、防护用品、安全检测仪器的；

（三）未按照规定提取或者使用安全技术措施专项费用的；

（四）拒绝矿山安全监督人员现场检查或者在被检查时隐瞒事故隐患、不如实反映情况的；

（五）未按照规定及时、如实报告矿山事故的。

（二）《中华人民共和国安全生产法》（2021 年修正）

第六十三条　负有安全生产监督管理职责的部门依照有关法律、法规的规定，对涉及安全生产的事项需要审查批准（包括批准、核准、许可、注册、认证、颁发证照等，下同）或者验收的，必须严格依照有关法律、法规和国家标准或者行业标准规定的安全生产条件和程序进行审查；不符合有关法律、法规和国家标准或者行业标准规定的安全生产条件的，不得批准或者验收通过。对未依法取得批准或者验收合格的单位擅自从事有关活动的，负责行政审批的部门发现或者接到举报后应当立即予以取缔，并依法予以处理。对已经依法取得批准的单位，负责行政审批的部门发现其不再具备安全生产条件的，应当撤销原批准。

第六十五条　应急管理部门和其他负有安全生产监督管理职责的部门依法开展安全生产行政执法工作，对生产经营单位执行有关安全生产的法律、法规和国家标准或者行业标准的情况进行监督检查，行使以下职权：

（一）进入生产经营单位进行检查，调阅有关资料，向有关单位和人员了解情况；

（二）对检查中发现的安全生产违法行为，当场予以纠正或者要求限期改正；对依法应当给予行政处罚的行为，依照本法和其他有关法律、行政法规的规定作出行政处罚决定；

（三）对检查中发现的事故隐患，应当责令立即排除；重大事故隐患排除前或者排除过程中无法保证安全的，应当责令从危险区域内撤出作业人员，责令暂时停产停业或者停止使用相关设施、设备；重大事故隐患排除后，经审查同意，方可恢复生产经营和使用；

（四）对有根据认为不符合保障安全生产的国家标准或者行业标准的设施、设备、器材以及违法生产、储存、使用、经营、运输的危险物品予以查封或者扣押，对违法生产、储存、使用、经营危险物品的作业场所予以查封，并依法作出处理决定。

监督检查不得影响被检查单位的正常生产经营活动。

第七十八条　负有安全生产监督管理职责的部门应当建立安全生产违法行为信息库，如实记录生产经营单位及其有关从业人员的安全生产违法行为信息；对违法行为情节严重的生产经营单位及其有关从业人员，应当及时向社会公告，并通报行业主管部门、投资主管部门、自然资源主管部门、生态环境主管部门、证券监督管理机构以及有关金融机构。有关部门和机构应当对存在失信行为的生产经营单位及其有关从业人员采取加大执法检查频次、暂停项目审批、上调有关保险费率、行业或者职业禁入等联合惩戒措施，并向社会公示。

负有安全生产监督管理职责的部门应当加强对生产经营单位行政处罚信息的及时归集、共享、应用和公开，对生产经营单位作出处罚决定后七个工作日内在监督管理部门公示系统予以公开曝光，强化对违法失信生产经营单位及其有关从业人员的社会监督，提高全社会安全生产诚信水平。

（三）《中华人民共和国刑法》（2023 年修正）

第三百九十七条　［滥用职权罪］［玩忽职守罪］国家机关工作人员滥用职权或者玩忽职守，致使公共财产、国家和人民利益遭受重大损失的，处三年以下有期徒刑或者拘役；情节特别严重的，处三年以上七年以下有期徒刑。本法另有规定的，依照规定。

国家机关工作人员徇私舞弊，犯前款罪的，处五年以下有期徒刑或者拘役；情节特别严重的，处五年以上十年以下有期徒刑。本法另有规定的，依照规定。

矿山安全生产裁判规则

第 9 条

发生一般矿山事故，由矿山企业负责调查和处理。发生重大矿山事故，由政府及其有关部门、工会和矿山企业按照行政法规的规定进行调查和处理

一、聚焦司法案件裁判观点

司法案例：全国首例因煤矿采煤引发地质灾害行政诉讼案，张某亮等91人诉贵州省××县政府、一审第三人贵州××矿业有限公司××县××乡××煤矿（以下简称××煤矿）不履行地质灾害治理法定职责纠纷案。

案件详情

××煤矿的陆续开采导致煤矿所在的贵州省××县××乡××村发生部分村民房屋开裂受损以及地表出现裂缝、下沉或隆起，地下水干涸等地质灾害。经村民向××煤矿和××县人民政府及相关职能部门反映后，××县人民政府及其相关职能部门进行了调查、走访，并委托第三方进行评估鉴定，制定地质灾害处置方案，明确对村民房屋的处置原则为受损程度"Ⅰ、Ⅱ级维修，Ⅲ、Ⅳ级搬迁"。此后，××县人民政府协调××煤矿向相关村民发放了受损房屋搬迁赔偿金、房屋维修赔偿金、田变地、荒芜地赔偿金、坟墓搬迁赔偿金等。但对于已经达到应当采取搬迁避让标准的Ⅲ、Ⅳ级房屋，××县人民政府并未组织受灾村民进行搬迁避让，而是由××煤矿根据房屋受灾程度支付房屋赔偿金，由村民自行选址另建房屋。××村村民张某亮等91人认为××县人民政府、××煤矿未采取实质性的治理措施，遂以××县人民政府为被告提起行政诉讼，请求判决××县人民政府采取搬迁避让措施。

案经贵州省××市中级法院一审和高级法院二审审理。高级法院作出二审判决，维持了一审驳回张某亮等91人诉讼请求的行政判决。张某亮等91人不服二审判决，向最高人民法院申请再审。再审审查期间，第五巡回法庭依法派员赴××村进行了实地察看，并组织各方当事人进行询问。经认真审查，第五巡回法庭依法作出（20××）最高法行申××号行政裁定提审本案，并决定由第五巡回法庭副庭长、审判员魏某某担任审判长，与审判员贾某某、李某、王某某、杨某组成五人合议庭公开开庭审理。

2020年9月21日上午，合议庭召开庭前会议，明确张某亮等91人的再审请求和××县政府、××煤矿的答辩意见，组织各方当事人交换了证据，归纳了再审审查的争议焦点。当日下午，第五巡回法庭正式公开开庭审理了本案。张某亮等91人的诉讼代表人和委托诉讼代理人，××县政府副县长、地灾办负责同志和委托诉讼代理人以及××公司的委托诉讼代理人均到庭参加诉讼。

庭审中，法庭播放了当事人提供的相关视频资料。各方当事人紧紧围绕法庭确定的三个争议焦点问题进行了充分的陈述、举证质证和辩论。三个争议焦点问题分别是：再审申请人是否已经符合搬迁避让的条件？××县政府采取的地质灾害防治措施是否可以有效保护受灾群众的生命财产安全？××煤矿在本案中是否属于责任主体，以及如果属于责任主体，应如何承担责任？

张某亮等91人认为，××县政府应当履行法定职责，组织权威机构对××煤矿因采煤形成的地质灾害进行动态监测，选择安全的地点对村民进行整体搬迁。

××县政府强调，政府已经对××煤矿造成的地质灾害履行了法定的监测、评估等职责，并在行政自由裁量的范围内责令××煤矿对受灾村民按Ⅰ—Ⅳ级受灾标准进行有区别的货币补偿、分散安置。

××煤矿认为，案涉地质灾害由煤矿开采导致，××煤矿正在按照相关规定在××县政府的指导下积极进行处理。××煤矿已根据县政府的要求停产，并根据村民受灾标准进行了补偿，同时还委托了第三方进行动态监测，但有村民不愿意接受货币补偿而要求整体搬迁。本案是一个行政案件，××煤矿不是本案适格的诉讼主体。搬迁避让是行政自由裁量范围，申请人可以通过民事诉讼维权。××煤矿不应当在本案中承担行政责任，而应当通过民事诉讼来确定其民事责任。

对此，审判长魏某某有针对性地对三方当事人发问："受灾程度已达到Ⅲ、Ⅳ级标准的××村村民有多少户？对于已经达到搬迁避让标准的村民，政府采取了哪些具体措施？本案诉讼过程中，特别是二审判决后××县政府又采取了哪些防治措施？已实际搬迁的村民办理了哪些手续？政府选定安置点后，受灾村民为何不搬迁？对于受灾程度已经达到Ⅲ、Ⅳ级标准的村民，如果不及时采取有效搬迁避让措施，一旦发生山体滑坡等灾害导致人员伤亡，责任应当由谁来负？"

审判员们分别针对山体下沉、开裂是否仍有加重的趋势、村民自行选择建房地点是否在划定的地质灾害危险区之外、是否需要办理相关规划建设手续等问题进行了发问。

经过半天的法庭调查、法庭辩论，当事人最后分别进行了总结陈述。张某亮等 91 人的委托诉讼代理人说，本案是全国第一起因煤矿采煤引发的地质灾害行政诉讼案，案情重大，关系广大村民生命财产安全，希望最高法院能依法判决，为全国同行做出示范。××县政府出庭负责人说，地质灾害发生后，县政府积极依法科学履职，采取和正在采取相应措施，但无法强制第三人××煤矿采取不合理的措施。为确保人民群众的生命和财产安全，会尊重法院的裁判。××煤矿的委托诉讼代理人表示，相信和服从人民法院的依法裁判。

■ 裁判要点

合议庭经休庭评议后认为，根据本案已查明事实及现场察看情况，再审申请人所在村组受××煤矿开采影响，发生部分村民房屋开裂受损，地表出现裂缝、下沉或隆起，地下水干涸等地质灾害。虽然××县政府采取了部分防治措施，但对于已经符合搬迁条件的村民，未组织搬迁避让。合议庭认为，对于搬迁安置点的确定、地质评估、建设规划等，均需要地方政府的积极作为。为切实保护人民群众的生命财产安全，对于受灾程度不重、尚未达到搬迁避让条件的村民，××县政府应当协调××煤矿发放房屋维修、加固等赔偿金；对于受灾程度严重、已经达到搬迁避让条件的村民，××县政府应当积极组织村民开展搬迁避让工作；考虑到煤矿开采活动的动态性及其引发的地质灾害具有滞后性，××县政府应当对××村的地质状况持续进行监测，对于后续符合搬迁避让条件的村民，应及时组织实施相关的搬迁避让措施。同时，根据《地质灾害防治条例》（国务院令第三百九十四号，2004 年 3 月 1 日起施行）第五条、第三十五条的规定，××煤矿应当承担案涉地质灾害的治理责任，并承担××县政府组织搬迁避让措施所产生的相关费用。依据《地质灾害防治条例》第五条、第六条、第十九条、第三十五条，《中华人民共和国行政诉讼法》（2017 年修正）第七十二条、《最高人民法院关于适用〈中华人民共和国行政诉讼法〉的解释》（法释〔2018〕1 号，2018 年 2 月 8 日起施行）第一百二十二条的规定，当庭宣判：

（1）撤销××省高级人民法院（20××）×行终××号行政判决及××省××市中级人民法院（20××）××行初××号行政判决；

（2）责令××省××县人民政府根据××村村民受灾程度及灾情变化依法履行组织搬迁避让的职责，相关费用由××矿业有限公司××县××乡××煤矿承担。

二、司法案例样本

样本案例一

××市××煤矿 "8·14" 透水事故案

● **相关介绍**

2014 年 8 月 14 日 13 时，××省××市××区××煤矿发生透水事故，造成 16 人死亡、直接经济损失 1860 万元的严重后果。

事故发生后，最高人民检察院渎职侵权检察厅及时电话进行督办，2014 年 8 月 28 日又专门向××省检察院反渎职侵权局下发督办通知，对事故进行挂牌督办。××省检察院及时组织××市检察院成立检察调查组并开展调查，查明有关煤炭安全生产监督管理、煤炭安全监察等部门存在严重的失职、渎职问题：上述单位在执法检查中发现事故煤矿非法超层开采，但没有采取有效制止措施；明知××区××煤矿属于关闭煤矿，达不到审批紧急维修维护条件，仍同意审批该矿的紧急维修维护报告，对事故的发生负有重要责任。为此，××省××市检察机关依法对××市××区安全生产监督和煤炭管理局局长赵某某、副局长吕某某、总工程师王某某等 11 名犯罪嫌疑人分别以涉嫌玩忽职守罪和滥用职权罪立案侦查。目前，该案已经侦查终结，案件已移送审查起诉。

● **案件概述**

2014 年 8 月 14 日 11 时 10 分，××省××市××区××煤矿发生重大水害事故，死亡 16 人，直接经济损失 1860 万元。

事故发生后，相关领导人员作出重要批示。8 月 20 日，依法成立了事故调查组，邀请××省检察机关派员参加。事故调查组按照 "四不放过" 和 "科学严谨、依法依规、实事求是、注重实效" 的原则，通过现场勘查、查阅有关资料、询问当事人、分析论证，查清了事故发生的时间、地点、经过、类别、直接经济损失和原因，认定了事故的性质和责任，提出了对事故单位、责任人员的处理建议及事故防范措施。

• 事故发生单位基本情况

××市××区××煤矿，位于××市××区××乡××村北 1.5 公里，距××市中心 15 公里。该煤矿原名××市运销公司一井，始建于 1996 年 8 月，为三个立井开拓，1996 年 9 月取得采矿许可证，1997 年 10 月正式投入生产。2000 年该矿更名为××区煤炭公司一井，安全监管归属于××市××区。2005 年 10 月，该矿改为双斜井开拓，核定生产能力 6 万吨/年，更名为××市××区××煤矿（以下简称××煤矿），企业性质为个人独资企业。

××煤矿矿区范围内有可采煤层 12 层，采矿许可证批准开采煤层为 3 层（即 37♯、42♯、45♯），开采标高＋220 米至－250 米，井田面积 0.5234 平方公里。截至 2013 年末，剩余地质储量 38.98 万吨，可采储量 35.08 万吨。该矿为双斜井开拓，采用多段折返式暗斜井延伸。矿井提升方式为单钩串车提升，主井为六段提升。矿井通风方式为中央并列抽出式通风，但矿井四段以下为独眼井，利用局部通风机供风。矿井为瓦斯矿井，煤层自燃倾向性均为 III 级，无自燃发火危险。矿井采用双回路供电系统，井上、井下分开供电。地面空气压缩机 2 台，矿井暖风炉 1 台。矿井水文地质为简单型矿井，正常涌水量为 2 立方米/小时，最大涌水量为 4 立方米/小时。矿井排水系统不健全，排水系统分两部分，三段井底设有水泵，排水至二段，通过水泵将水排至一段绞车道下部 42♯层废巷。六段井底和五段反上车场分别设有水泵，将水排至五段井底，通过水泵将水排至四段绞车道下部 27♯层采空区。三段中部以下排水使用单排 5 厘米铁管，三段以上排水使用单排 8.3 厘米铁管。矿井地面设有 200 立方米静压水池。矿井已经建成监测监控系统、人员定位系统、压风自救系统、供水施救系统和通信联络系统，紧急避险系统尚未建立。矿井配备 2 台探放水钻机。

该矿证照齐全，均在有效期内。该矿主要管理人员备案登记情况是：矿长聂某，安全矿长张某，生产矿长宋某，技术矿长王某，机电矿长李某。以上人员资格证在 2013 年均已复训。

实际情况是：矿长王某、生产矿长路某（已遇难）、机电矿长张某、通风矿长周某、值班矿长李某、吕某。以上人员除张某有安全矿长资格证外，其余人员均未取得相应资格证。2014 年该矿全部工人均未经过上岗培训。

根据××市煤炭生产安全管理局《关于对××区××煤矿停止一切生产活动整改的通知》，该矿从 2013 年 4 月 22 日开始停止一切生产活动，属停产矿井。2014 年该矿报××区煤炭局批准，进行了两次紧急维修。2014 年 6 月 19 日，区煤炭局召开会议研究，将××煤矿列为关闭矿井，区煤炭局与××煤签订了关闭协议。2014 年 7 月 7 日，××区政府召开常务会议，研究矿井关闭事宜，同意××煤矿关闭并报到市里，至 9 月 30 日关闭。

事故发生时，井下有三个作业地点，均为超层开采和施工。一是五段反上 24♯层上山掘进工作面，已施工 18 米；二是五段反上 25♯层平巷掘进工作面，已施工 60 米；三是五段斜下 25♯层采煤工作面，工作面长 30 米，已沿走向推进 10 米。

• 事故发生经过、事故救援情况和事故类别

（一）事故发生经过

2014 年 8 月 14 日 7 时 15 分，矿长王某主持召开班前会，布置当班生产任务。会后，工人陆续入井，当班入井 56 人（其中五段反上 24♯层上山掘进工作面出勤 9 人，五段反上 25♯层平巷掘进工作面出勤 8 人，五段斜下 25♯层采煤工作面出勤 14 人，井下辅助工及安全管理人员 25 人）。

8 时 10 分，五段反上 24♯层、25♯层平巷上山的工人通过 24♯层（−203 米标高）平巷到达各自工作面，开始掘进作业。

大约 11 时 10 分，在 24♯层上山作业的贾某和冯某突然听到"轰隆"一声响，往下看时，看到 24♯层（−203 米标高）平巷内顶板有一股气浪往上冲，随后有水流往外冲出，水面与下帮顶板一样高，水流将上山工作面下部的溜子头瞬间冲走，贾某和冯某急忙退到上山头处等待救援。

当班检员于某在五段反上绞车房附近吃午餐时，发现透水，他跑到五段反上绞车处，看到了五段反上绞车司机王某某。

五段反上 25♯层平巷掘进工人付某、李某、于某、刘某 4 人与五段反上 24♯层上山掘进工作面的工人王某发现透水后，一起跑到了五段返上绞车处，与于某发和王某某汇合。付某用钳子把压风管路打开，进行通风自救。

8 月 14 日 15 时，在 24♯层上山等待救援的贾某和冯某 2 人，看到 24♯层（−203 米标高）平巷水位下降至已能看到底板上的淤泥后，下到 24♯层平巷，水面到膝盖处，2 人往平巷内部走，查看水源，发现水是从 24♯层平巷尽头挡水墙里边出来的。挡水墙已被冲毁，巷道头冒落的岩石缝里还在淌水。随后两人淌水走到五段斜上绞车处，遇到了付某等 7 人。9 人用胶皮管连接压风铁管向绞车处吹风，在五段反上绞车处等待救援。

（二）事故报告情况

发生透水后，大量积水从24#层平巷（－203米标高）涌出。

正在五段井底车场运输铁轨的掘进工人王某等3人看到有水涌出，一起往外跑。在三段和四段的联络巷中部，遇到机电矿长张某，和他说明情况后，3人升井。

张某赶紧往下走，在11时40分用四段车场外配电点的电话给微机房打电话，向矿长王某报告说：井下透水了，水泵开关已经淹没，抽不了水。王某放下电话，立即给该矿法定代表人周某打电话说："井下透水了，具体情况不清楚。"随即王某换工作服下井并了解事故情况。

该矿法定代表人周某接到事故报告后，立即赶到煤矿组织救援，并于12时向××区政府副区长钱某报告事故，××区政府立即向市政府及有关部门报告事故。

市、区政府有关人员到达事故现场后，通过与煤矿相关人员谈话了解情况，发现灾情很重，对被困人数产生怀疑，再次向周某核实被困人数。周某在没有核查被困人数的情况下，仍坚持说有9人被困。××市政府副秘书长方某某和××区政府副区长钱某当时让周某写下了书面材料，称井下被困9人。

随后，王某在井下查看水情后升井，市、区政府有关人员找王某谈话，方知事故发生时，井下有三个作业地点正在作业。通过走访谈话和调取相关视频资料等拉网式的核查，到21时相关工作人员确认，事故发生前后共有31人安全升井，25人被困井下。涌出积水已将矿井24#层平巷（－203米标高）以下所有作业地点及井巷全部淹没。相关工作人员将核实情况立即向国家、省有关部门进行报告。

（三）事故救援情况

接到事故报告后，市、区相关领导立即赶到事故现场，成立了抢险救援指挥部，启动了事故抢险应急预案，紧急调动相关抢险救援设备、器材，迅速组织人员开展抢险救援工作。事故发生后，事故现场设立了现场救援、技术、后勤、医疗、维稳、信息六个小组，按照省专家组制定的两套抢险救援方案同时开展救援行动。一是调集水泵现场排水，共投入不同型号水泵16台、开关8台、电缆3500米，铺设排水管路3200米。二是在地面向救援点垂直打钻。××地方煤矿等三支救护队都迅速投入抢险。此次救援行动累计排水8670立方米，安设风机6台，铺设风筒4000余米，排放瓦斯220立方米，运送单体柱

60 根，坑木 320 立方米，恢复绞车道和冒落的巷道共 442 米，清理巷道淤泥、浮货 124 米。

经过积极救援，8 月 15 日 10 时，有 9 名被困工人成功获救升井。16 日，在六段绞车道发现 2 名遇难者；19 日，有被困人员所在的采煤工作面被打开，救护人员进入工作面搜救，发现巷道已被冒落物掩埋，发现 3 名遇难者。由于被困人员所在的采煤工作面采空区受水冲刷浸泡，顶板破碎，冒落高度达 7 米多，人员的救援主要是在采空区上部冒落的浮渣中进行，给搜救工作带来很大难度。28 日，发现 2 名遇难者；29 日，发现 1 名遇难者；30 日，发现 4 名遇难者；31 日，发现 1 名遇难者；至 9 月 1 日，发现最后的 3 名遇难者。此事故共造成 16 人不幸遇难，抢险救援工作结束。

• 事故类别

水害事故。

• 事故原因

（一）直接原因

××煤矿违法超层盗采，五段反上 24♯层平巷工作面掘至邻近废弃矿井采空区边界后，造成 24♯层平巷工作面与废弃矿井采空区之间煤柱变小，废弃矿井老空积水压垮煤柱并溃入井下，导致水害事故发生。

（二）间接原因

1. 煤矿企业未落实煤矿安全主体责任，违规组织生产，违法超层盗采煤炭资源，冒险组织作业。（1）该矿在回收回撤期间，违规组织回收煤炭资源，并在多次出现透水征兆的情况下，未能采取有效防范措施，仍在有透水隐患区域附近冒险组织作业。（2）该矿长期超层盗采煤炭资源，开采布局混乱，通风系统、排水系统、监测监控系统、人员定位系统等均存在严重问题。该矿自 2012 年开始，擅自超层开采 29♯、27♯、24♯、25♯。矿井自五段以下为独眼开采，没有回风系统，使用局部通风机为采煤工作面供风，掘进工作面使用风机接力供风，五段反上 25♯层平巷掘进工作面使用五段反上 24♯层上山掘进工作面的乏风串联供风。矿井排水系统不健全，六段斜下、五段反上的水通过单个水泵单趟管路排至四段 27♯层采空区。该矿在监控系统上采取伪装手段，将五段反上24♯层上山掘进工作面、五段反上25♯层平巷掘进工作面、六段斜下25♯层采煤工作面的瓦斯监控传感器伪装成37♯上层、37♯层下层、37♯层回风等地点的瓦斯监控传感器，用以逃避监管。人员定位系统不能反映五段以下监控信息，部分人员入井不佩戴人员定位识别卡。（3）该矿技术管理缺失。该矿没有专职技术负责人和专职技术人员，矿井3处作业工作面均没有作业规程。对周边临近矿井的相关资料掌握不清楚，对废弃矿井旧区旧巷位置及积水情况没有掌握，未采取有效的探放水措施。（4）矿井培训工作弄虚作假，主要安全管理人员人、证、岗不符。实际矿长王某、生产矿长路某、通风矿长周某、值班矿长吕某、李某均未经过培训，均未取得相应资格证。全部入井人员均未经过2014年上岗培训及相关复训。2013年、2014年均未开展事故灾害应急演练。

2.××市××煤炭销售有限公司对××煤矿委托管理流于形式，违规审批《紧急维修报告》《回收回撤报告》，为该矿到区政府及管理部门报批紧急维修工程和回收回撤提供了便利。

3.××区煤矿监管部门日常监督管理工作不到位。（1）不严格履行监管职责，对××煤矿监管不到位，违规审批《回收回撤报告》。驻矿监管员在发现该矿存在与维修、回撤不相符的采掘以及超层违法盗采行为时，未及时汇报和制止。（2）日常检查流于形式。2013年以来，××区煤管局监管二科及总工办人员在检查中，多次发现该矿存在系统不健全、超层违法盗采行为，但未采取措施制止或打击，也未将该矿超层盗采行为移交给相关部门处理。（3）技术管理不到位。没有严格执行煤矿定期交换图纸的规定，多年不与××煤矿交换图纸，对该矿实际采掘工程进展情况不清楚、对该矿存在的四段以下系统不健全、独眼延伸等问题未及时制止和处理。（4）对××煤矿"整改报告"、"紧急维修"及"回收回撤"报告审批、把关不严格。在对××煤矿2013年以来连续以井下风道、绞车道年久失修的名义申请进行整改、维修工程，审批前现场把关不严，审批后对工程进展情况检查缺失。（5）对该矿存在的安全管理人员人、证、岗不符行为监督、检查不到位。

4.××市煤炭生产安全管理局对××区安全生产监督和煤炭管理局监管、行管检查指导不力。监管三科对××煤矿监督检查频次过低。2014年计划对该矿巡查四次，截至事故发生前，仅巡查过一次，对停产矿井监管力度不够。

5.劳动保障部门监察工作不到位。××区劳动保障监察局在2013年8月6日和2014年5月15日对××煤矿进行劳动情况监督检查工作中，采取了以罚代处的方式，未能制止该矿违反有关法律法规、雇用多名女工从事井下作业的行为，致使该矿雇用女工从事井下作业的问题长期存在，事故中有一名女工在井下遇难。

6. 火工品审批不严格。2013 年 11 月，在对××煤矿火工品审批审核工作中，区公安局治安大队和××派出所未按审批数量审核把关，造成超量供应。

7. 年度储量动态监测监管不到位。国土资源部门对××煤矿逾期仍不进行 2013 年度储量检测的违规行为没有按照规定进行处罚，造成该矿超层盗采等违法行为未及时得到制止和打击。

• **事故性质**

责任事故。

• **检察机关已立案责任人员**

1. 周某，2014 年 6 月任××区安全生产监督和煤炭管理局××煤矿驻矿监管员，负责××煤矿驻矿日常检查和监督隐患整改。2014 年 8 月 24 日，检察机关对其立案侦查。

2. 时某，2007 年 3 月任××区安全生产监督和煤炭管理局驻矿监管员，2014 年 7 月 22 日前负责××煤矿驻矿日常检查和监督隐患整改。2014 年 9 月 12 日，检察机关对其立案侦查。

3. 唐某某，2014 年 7 月任××区安全生产监督和煤炭管理局驻矿监管员，7 月 22 日任监察二科科长，负责所辖区域煤矿的日常安全检查。2014 年 9 月 15 日，检察机关对其立案侦查。

4. 杨某某，2007 年任××区安全生产监督和煤炭管理局总工办采掘技术员，负责矿图交换和采掘技术审批。2014 年 9 月 17 日，检察机关对其立案侦查。

5. 王某 1，2007 年 3 月任××区安全生产监督和煤炭管理局总工办机电运输技术员，负责指导煤矿在新技术、新工艺、新装备的推广运用，指导检查煤矿机电管理，指导检查煤矿质量标准化建设和安全生产，检查煤矿淘汰落后的机电设备、技术装备的更新等。2014 年 9 月 17 日，检察机关对其立案侦查。

6. 王某 2，2012 年 6 月任××区安全生产监督和煤炭管理局总工办通风技术员，负责通风技术管理和对煤矿安全检查。2014 年 9 月 17 日，检察机关对其立案侦查。

7. 王某 3，2013 年 3 月任××区安全生产监督和煤炭管理局总工办主任，负责总工办全面工作，实际履行总工程师职责。2014 年 9 月 12 日，检察机关对其立案侦查。

8. 吕某，2012 年 10 月任××区安全生产监督和煤炭管理局总工程师，实际履行行管局副局长职责，负责一通三防、质量标准化和煤矿开工验收、整改验收及证照的管理、煤矿的资料管理工作。2014 年 9 月 12 日，检察机关对其立案侦查。

9. 徐某，2010 年 9 月任××区安全生产监督和煤炭管理局副局长，负责××区西部监察区域内矿井的井下安全监察工作。2014 年 9 月 12 日，检察机关对其立案侦查。

10. 崔某，2013 年 11 月任××区安全生产监督和煤炭管理局副局长，负责××区东部监察区域内矿井的井下安全监察工作。2014 年 9 月 12 日，检察机关对其立案侦查。

11. 赵某，2010 年 8 月任××区安全生产监督和煤炭管理局局长，负责区安全生产监督和煤炭管理局全面工作。2014 年 9 月 12 日，检察机关对其立案侦查。

样本案例二

刘某甲、刘某乙、楚某重大劳动安全事故、非法采矿、单位行贿案
——××省××县××煤矿"1·5"特大火灾事故

• **基本案情**

被告人刘某甲，男，汉族，××省××县××煤矿投资人、实际控制人之一。

被告人刘某乙，男，汉族，××县××煤矿投资人、实际控制人之一。

被告人楚某，男，汉族，××县××煤矿投资人、实际控制人之一。

• **非法采矿、重大劳动安全事故事实**

2008 年 11 月 15 日，被告人刘某甲、刘某乙、楚某共同承包了××省××县××煤矿的采矿权。××煤矿采矿许可证核准的开采范围为 0.0362 平方公里，深度为 100 米至 -124 米，有限期为 2008 年 4 月至 2009 年 4 月。2009 年 1 月 13 日，因××煤矿安全生产许可证、煤炭生产许可证均已过期，××县煤监局下达停产通知；同年 4 月，因××煤矿采矿许可证到期，且存在越界开采行为，××县国土资源局责令立即停产。但刘某甲、刘某乙、楚某多次采取封闭矿井、临时遣散工人等弄虚作假手段，故意逃避管理部门实施的监督检查，拒

不执行停产监管决定，长期以技改名义非法组织生产。至2010年1月，××煤矿东井已开采至−640米水平，中间井已拓至−420米水平，西井已采至−580米水平，严重超越采矿许可证核准的−124米水平。经××省国土资源厅鉴定，××煤矿2009年5月1日至2009年12月25日，计采原煤29958.72吨，破坏矿山资源价值9046634.68元。

2010年1月5日12时5分，××煤矿中间井（又名新井）三道暗立井（位于−155米至−240米之间）发生因电缆短路引发的火灾事故。事故当日有85人下井，事故发生后安全升井51人，遇难34人，造成直接经济损失2962万元。经鉴定，造成事故的直接原因是××煤矿中间井三道暗立井使用非阻燃电缆，吊笼向上提升时碰撞已损坏的电缆芯线，造成电缆相间短路引发火灾，产生大量有毒有害气体，且矿井超深越界非法开采，未形成完整的通风系统和安全出口，烟流扩散造成人员中毒死亡。被告人刘某甲、刘某乙、楚某作为对××煤矿负有管理职责的共同投资人和实际控制人，未认真履行职责，在生产经营过程中未采取有效的安全防范管理措施，对于××煤矿未采用铠装阻燃电缆、未按规定安装和使用检漏继电器、矿井暗立井内敷设大量可燃管线和物体、无独立通风系统、在矿井超深越界区域无安全出口和逃生通道、无防灭火系统、避灾自救设施不完善等安全隐患均负有责任。

• **单位行贿事实**

被告人刘某甲、刘某乙、楚某为三人投资和实际控制的××煤矿逃避监管部门监督检查、牟取不正当利益，先后向××县煤监局局长郭某某、××县国土资源管理局主管副局长谭某某（均另案处理，已判刑）等人行贿共计29万元。另外，刘某甲为给其投资的××县××煤矿牟取不正当利益，先后向××市煤炭工业行业管理办公室安全生产科科长刘某某（另案处理，已判刑）等人行贿51.5万元。

• **裁判结果**

××省××县人民法院一审判决认为，被告人刘某甲、刘某乙、楚某作为××煤矿投资人和实际控制人，违反矿山资源法的规定，未取得采矿许可证即擅自采矿，情节特别严重，行为均已构成非法采矿罪；在××煤矿安全生产设施及安全生产条件不符合国家规定的情况下组织生产，因而发生重大伤亡事故，情节特别恶劣，行为均已构成重大劳动安全事故罪；为给自己控制的煤矿牟取不正当利益和逃避监管，向国家机关工作人员行贿，情节严重，行为均已构成单位行贿罪，应依法并罚。刘某乙系累犯，依法应当从重处罚；刘某甲、刘某乙、楚某在事故发生后均积极组织抢救，配合政府职能部门关闭整合当地其他违规开展生产的煤矿，并对事故遇难者家属进行了足额经济赔偿，可以酌情从轻处罚。综上，对被告人刘某甲以重大劳动安全事故罪判处有期徒刑五年，以非法采矿罪判处有期徒刑六年，并处罚金人民币三百万元，以单位行贿罪判处有期徒刑二年，决定执行有期徒刑九年，并处罚金人民币三百万元；对被告人刘某乙以重大劳动安全事故罪判处有期徒刑四年，以非法采矿罪判处有期徒刑四年，并处罚金人民币三百万元，以单位行贿罪判处有期徒刑一年，决定执行有期徒刑七年，并处罚金人民币三百万元；对被告人楚某以重大劳动安全事故罪判处有期徒刑四年，以非法采矿罪判处有期徒刑四年，并处罚金人民币三百万元，以单位行贿罪判处有期徒刑一年，决定执行有期徒刑六年六个月，并处罚金人民币三百万元。

一审宣判后，检察机关以一审判决对单位行贿部分事实认定错误、量刑畸轻为由提出抗诉；被告人刘某甲、刘某乙、楚某以不构成重大劳动安全事故罪和非法采矿罪为由提出上诉。

××省××市中级人民法院二审裁定认为，一审判决认定被告人刘某甲、刘某乙、楚某行贿 29 万元有误，三人行贿数额应认定为 34 万元，但不足以影响量刑，依法驳回检察机关部分抗诉，驳回三被告人上诉，维持原判。

• 典型意义

安全生产许可证过期后从事生产经营活动，或者采用封闭矿井口、临时遣散工人等弄虚作假手段和行贿方法故意逃避、阻挠负有安全监督管理职责的部门实施监督检查的，均应当从重处罚。

样本案例三

××市××县××煤矿（关闭矿井）"9·13"较大瓦斯爆炸瞒报事故调查报告

• 相关介绍

2013 年 9 月 13 日 16 时 30 分，××市××县××煤矿（关闭矿井）发生较大瓦斯爆炸事故，造成 8 人死亡，直接经济损失 713.5 万元，事故瞒报。经群众举报，9 月 27 日，由××国家煤矿安全监察局牵头，依法展开调查核实工作。通过深入矿区和走访、调查，至 11 月 28 日国家煤矿安全监察局核实了瞒报死亡人数 8 人的情况，事故瞒报属实。

2013 年 11 月 28 日，××国家煤矿安全监察局牵头，市煤管局、国土局、监察局、公安局，××监察分局、××县人民政府、县安监局、煤管局、公安局、监察局、总工会参加，依法组成事故调查组，聘请 4 名专家组成专家组进行技术鉴定，并邀请××县检察院派员参加。通过调查取证分析、现场清理、技术鉴定、委托××地质队进行破坏煤炭资源价值鉴定和××市价格认证中心对煤炭销售价值鉴定等，基本查清了此次事故属关闭矿井非法生产发生的较大瞒报事故，由于业主及煤矿有关人员在事故后逃匿，调查情况复杂。2014 年 1 月 23 日，为彻查事故，市级部门及时进行沟通，并调整充实力量，由市监察局直接负责管理组调查，市公安局牵头对煤矿企业人员的调查，具体工作由××县公安局负责，邀请市检察院及第二分院提前介入调查。

• 事故巷道区域情况

事故巷道区域位于矿井＋1320 米水平西翼；煤层厚度 2～2.5 米；于 2013 年 6 月开工掘进，巷道为 5 平方米左右的梯形巷道，采用木支柱支护，放炮掘进采煤，以掘代采；至事故发生已掘进煤巷长 140 米；采用 7.5 千瓦局部通风机向巷道供风；在巷道口安装有 1 台小绞车、2 台小潜水泵，安装有 3 台 17 型刮板运输机，1 台防爆开关。在事故巷道区域内有 1 条长 320 米的巷道，掘进、采煤、运输相对独立，由另一台局部通风机供风，此巷道仅与事故巷道共用小绞车提升和小潜水泵排水。有 1 条长 20 米已回采巷道；有 3 米、5 米、6 米、20 米长度不等的 4 个煤巷掘进工作面。事故巷道区域分别由彭某某、万某某承包并直接负责采煤、掘进、维修，并分别以采煤 50—80 元/吨和掘进 1400—1800 元/米的单价计算承包费。

• 矿井非法生产过程

由于业主、股份变更的原因，2010 年 9 月，黄某、刘某、陈某购买了该矿后，于 2012 年 5 月重新登记注册××县××矿业有限公司，下辖××县××矿业有限公司××煤矿、××县××矿业有限公司××煤矿 2 个合法煤矿并组织已关闭的××市××县××煤矿进行非法生产经营。

××县××矿业有限公司有股东 5 人，其中：刘某占 45％的股份，张某占

22.5％的股份，黄某占 22.5％的股份，陈某占 8％的股份，刘某占 2％的股份。矿井分别由万某、陈某、秦某、陈某、彭某、张某 6 人承包采煤、掘进、维修。

2010 年 10 月，黄某、刘某、陈某 3 名业主共同商定启封该矿事宜后，该矿就以××县××煤矿××井名义被非法购买、运输、使用、储存雷管、炸药；利用 2006 年 11 月在××县电力公司申请供电的手续继续用电；2010 年 11 月下旬，黄某、刘某、陈某擅自启封已关闭的副井和风井，并开工建设。2011 年 6 月，开工建设主井。由于建设需要，8 月该矿又以××县××矿业有限公司××煤矿副井名义向××县供电公司申请供电并用电。2011 年 9 月 16 日，××县执法大队检查发现该矿擅自启封，非法采矿，现场下达了《责令停止违法行为通知书》；10 月 20 日，××县国土资源和房屋管理局《关于立即制止被整合煤矿和已关闭煤矿生产活动的函》告知××县煤管局；10 月 26 日，××县煤管局《关于责令被整合矿和已关闭矿井停止采掘及维修活动的通知》抄送××县国土资源和房屋管理局。但该矿仍没有停止采煤、掘进、维修，继续进行非法生产，××县煤管局、××县国土资源和房屋管理局也未采取进一步措施。2010 年 10 月至 2011 年 10 月，该矿非法购买、运输、使用、储存雷管 6.27 万发，炸药 44.424 吨。2011 年 10 月 27 日，该矿发生死亡 1 人的瞒报事故，在此事故调查时一并调查瞒报属实，××县公安机关已对涉嫌犯罪的业主黄某立案侦查，并采取了强制措施，按照煤矿事故调查处理相关规定，此事故由××国家煤矿安全监察局××监察分局另案处理。2012 年 3 月，该矿又以××县××矿业有限公司××煤矿××井名义非法购买、运输、储存、使用雷管、炸药。2012 年 5 月，黄某将在××县××矿业有限公司的个人股份全部转让给了张某、黄某 1。2013 年 5 月 7 日，××县国土资源和房屋管理局向该矿又下达了《责令停止违法行为通知书》，责令该矿立即停止非法采矿，限 3 天内自行封闭；并于 5 月 8 日又制作移交书移交××县××乡政府监管、验收。但该矿仍拒不执行监管指令，既没有停止非法采矿，也未封闭井口；××县××乡政府也没有对该矿井口封闭情况组织检查验收，也未采取有效措施制止该矿非法采矿。××县国土资源和房屋管理局对该矿拒不执行监管指令也未采取进一步措施。2012 年 3 月至 8 月，该矿又非法购买、运输、储存、使用雷管 6.3 万发，炸药 29.232 吨。2013 年 9 月，该矿又非法从××县××矿业有限公司××煤矿领取雷管 100 发（现场仍留有 90 发）。××县民爆物品监管部门对该矿多次大量非法买卖、运输、储存、使用雷管、炸药审批把关不严，监管不到位。

2012 年 1 月至 2013 年 9 月，该矿违法从××省××县电力公司用电 329.2545 万度；2011 年 9 月至 2013 年 9 月，该矿违法从××供电公司用电

151.689 万度。但直至事故发生，××县经信委对该矿用电情况未进行例行检查。该矿长期非法生产、破坏煤炭资源，事故发生的当月最多人数达 180 人，至事故发生，非法生产原煤 9.155183 万吨，造成资源破坏价值 2586.6735 万元。××乡、××县煤管局对该矿擅自启封非法生产未予制止，××县煤管局为该矿发放煤炭准运票。

- **事故经过及抢险、善后情况**

（一）事故发生经过

2013 年 9 月 13 日矿长兰某安排三班倒采煤、维修、掘进，中班安排由万某、张某、彭某等人承包的 4 个区域作业。15 时，当班安全员陈某组织召开中班班前会，强调了放炮、瓦斯检查等注意事项，由陈某、张某值班，万某因生病，他就安排周某带江某、彭某、谢某、袁某、李某、胡某、李某 1 到事故巷道采煤、维修、掘进；彭某在矿长兰某开条后到矿民爆物品库管员张某某处领取了由××县××矿业有限公司××煤矿提供的雷管 100 发；同时又领取炸药两箱共 24 公斤（在事故现场清理物证时找到雷管 90 发）。15 时 30 分入井，1 小时左右就发生了瓦斯爆炸，正在巷道口小绞车旁的女绞车工周某听见了响声，看见了红光和冒烟，爆炸粉尘使得女绞车工周某的面部受到冲击且变黑。

（二）抢险救援情况

事故发生后，陈某立即向矿长兰某报告："井下出事了，蛮大的烟子。"兰某安排陈某在井下组织人员接风筒、吹烟子；又安排副矿长刘某、承包人万某入井组织抢救，刘某在井下组织安排陈某、曹某、杨某、向某、陈某等人将 8 名遇难人员遗体装入直径 600 厘米的风筒并包裹封好后，搬运至巷道口，又用了两辆矿车从副斜井运出井口。

（三）善后处理情况

事故发生后，业主刘某、张某、黄某、陈某分别安排张某、刘某、镇某、黄某、郑某、杨某、万某等人处理善后，并于 2013 年 9 月 13 日、14 日分别与 8 名遇难者家属签订了死亡补偿协议，分别支付 61.5 万元至 108 万元不等的补偿金，共 623.5 万元，在向遇难者家属支付死亡补偿金后随即将签订的补偿协议收回。

• 事故瞒报过程

事故抢救结束后，按照刘某的安排，当晚兰某组织刘某、王某等人将事故巷道内的绞车、绞车开关、电缆、风筒等撤除，破坏事故现场后，在距事故巷道口 30 米左右处打上木垛，并在当地租用小型客车将其余矿工遣散送回××省××市。9 月 13 日 22 时左右，兰某又安排唐某等人拆除矿井井口附近的轨道，把副井井口用木材封闭，把主井井口用砖和水泥封闭，并在主井上伪造了"××乡人民政府封"等假象；送香烟以收买该矿附近村民，掩盖其非法生产和发生死亡事故的事实。

事故发生后，矿长兰某及时通过电话向刘某报告了事故死亡 8 人的情况。业主刘某知道已死亡 8 人后，安排兰某把遇难者遗体拖回××市，用"你想坐牢吗？"等威胁语言迫使兰某隐瞒事实，不向当地政府报告。当晚 21 时，兰某组织有关人员连夜将遇难者遗体分别存放在××市和××市的 6 家医院和 1 个殡仪馆。在公安机关未进行死亡原因鉴定的情况下，业主刘某、张某、黄某、陈某分别安排张某、刘某、镇某、黄某、郑某、杨某、万某等人，分别擅自处理遗体。9 月 13 日 16 时，刘某、张某、黄某 3 人在××省××大酒店商量如何瞒报，并决定由刘某到现场处理，张某、黄某在当地善后。9 月下旬，刘某、张某、黄某、陈某又在××大酒店商定如何瞒报。陈某、黄某知道事故已查实后，又赶到山西找到举报人，指使其向××国家煤矿安全监察局××分局电话报告："以前打的举报电话是听别人说的，并不属实。"10 月中旬，刘某、张某、黄某、陈某再次在兰某家商定如何逃避调查和应承担的刑事责任，并统一口径说该矿是陈某个人的，矿长兰某是陈某请的，由陈某、兰某承担责任。如被判刑 3 年或 5 年，俩人就认了；若多了，就给其几百万作为补偿。刘某指使兰某在事故调查中把事故说成是抽水的时候发生的，故意谎报事故地点。在事故调查中，业主陈某 3 次、矿长兰某 5 次作伪证，不提供真实情况，继续隐瞒事故真相。

• 事故原因及性质

（一）直接原因

煤矿业主及有关管理人员擅自非法启封已关闭的矿井，在不具备安全生产条件下非法组织生产，巷道停风，瓦斯积聚达到爆炸浓度，因发爆器接触金属物件产生火花而引起瓦斯爆炸。

（二）间接原因

1. 业主和有关管理人员安全生产法治意识淡薄，长期非法违法生产；拒不执行县国土部门的关闭监管指令，长期非法开采煤炭资源91551.83吨；破坏事故现场并逃匿；瞒报事故；作伪证；多次非法买卖、运输、储存、使用民爆物品数量大；非法购买、使用坑木；非法用工，并非法安排女工从事井下劳动。

2. ××乡政府安全监管工作失职。××乡政府未认真履行安全监管职责，明知××煤矿长期非法开采，未予制止，放任其非法开采长达3年，工作严重失职。

3. ××县煤管局安全监管工作失职。××县煤管局有关人员明知××煤矿长期非法开采，未予制止，放任其非法开采长达3年，甚至设置××计量稽查站负责计量该矿生产和运销的煤炭，并向公安机关出具向××煤矿提供民爆物品的函，向县税务机关提供××煤矿计量数据征缴税款，工作严重失职。

4. ××县公安局对民爆物品监管不到位。

（1）民爆物品申购审批工作失职。2010年6月，××煤矿被关闭后，××县公安局多次、大量违规向该矿批供雷管、炸药。

（2）民爆物品流向监管不力。对××煤矿、××煤矿、××煤矿储存、运输、管理、使用民爆物品监管不力，事故矿井井下起获的90发雷管，来源于××煤矿。

5. ××县供电有限责任公司对煤矿企业申请用电审查不严。××县供电有限责任公司在审批××县××矿业有限公司××煤矿副井用电申请时，未发现申请单位与实际用电单位不符，并对××煤矿安装用电计量装置，违规为其供电达1516890度。

6. ××县经信委组织开展违法供电专项整治不力。2012年9月，经××县经委批复××县经信委成立综合执法大队，负责查处全县电力等方面的违规、违法行为。县经信委综合执法大队成立后，未组织开展供电违法专项检查，未发现事故煤矿长期违法用电行为。

7. ××县国土资源和房屋管理局对煤炭资源保护与开采利用监管的跟踪落实不到位。2011年9月，××县国土资源和房屋管理局检查发现××煤矿存在非法采矿行为，对其下达《责令停止违法行为通知书》，并函告县煤管局制止××煤矿的生产活动，但跟踪落实不到位。

8. ××县林业局对煤矿企业坑木使用管理不到位。××县林业局下属县国有林场××管护站负责××乡等辖区乡镇森林资源管理和对辖区企业、个人用木的合法性进行执法检查。2010 年 6 月以来，××管护站未在××乡境内组织开展木材凭证运输情况监督检查，对××煤矿无木材凭证购买运输坑木失察。

• **事故性质**

经调查认定，这是一起非常严重的责任事故。

• **因涉嫌滥用职权罪、受贿罪，相关人员已由检察机关采取措施**

1. 周某某，男，汉族，1964 年 5 月生，2012 年 2 月至事故发生时，任××县煤管局党组副书记、局长，主持县煤管局全面工作。周某某作为县煤管局局长，明知××煤矿属关闭整合矿井，在其未履行相关整合手续的情况下，擅自同意该矿打开封闭井口，放任其非法开采。××县煤管局甚至设置××计量稽查站负责计量该矿生产和运销的煤炭，并向公安机关出具向××煤矿提供民爆物品的函，向县税务机关提供××煤矿计量数据征缴税款。此外，周某某涉嫌收受煤矿企业贿赂。检察机关已对其进行立案侦查，建议待司法机关结案后，再给予相应的党纪、政纪处分。

2. 朱某某，男，汉族，1963 年 10 月生，2012 年 4 月至事故发生时，任××县煤管局党组书记，分管县煤炭综合执法大队。朱某某明知××煤矿属关闭整合矿井，在未履行相关整合手续的情况下，同意该矿打开封闭井口，放任其非法开采。此外，朱某某涉嫌收受煤矿企业贿赂，检察机关已对其进行立案侦查，建议待司法机关结案后，再给予相应的党纪、政纪处分。

3. 周某某，男，汉族，1963 年 6 月生，2005 年 7 月至 2013 年 1 月任××县煤管局副局长，分管煤炭行业管理科；2013 年 2 月至事故发生时任县政协经济发展委主任科员。周某某明知××煤矿属关闭整合矿井，在未履行相关整合手续的情况下，同意该矿打开封闭井口，放任其非法开采长达 3 年。此外，周某某涉嫌收受煤矿企业贿赂，检察机关已对其进行立案侦查，建议待司法机关结案后，再给予相应的党纪、政纪处分。

4. 苏某某，男，汉族，1968 年 2 月生，2011 年 12 月至事故发生时任××县××乡政府副乡长，分管安全工作。苏某某明知××煤矿长期非法开采，未予制止，放任其非法开采。此外，苏某某涉嫌收受煤矿企业贿赂，检察机关已对其进行立案侦查，建议待司法机关结案后，再给予相应的党纪、政纪处分。

• **对事故有关责任单位的行政处罚**

1. ××县××矿业有限公司××煤矿非法买卖、运输、储存、使用爆炸物品,违反《民用爆炸物品安全管理条例》第三条、第七条的规定,依据《民用爆炸物品安全管理条例》第四十六条第五款、第六款的规定,建议由××县公安局处 10 万元的罚款。

2. ××县××矿业有限公司××煤矿非法买卖、运输、储存、使用爆炸物品,违反《民用爆炸物品安全管理条例》第三条、第七条的规定,依据《民用爆炸物品安全管理条例》第四十六条第五款、第六款的规定,建议由××县公安局处 10 万元的罚款。

3. ××县××能源公司××煤矿非法买卖、运输、储存、使用爆炸物品,违反《民用爆炸物品安全管理条例》第三条、第七条的规定,依据《民用爆炸物品安全管理条例》第四十六条第五款、第六款的规定,建议由××县公安局处 10 万元的罚款。

4. ××县××矿业有限公司组织××市××县××煤矿(关闭矿井)非法生产,非法采矿获取利益,违反《中华人民共和国矿产资源法》(2009 年修正)第十六条、第三十七条的规定,依据《中华人民共和国矿产资源法》(2009 年修正)第三十九条的规定,没收××县××矿业有限公司非法所得 2586.6735 万元。依据《中华人民共和国矿产资源法实施细则》第四十二条第一款"未取得采矿许可证擅自采矿的,擅自进入国家规划矿区、对国民经济具有重要价值的矿区和他人矿区范围采矿的,擅自开采国家规定实行保护性开采的特定矿种,处以违法所得 50% 以下的罚款"的规定,处 1000 万元的罚款;依据《中华人民共和国矿产资源法实施细则》第四十二条第六款"采取破坏性的开采方法开采矿产资源,造成矿产资源严重破坏的,处以相当于矿产资源损失价值 50% 以下的罚款"的规定,处 1000 万元的罚款;两项共执行处 2000 万元的罚款。建议由××县国土资源和房屋管理局依法实施。

• 防范措施及建议

1. 切实加大煤矿打非治违力度。认真开展煤矿办矿、生产、安全秩序清理整顿,组织煤管、安监、公安、国土、工商等部门开展联合执法行动,严肃查处煤矿非法违法生产行为。

2. 巩固关闭成果,落实监管责任。严格煤矿关闭标准,确保关闭矿井关闭到位;认真落实关闭矿井"一对一"监管责任,严防死灰复燃。

3. 切实加强煤炭资源整合矿井的安全监管。认真落实煤矿企业和整合主体煤矿的主体责任,严防被整合矿井挂靠合法矿井非法生产,做到依法办矿,依法生产。

4. 切实加强民用爆炸物品的监管。严格民爆物品审批管理，严禁向非法煤矿提供民爆物品，严厉打击非法买卖、储存、运输、使用民爆物品的行为。

5. 切实加强关闭煤矿供用电监管。严禁向关闭矿井供电和转供电，主管部门要加强对供电部门转供电行为的监管，禁止供电部门向非法煤矿企业转供电。

6. 切实加强对煤炭资源保护与开采利用的日常监管。国土资源和房屋管理部门组织开展检查，及时发现、打击非法开采和破坏煤炭资源的违法行为。

7. 切实加强煤炭市场的管理。严格煤炭准运证发放管理，严防非法煤矿非法生产的煤炭进入市场。

8. 加强煤矿劳动用工管理。加强对煤矿企业劳动用工检查，督促煤矿企业依法为职工办理工伤保险。严禁煤矿企业非法用工和安排女工从事煤矿井下劳动。

9. 切实加强煤矿使用坑木情况的监督检查。严禁煤矿非法收购、运输和使用坑木。

• 总结

以上三个案例均是因为基层人民政府对非法煤矿监管失职，从而导致煤矿事故的发生。

相关责任人员根据情节轻重被给予降级、撤职或者开除的行政处分。构成犯罪的，如一些国家工作人员构成贪污罪、滥用职权罪等，对其依法追究相应的刑事责任。

矿山安全生产裁判规则

第 10 条

安全生产许可证应由有权机关按照法定程序予以颁发，不得根据安全生产以外的因素拒绝颁发安全生产许可证

矿山安全类案甄别与裁判规则确立

一、聚焦司法案件裁判观点

■ 争议焦点

1. 相关行政主体发放、撤销安全生产许可证的程序是否合法？

2. 关于企业取得、延期申请以及被撤销安全生产许可证应符合怎样的法律规定？

■ 裁判观点

1. 关于安全许可证的发放与撤销，《安全生产许可证条例》（2014年修订）第三条、第四条、第五条规定了中央与地方有权发放与撤销安全许可证的行政主体：中央为国务院安全生产监督管理部门，地方上是省、自治区、直辖市人民政府安全生产监督管理部门。此外，国家煤矿安全监察机构负责中央管理的煤矿企业安全生产许可证的颁发和管理。省、自治区、直辖市设立的煤矿安全监察机构负责中央管理以外的其他煤矿企业安全生产许可证的颁发和管理，并接受国家煤矿安全监察机构的指导和监督。

2.《安全生产许可证条例》（2014年修订）第六条、第七条，《煤矿企业安全生产许可证实施办法》（2017年修正）第六条至第九条，《非煤矿矿山企业安全生产许可证实施办法》（2015年修正）第六条至第九条，《危险化学品生产企业安全生产许可证实施办法》（2015年修正，已被修改）第八条至第二十二条，《烟花爆竹生产企业安全生产许可证实施办法》（2012年修正）第六条至第二十条，《建筑施工企业安全生产许可证管理规定》（2015年修正）第四条，规定了相应企业申请取得安全许可证应当具备的一系列安全条件。

二、司法案例样本对比

样本案例一

某化工公司、××省应急管理厅再审审查与
审判监督行政裁定书

• **基本案情**

再审申请人（一审原告、二审上诉人）：某化工公司。

法定代表人：桑某某，该公司董事长。

被申请人（一审被告、二审被上诉人）：××省应急管理厅。

法定代表人：陈某某，该厅厅长。

被申请人（一审被告、二审被上诉人）：××省人民政府。

法定代表人：吴某某，该省省长。

再审申请人某化工公司（以下简称化工公司）诉被申请人××省应急管理厅（原××省安全生产监督管理局，以下简称原××省安监局）、××省人民政府（以下简称××省政府）行政许可及行政复议一案，不服××省高级人民法院判决，向最高院申请再审。最高院依法组成合议庭对本案进行了审查。现已审查终结。

化工公司向最高院申请再审，请求判决撤销原判决，发回再审。主要事实和理由为：（1）化工公司的申请属安全生产许可证期满未办理延期手续，继续生产的情形；（2）原××省安监局的许可审查、核实行为违反法律关于"谁发证谁主管"的规定，程序违法；（3）涉及行政许可不予颁发的三项核查内容并非法定许可条件；（4）一审、二审适用法律错误；（5）23 号复议决定没有遵循合法、公正原则，复议决定对起诉期限错误没有指出，属于袒护、包庇；（6）二审经过将近两年时间作出判决，程序违法。

• **裁判结果**

最高人民法院经审查认为，本案的争议焦点是原××省安监局作出的不予许可决定以及××省政府作出的复议决定是否合法。原××省安监局通过受理申请、组织审查、现场核查等程序后，发现化工公司现有条件不符合《中华人

民共和国安全生产法》（2014 年修正，已被修改）、《安全生产许可证条例》（2014 年修订）规定的相关安全生产条件，其作出的不予颁发许可证的决定程序合法，符合法律规范。××省政府经审查后作出维持行政行为的复议决定，并无不当。一审法院驳回诉讼请求，二审法院予以维持，符合法律规定。

综上，化工公司的再审申请不符合《中华人民共和国行政诉讼法》（2017年修正）第九十一条规定的情形。依照《最高人民法院关于适用〈中华人民共和国行政诉讼法〉的解释》（法释〔2018〕1 号，2018 年 2 月 8 日起施行）第一百一十六条第二款的规定，裁定如下：

驳回化工公司的再审申请。

样本案例二

上诉人××市安全生产监督管理局因与被上诉人辽宁某气体
有限公司履行换发"安全生产许可证"职责二审

• 基本案情

当事人上诉人（原审被告）：××市安全生产监督管理局。

法定代表人：赵某某，系该局局长。

委托代理人：姚某某，系该局副局长。

被上诉人（原审原告）：辽宁某气体有限公司。

法定代表人：赵某某，系该公司经理。

委托代理人：赵某某，系该公司股东。

• 审理经过

上诉人××市安全生产监督管理局因与被上诉人辽宁某气体有限公司履行换发"安全生产许可证"职责一案，不服××市××区人民法院行政判决，向二审法院提起上诉。二审法院于 2018 年 1 月 12 日受理后依法组成合议庭审理了本案。本案现已审理终结。

一审法院查明，该气体公司成立于 2005 年 9 月 22 日。该公司位于本市东四管理区，主要从事氢气、乙炔等危险化学品生产及氧气、二氧化碳气体充装经营。该公司已取得过危险化学品安全生产许可证及危险化学品经营许可证。2010 年 7 月 9 日××市安全生产监督管理局发布《关于转发省局〈关于规范推进危险化工工艺企业自动控制技术改造工作的指导意见〉的通知》，要求辖区内危险化学品生产企业在 2010 年底前完成自动控制技术改造。2011 年 4 月原告气体公司开始对原有半自动化制氢装置进行改造、扩建。新扩建面积 120 平方米，生产能力由原 200Nm³/h 提高到 1000Nm³/h，并新增 1000m³ 二氧化碳储罐和两个二氧化碳立式储罐、两个甲醇储罐。改造后原告多次向被告提出申请，请求被告填写《危险化学品建设项目安全许可申请征求意见表》，至原告起诉前被告未作出处理。

一审法院认为，参照《辽宁省危险化学品建设项目安全许可实施细则》第六条"各设区的市安全生产监督管理局（以下简称市安全生产监督局）负责实施本市行政区域内除由国家安全监管总局和省安全生产监管局负责实施以外的建设项目的安全许可"、第十四条"建设单位向建设项目安全许可实施部门提出建设项目安全许可申请前，应当先行征求所在地安全生产监督管理部门（一般为下一级辖区安全生产监督管理部门）的意见。所在地安全生产监督管理部门意见填入《征求意见表》"的规定，原告气体公司在向负责本行政区域内实施安全许可的××市安全生产监督管理局申请换发危险化学品生产许可证之前需要先行征求所在地即××市安全生产监督管理局的意见，××市安监局依规应受理原告的征求意见申请，同意申报的，在原告提交的《危险化学品建设项目安全许可申请征求意见表》填写"同意"或"同意申报"，不同意申报的填写"不同意"或"不同意申报"，并说明理由。另根据《关于印发辽宁省危险化学品生产企业安全生产许可实施细则的通知》，《辽宁省危险化学品生产企业安全生产许可证实施细则》已于 2012 年 7 月 2 日审议通过，原《辽宁省危险化学品建设项目安全许可实施细则》规定的安全生产许可申请程序已不再适用，危险化学品生产企业申请安全生产许可证无需再先行向所在地安全生产监督管理部门征求意见。综上，根据《中华人民共和国行政诉讼法》（2017 年修正）第七十四条第二款第（三）项之规定，判决如下：判决确认被告××市安全生产监督管理局未受理该气体公司提出的《危险化学品建设项目安全许可申请征求意见表》的行为违法。

案件受理费 50 元，由被告承担（原告已付）。

上诉人不服原审法院上述行政判决，向二审法院上诉称，原审判决认定事实错误。被上诉人未向我局提出过《危险化学品建设项目安全许可申请征求意见表》，我局也不存在不受理的违法情况。请求撤销原审判决，驳回被上诉人诉讼请求。

被上诉人认为原审判决正确，应当维持。

• 裁判结果

××省××市中级人民法院认为，本案被上诉人某气体有限公司原审诉讼请求为："一、请求依法判决被告立即依法作出具体行政行为，为原告申请上报的《1000Nm³/h 甲醇裂解制氢装置改扩建项目》及附属 1000m³ 液态二氧化碳球罐、50m³ 二氧化碳储罐和 30m³ 二氧化碳储罐换发'安全生产使用许可证'；二、判决被告承担诉讼费用。"依被上诉人某气体有限公司法庭陈述"换发'安全生产使用许可证'"系笔误，应为"换发'安全生产许可证'"。另，在一审庭审中，被上诉人提出新的诉讼请求，"要求被告给原告出具办理安全许可证的相关手续"，根据《最高人民法院关于适用〈中华人民共和国行政诉讼法〉的解释》（法释〔2018〕1 号，2018 年 2 月 8 日起施行）第七十条"起诉状副本送达被告后，原告提出新的诉讼请求的，人民法院不予准许，但有正当理由的除外"的规定，本案原告提出新的诉讼请求是在"起诉状副本送达被告后"，且该新的诉讼请求与原起诉状请求属不同行政行为，不应在一案中审理。本案原审法院在被上诉人未明确表示放弃起诉状诉讼请求的情况下，未对起诉状诉讼请求进行裁判，属遗漏诉讼请求，根据《最高人民法院关于适用〈中华人民共和国行政诉讼法〉的解释》（法释〔2018〕1 号，2018 年 2 月 8 日起施行）第一百零九条第三款"原审判决遗漏了必须参加诉讼的当事人或者诉讼请求的，第二审人民法院应当裁定撤销原审判决，发回重审"的规定，本案应当撤销原审判决，发回重审。

依照《最高人民法院关于适用〈中华人民共和国行政诉讼法〉的解释》（法释〔2018〕1 号，2018 年 2 月 8 日起施行）第一百零九条第三款之规定，裁定如下：

（1）撤销××市××区人民法院行政判决；
（2）本案发回××市××区人民法院重审。

样本案例三

吕某某与××市安全生产监督管理局撤销安全生产许可证行政判决书案

• 基本案情

上诉人（原审原告）：吕某某。

被上诉人（原审被告）：××市安全生产监督管理局。

法定代表人：冉某某，局长。

被上诉人（原审第三人）：周某某，该采石场经营者。

上诉人吕某某因诉被上诉人××市安全生产监督管理局（以下简称市安监局）颁发"安全生产许可证"一案，不服××市××区人民法院行政判决，向二审法院提起上诉。二审法院于 2015 年 2 月 25 日立案受理后，依法组成合议庭进行了审理。本案现已审理终结。

一审法院查明的事实是，周某某是依法取得营业执照的个体工商户，其字号名称为××县某采石厂，经营范围及方式为石灰岩开采，××县国土资源和房屋管理局于 2010 年 5 月 28 日为其颁发"采矿许可证"，载明地址和生产规模（15 万吨/年）等。该采石厂属新建小型露天采石场。2012 年 1 月 4 日，周某某申请办理非煤矿矿山企业"安全生产许可证"，并提交了相关的资料。市安监局受理后，经审查，该项目编制了开采设计，安全设施已通过竣工验收，符合取得"安全生产许可证"的条件，同意办理安全生产许可证手续，并于 2012 年 2 月 3 日颁发"安全生产许可证"，主要内容：单位名称某采石厂，主要负责人周某某，单位地址，经济类型个体工商户，许可范围露天石灰岩开采，有效期 2012 年 2 月 3 日至 2015 年 2 月 2 日。2014 年 1 月 16 日，吕某某向××县人民法院提起行政诉讼，请求撤销××县安全生产监督管理局颁发给周某某的"安全生产许可证"。经该院审理，以吕某某不同意变更被告为由，裁定驳回吕某某的起诉。同年 2 月 17 日，吕某某起诉至××市××区人民法院，认为周某某近距离进行采石作业，对其生产生活环境造成严重破坏，请求判决撤销市安监局颁发的"安全生产许可证"。

另查明，吕某某系该村村民，其住房和承包地与周某某经营的采石场邻近。诉讼中，周某某以重新选址为由，向市安监局申请注销被诉"安全生产许可证"。2014 年 6 月 23 日，市安监局在其网站发布《关于注销该采石厂非煤矿山安全生产许可证的公告》，注销了被诉的"安全生产许可证"。

一审法院经审理认为，根据国务院《安全生产许可证条例》（2014 年修订）第三条"国务院安全生产监督管理部门负责中央管理的非煤矿矿山企业和危险化学品、烟花爆竹生产企业安全生产许可证的颁发和管理；省、自治区、直辖市人民政府安全生产监督管理部门负责前款规定以外的非煤矿矿山企业和危险化学品、烟花爆竹生产企业安全生产许可证的颁发和管理，并接受国务院安全生产监督管理部门的指导和监督"的规定，市安监局具有负责本辖区范围内不属中央管理的非煤矿矿山企业安全生产许可证的颁发和管理的法定职责。因此，市安监局颁发被诉"安全生产许可证"系在职权范围内履行法定职责的行为。

关于市安监局和周某某认为吕某某不具备原告主体资格的问题。《最高人民法院关于执行〈中华人民共和国行政诉讼法〉若干问题的解释》（法释〔2000〕8号，2000年3月10日起施行，已被废止）第十三条第（一）项规定，被诉的具体行政行为涉及其相邻权或者公平竞争权的，公民、法人或者其他组织可以依法提起行政诉讼。根据庭审查明的事实，吕某某系××县××镇村民，其住房和承包地与周某某原经营的采石场邻近。因此，本案被诉行政许可行为涉及吕某某的相邻权，吕某某认为其生产生活受到侵害而提起本案诉讼，具有原告主体资格。故，市安监局和周某某认为吕某某不具备原告主体资格的理由不能成立，依法不予支持。

关于市安监局和周某某提出吕某某起诉超过法定起诉期限的问题。根据《最高人民法院关于执行〈中华人民共和国行政诉讼法〉若干问题的解释》（法释〔2000〕8号，2000年3月10日起施行，已被废止）第四十一条第一款"行政机关作出具体行政行为时，未告知公民、法人或者其他组织诉权或者起诉期限的，起诉期限从公民、法人或者其他组织知道或者应当知道诉权或者起诉期限之日起计算，但从知道或者应当知道具体行政行为内容之日起最长不得超过2年"的规定，本案市安监局于2012年2月3日给周某某颁发被诉"安全生产许可证"，从吕某某知晓周某某2008年开始采石作业，不能推定吕某某必然知晓被诉行政许可的内容，以周某某采石作业时间为吕某某起诉期限的起算点，推定吕某某应当知道被诉行政许可行为的时间，不符合法律规定。因此，市安监局和周某某认为吕某某起诉超过法定起诉期限的理由不能成立，依法不予支持。

本案中，市安监局举示的安全验收评价报告、开采设计和安全验收评价机构出具的情况说明等证据，可以证明该采石场设计禁采区后与周边民房最近距离为315m，具备安全验收条件，符合国家安监总局第39号令《小型露天采石场安全管理与监督检查规定》（2011年修订，已被修改）第十条"小型露天采石场新建、改建、扩建工程项目安全设施应当按照规定履行设计审查和竣工验收审批程序"和第三十一条"对于未委托具备相应资质的设计单位编制开采设计或者开采方案，以及周边300米范围内存在生产生活设施的小型露天采石场，安全生产监督管理部门不得对其进行审查和验收"的规定。因此，市安监局对周某某颁发的被诉"安全生产许可证"，符合国务院《安全生产许可证条例》（2014年修订）第六条和国家安监总局第20号令《非煤矿矿山企业安全生产许可证实施办法》（2009年修订，已被修改）第六条规定的非煤矿矿山企业取得安全生产许可证应当具备的安全生产条件。

综上，市安监局颁发的被诉"安全生产许可证"事实清楚，证据充分，程序合法，适用法律法规正确，吕某某的起诉理由不成立，依法不予支持，且被诉"安全生产许可证"已被注销。一审法院遂依照《最高人民法院关于执行〈中华人民共和国行政诉讼法〉若干问题的解释》（法释〔2000〕8 号，2000 年 3 月 10 日起施行，已被废止）第五十六条（四）项的规定，判决驳回吕某某的诉讼请求。

• 裁判结果

上诉人吕某某不服一审判决，向二审法院上诉称，一审法院没有查清采石场边界与上诉人承包地和住房之间的距离，属于事实不清。被上诉人在本案诉讼开始后注销被诉"安全生产许可证"，不能作为一审法院驳回原审原告诉讼请求的理由。综上，请求二审法院查明本案案件事实，依法改判。

被上诉人市安监局二审答辩称，答辩人是颁发和管理"安全生产许可证"的行政执法主体，为周某某颁发的"安全生产许可证"符合法律法规及相应规章规定的条件，且程序合法。一审判决正确，上诉人的上诉理由不成立，请求二审法院依法驳回上诉，维持原判。

被上诉人周某某二审答辩称，答辩人按照规定程序进行申请，市安监局按照程序依法审核资料，其颁发的"安全生产许可证"程序合法，符合法律法规及相应规章规定的条件，不具备撤销的条件。二审中，上诉人提交的《测绘情况说明》不符合证据的三性，且不属于新证据，不应采信。综上，一审判决认定事实清楚，适用法律正确，请求二审法院依法驳回上诉，维持原判。

被上诉人市安监局向一审法院举示了以下证据、依据：

（1）市安监局组织机构代码证；

（2）《安全生产许可证条例》（2014 年修订）第三条；

（3）《非煤矿矿山企业安全生产许可证实施办法》（2009 年修订，已被修改）第四条，证明其具有颁发和管理"安全生产许可证"的行政执法主体资格；

（4）申请资料；

（5）《安全验收评价报告》；

（6）开采设计，证明颁发"安全生产许可证"符合法律法规及相应规则规定的条件；

（7）申请书；

（8）审查书；

（9）"安全生产许可证"副本，"安全生产许可证"的程序合法；

（10）申请书、"安全生产许可证"及注销公告；

（11）《行政裁定书》；

（12）北京××安全技术咨询有限责任公司出具的《情况说明》。

上诉人吕某某向一审法院举示了以下证据：

（1）"农村土地承包经营权证"；

（2）照片；

（3）光盘，证明因市安监局颁发的被诉许可证，造成周某某在距离其菜地60米的地方作业，影响其人身安全；

（4）××县县城规划范围内采石场搬迁申请表，证明周某某申请矿山地址在××村2组，而颁发的"安全生产许可证"是××村3组，没有对3组进行评估验收；

（5）村委会《证明》2份；

（6）"集体土地建设用地使用证"，证明其住房和承包地在××村3组沟里头，具有诉讼主体资格。

原审第三人周某某向一审法院举示了以下证据：

（1）吕某某向××县法院起诉的行政诉状；

（2）××县法院应诉通知书，证明吕某某起诉超过起诉期限；

（3）××农村商业银行转账凭证；

（4）领条，证明矿山范围外的临近土地，由其租赁并支付费用，已经进行了安置落实。

经庭审质证，一审法院对上述证据作如下确认：对吕某某举示的证据1、2、3、5、6，能够证明他在采石场附近有住房和在东流口村3组有承包地的事实，予以确认；对于他举示的证据4，对其真实性予以确认，但认为不能达到其证明目的。对市安监局举示的证据，因符合证据的关联性、合法性、真实性，予以确认。对周某某举示的证据的真实性予以确认，但认为不能达到其证明目的。

二审中，上诉人吕某某向二审法院提交了一份由国家测绘地理信息局××测绘院出具的《测绘情况说明》，拟证明采石场的开采区边缘距离上诉人的承包地和住房均不足315米，被上诉人颁发的许可证不合法。

经质证，市安监局及周某某认为该证据不属于新证据，二审不应接纳。同时，在诉讼中进行的测绘应由各方当事人共同确定中介机构，故上诉人的委托程序不合法。原国家测绘地理信息局××测绘院不具有安全评价资质，不能从事法定安全评价活动，故其测绘结果不能作为本案的定案依据。

二审法院认为，上诉人在二审中举示的证据，符合《最高人民法院关于行政诉讼证据若干问题的规定》（法释〔2002〕21号，2002年10月1日起施行）

第五十二条（三）项"原告或者第三人提供的在举证期限届满后发现的证据"的规定，属于新证据，二审法院予以接纳。但该证据中的"指定开采区边缘"未能证明是否属于许可开采区范围内的边缘，不能达到他证明许可开采区边缘距离上诉人的承包地和住房均不足 300 米的证明目的。因此，对该证据二审法院依法不予确认。

各方当事人向一审法院提交的证据已随卷移交二审法院。二审法院根据随卷移交的证据以及询问所认定的事实，与一审法院认定的事实一致。

二审法院认为，本案的争议焦点是：被上诉人市安监局于 2012 年 2 月 3 日颁发的"安全生产许可证"是否合法。

根据《安全生产许可证条例》（2014 年修订）第三条的规定，被上诉人市安监局具有负责本辖区范围内不属中央管理的非煤矿矿山企业安全生产许可证的颁发和管理的法定职责。被上诉人经审查核实周某某提交的申请资料、安全验收评价报告、开采设计和安全验收评价机构出具的情况说明等相关材料，为其颁发"安全生产许可证"，符合该条例第六条的规定，同时也未违反《小型露天采石场安全管理与监督检查规定》（国家安监总局第 39 号令，已修改）第十条"小型露天采石场新建、改建、扩建工程项目安全设施应当按照规定履行设计审查和竣工验收审批程序"和第三十一条"对于未委托具备相应资质的设计单位编制开采设计或者开采方案，以及周边 300 米范围内存在生产生活设施的小型露天采石场，安全生产监督管理部门不得对其进行审查和验收"的规定。周某某于 2012 年 1 月 4 日提交申请书，被上诉人于 2012 年 2 月 3 日颁发许可证，符合《安全生产许可证条例》（2014 年修订）第七条"安全生产许可证颁发管理机关应当自收到申请之日起 45 日内审查完毕"的规定，程序亦无不当。因此，被上诉人颁发许可证的行为符合法律法规的规定，上诉人要求予以撤销的理由不能成立，一审法院判决驳回其诉讼请求正确。因周某某的申请，被上诉人在一审诉讼过程中注销了"安全生产许可证"，但该注销行为与本案不属同一法律关系，并不影响此前被上诉人颁发许可证的合法性。

综上，上诉人的上诉理由不能成立，二审法院不予支持。一审判决认定事实清楚，适用法律正确，审判程序合法，二审法院依法予以维持。据此，依照《中华人民共和国行政诉讼法》（施行日期：1990 年，已被修改）第六十一条（一）项之规定，判决如下：

驳回上诉，维持原判。

本案二审案件受理费 50 元，由上诉人吕某某负担。

本判决为终审判决。

三、司法案例类案甄别

(1) 样本案例一，化工公司认为其申请属安全生产许可证期满未办理延期手续、继续生产的情形，但原××省安监局的许可审查、核实行为违反法律关于"谁发证谁主管"的规定，程序违法。此外涉及行政许可不予颁发的三项核查内容并非法定许可条件。然而，最高人民法院经审查认为，本案的争议焦点是原××省安监局作出的不予许可决定以及××省政府作出的复议决定是否合法。原××省安监局通过受理申请、组织审查、现场核查等程序后，发现化工公司现有条件不符合《中华人民共和国安全生产法》（2014年修正，已被修改）、《安全生产许可证条例》（2014年修订）规定的相关安全生产条件，其作出的不予颁发许可证的决定程序合法，符合法律规范。××省政府经审查后作出维持行政行为的复议决定，并无不当。

(2) 样本案例二，该气体公司成立于2005年9月22日。该公司位于本市东四管理区，主要从事氢气、乙炔等危险化学品生产及氧气、二氧化碳气体充装经营。该公司已取得过危险化学品安全生产许可证及危险化学品经营许可证。2010年7月9日××市安全生产监督管理局发布《关于转发省局〈关于规范推进危险化工工艺企业自动控制技术改造工作的指导意见〉的通知》，要求辖区内危险化学品生产企业在2010年底前完成自动控制技术改造。2011年4月原告气体公司开始对原有半自动化制氢装置进行改造、扩建。新扩建面积120平方米，生产能力由原200Nm^3/h提高到1000Nm^3/h，并新增1000m^{3}二氧化碳储罐和两个二氧化碳立式储罐、两个甲醇储罐。改造后原告多次向被告提出申请，请求被告填写《危险化学品建设项目安全许可申请征求意见表》，至原告起诉前被告未作出处理。

(3) 样本案例三，周某某是依法取得营业执照的个体工商户，其字号名称为××县某采石厂，经营范围及方式为石灰岩开采，××县国土资源和房屋管理局于2010年5月28日为其颁发"采矿许可证"，载明地址和生产规模（15万吨/年）等。该采石厂属新建小型露天采石场。2012年1月4日，周某某申请办理非煤矿矿山企业"安全生产许可证"，并提交了相关的资料。市安监局受理后，经审查，该项目编制了开采设计，安全设施已通过竣工验收，符合取得"安全生产许可证"的条件，同意办理安全生产许可证手续，并于2012年2月3日颁发"安全生产许可证"，主要内容：单位名称某采石厂，主要负责人周某某，单位地址，经济类型个体工商户，许可范围露天石灰岩开采，有效期 2012 年 2 月 3 日至 2015 年 2 月 2 日。2014 年 1 月 16 日，吕某某向××县人民法院提起行政诉讼，请求撤销××县安全生产监督管理局颁发给周某某的"安全生产许可证"。经该院审理，以吕某某不同意变更被告为由，裁定驳回吕某某的起诉。同年 2 月 17 日，吕某某起诉至××市××区人民法院，认为周某某近距离进行采石作业，对其生产生活环境造成严重破坏，请求判决撤销市安监局颁发的"安全生产许可证"。

吕某某系该村村民，其住房和承包地与周某某经营的采石厂临近。诉讼中，周某某以重新选址为由，向市安监局申请注销被诉"安全生产许可证"。2014 年 6 月 23 日，市安监局在其网站发布《关于注销该采石厂非煤矿山安全生产许可证的公告》，注销了被诉的"安全生产许可证"。

四、类案裁判规则的解析确立

根据上述案例对比，可知我国的安全生产许可证制度在申请主体上（即矿山企业、建筑施工企业和危险化学品、烟花爆竹、民用爆破器材生产企业）进行了限定。企业未取得"安全生产许可证"的，不得从事生产活动。此外，非煤矿矿山企业必须取得"安全生产许可证"。未取得"安全生产许可证"的，不得从事生产活动。

国家规定了未取得"安全生产许可证"进行生产的行政处罚措施。在《安全生产许可证条例》（2014 年修订）中，第 19 条规定了未取得安全生产许可证擅自进行生产的，责令停止生产，没收违法所得，并处 10 万元以上 50 万元以下的罚款；造成重大事故或者其他严重后果，构成犯罪的，依法追究刑事责任。第 20 条规定了安全生产许可证有效期满未办理延期手续，继续进行生产的，责令停止生产，限期补办延期手续，没收违法所得，并处 5 万元以上 10 万元以下的罚款；逾期仍不办理延期手续，继续进行生产的，依照本条例第十九条的规定处罚。在第 21 条第一款中规定了转让安全生产许可证的，没收违法所得，处 10 万元以上 50 万元以下的罚款，并吊销其安全生产许可证；构成犯罪的，依法追究刑事责任；接受转让的，依照本条例第十九条的规定处罚。此外，第二十三条规定，"本条例规定的行政处罚，由安全生产许可证颁发管理机关决定"，由此赋予行政机关相对自由的行政处罚权利。

《安全生产许可证》的颁发管理机构在《安全生产许可证》的审查发放或者

撤销的过程中是否符合法定程序是这类案例讨论的一个重要节点，行政机关在对相关企业进行审查的过程中应当严格遵循《安全生产许可证条例》等文件，在地方不违反《安全生产许可证条例》的前提下，可以允许其依据实际需要，结合地方实际情况对相关企业的安全生产许可证进行管理。

五、关联法律法规

（一）《安全生产许可证条例》（2014 年修订）

第二条　国家对矿山企业、建筑施工企业和危险化学品、烟花爆竹、民用爆炸物品生产企业（以下统称企业）实行安全生产许可制度。企业未取得安全生产许可证的，不得从事生产活动。

第三条　国务院安全生产监督管理部门负责中央管理的非煤矿矿山企业和危险化学品、烟花爆竹生产企业安全生产许可证的颁发和管理。

省、自治区、直辖市人民政府安全生产监督管理部门负责前款规定以外的非煤矿矿山企业和危险化学品、烟花爆竹生产企业安全生产许可证的颁发和管理，并接受国务院安全生产监督管理部门的指导和监督。

国家煤矿安全监察机构负责中央管理的煤矿企业安全生产许可证的颁发和管理。

在省、自治区、直辖市设立的煤矿安全监察机构负责前款规定以外的其他煤矿企业安全生产许可证的颁发和管理，并接受国家煤矿安全监察机构的指导和监督。

第四条　省、自治区、直辖市人民政府建设主管部门负责建筑施工企业安全生产许可证的颁发和管理，并接受国务院建设主管部门的指导和监督。

第五条　省、自治区、直辖市人民政府民用爆炸物品行业主管部门负责民用爆炸物品生产企业安全生产许可证的颁发和管理，并接受国务院民用爆炸物品行业主管部门的指导和监督。

第六条　企业取得安全生产许可证，应当具备下列安全生产条件：

（一）建立、健全安全生产责任制，制定完备的安全生产规章制度和操作规程；

（二）安全投入符合安全生产要求；

（三）设置安全生产管理机构，配备专职安全生产管理人员；

（四）主要负责人和安全生产管理人员经考核合格；

（五）特种作业人员经有关业务主管部门考核合格，取得特种作业操作资格证书；

（六）从业人员经安全生产教育和培训合格；

（七）依法参加工伤保险，为从业人员缴纳保险费；

（八）厂房、作业场所和安全设施、设备、工艺符合有关安全生产法律、法规、标准和规程的要求；

（九）有职业危害防治措施，并为从业人员配备符合国家标准或者行业标准的劳动防护用品；

（十）依法进行安全评价；

（十一）有重大危险源检测、评估、监控措施和应急预案；

（十二）有生产安全事故应急救援预案、应急救援组织或者应急救援人员，配备必要的应急救援器材、设备；

（十三）法律、法规规定的其他条件。

第七条　企业进行生产前，应当依照本条例的规定向安全生产许可证颁发管理机关申请领取安全生产许可证，并提供本条例第六条规定的相关文件、资料。安全生产许可证颁发管理机关应当自收到申请之日起 45 日内审查完毕，经审查符合本条例规定的安全生产条件的，颁发安全生产许可证；不符合本条例规定的安全生产条件的，不予颁发安全生产许可证，书面通知企业并说明理由。煤矿企业应当以矿（井）为单位，依照本条例的规定取得安全许可证。

第九条　安全生产许可证的有效期为 3 年。安全生产许可证有效期满需要延期的，企业应当于期满前 3 个月向原安全生产许可证颁发管理机关办理延期手续。

企业在安全生产许可证有效期内，严格遵守有关安全生产的法律法规，未发生死亡事故的，安全生产许可证有效期届满时，经原安全生产许可证颁发管理机关同意，不再审查，安全生产许可证有效期延期 3 年。

（二）《小型露天采石场安全管理与监督检查规定》（2011 年，已修改）

第十条第一款　小型露天采石场新建、改建、扩建工程项目安全设施应当按照规定履行设计审查和竣工验收审批程序。

第三十一条　对于未委托具备相应资质的设计单位编制开采设计或者开采方案，以及周边 300 米范围内存在生产生活设施的小型露天采石场，安全生产监督管理部门不得对其进行审查和验收。

（三）《非煤矿矿山企业安全生产许可证实施办法》（2015 年修正）

第四条　国家安全生产监督管理总局指导、监督全国非煤矿矿山企业安全生产许可证的颁发管理工作，负责海洋石油天然气企业安全生产许可证的颁发和管理。

省、自治区、直辖市人民政府安全生产监督管理部门（以下简称省级安全生产许可证颁发管理机关）负责本行政区域内除本条第一款规定以外的非煤矿矿山企业安全生产许可证的颁发和管理。

省级安全生产许可证颁发管理机关可以委托设区的市级安全生产监督管理部门实施非煤矿矿山企业安全生产许可证的颁发管理工作；但中央管理企业所属非煤矿矿山的安全生产许可证颁发管理工作不得委托实施。

第六条　非煤矿矿山企业取得安全生产许可证，应当具备下列安全生产条件：

（一）建立健全主要负责人、分管负责人、安全生产管理人员、职能部门、岗位安全生产责任制；制定安全检查制度、职业危害预防制度、安全教育培训制度、生产安全事故管理制度、重大危险源监控和重大隐患整改制度、设备安全管理制度、安全生产档案管理制度、安全生产奖惩制度等规章制度；制定作业安全规程和各工种操作规程；

（二）安全投入符合安全生产要求，依照国家有关规定足额提取安全生产费用；

（三）设置安全生产管理机构，或者配备专职安全生产管理人员；

（四）主要负责人和安全生产管理人员经安全生产监督管理部门考核合格，取得安全资格证书；

（五）特种作业人员经有关业务主管部门考核合格，取得特种作业操作资格证书；

（六）其他从业人员依照规定接受安全生产教育和培训，并经考试合格；

（七）依法参加工伤保险，为从业人员缴纳保险费；

（八）制定防治职业危害的具体措施，并为从业人员配备符合国家标准或者行业标准的劳动防护用品；

（九）新建、改建、扩建工程项目依法进行安全评价，其安全设施经验收合格；

（十）危险性较大的设备、设施按照国家有关规定进行定期检测检验；

（十一）制定事故应急救援预案，建立事故应急救援组织，配备必要的应急救援器材、设备；生产规模较小可以不建立事故应急救援组织的，应当指定兼职的应急救援人员，并与邻近的矿山救护队或者其他应急救援组织签订救护协议；

（十二）符合有关国家标准、行业标准规定的其他条件。

（四）《危险化学品生产企业安全生产许可证实施办法》（2015 年修正）

第六条　省级安全生产监督管理部门可以将其负责的安全生产许可证颁发工作，委托企业所在地设区的市级或者县级安全生产监督管理部门实施。涉及剧毒化学品生产的企业安全生产许可证颁发工作，不得委托实施。国家安全生产监督管理总局公布的涉及危险化工工艺和重点监管危险化品品的企业安全生产许可证颁发工作，不得委托县级安全生产监督管理部门实施。

受委托的设区的市级或者县级安全生产监督管理部门在受委托的范围内，以省级安全生产监督管理部门的名义实施许可，但不得再委托其他组织和个人实施。

国家安全生产监督管理总局、省级安全生产监督管理部门和受委托的设区的市级或者县级安全生产监督管理部门统称实施机关。

第二十六条　实施机关收到企业申请文件、资料后，应当按照下列情况分别作出处理：

（一）申请事项依法不需要取得安全生产许可证的，即时告知企业不予受理；

（二）申请事项依法不属于本实施机关职责范围的，即时作出不予受理的决定，并告知企业向相应的实施机关申请；

（三）申请材料存在可以当场更正的错误的，允许企业当场更正，并受理其申请；

（四）申请材料不齐全或者不符合法定形式的，当场告知或者在 5 个工作日内出具补正告知书，一次告知企业需要补正的全部内容；逾期不告知的，自收到申请材料之日起即为受理；

（五）企业申请材料齐全、符合法定形式，或者按照实施机关要求提交全部补正材料的，立即受理其申请。

实施机关受理或者不予受理行政许可申请，应当出具加盖本机关专用印章和注明日期的书面凭证。

第二十七条　安全生产许可证申请受理后，实施机关应当组织对企业提交的申请文件、资料进行审查。对企业提交的文件、资料实质内容存在疑问，需要到现场核查的，应当指派工作人员就有关内容进行现场核查。工作人员应当如实提出现场核查意见。

第三十二条　企业在安全生产许可证有效期内，有危险化学品新建、改建、扩建建设项目（以下简称建设项目）的，应当在建设项目安全设施竣工验收合格之日起 10 个工作日内向原实施机关提出变更申请，并提交建设项目安全设施竣工验收报告等相关文件、资料。实施机关按照本办法第二十七条、第二十八条和第二十九条的规定办理变更手续。

第四十条　企业取得安全生产许可证后有下列情形之一的，实施机关应当注销其安全生产许可证：

（一）安全生产许可证有效期届满未被批准延续的；

（二）终止危险化学品生产活动的；

（三）安全生产许可证被依法撤销的；

（四）安全生产许可证被依法吊销的。

安全生产许可证注销后，实施机关应当在当地主要新闻媒体或者本机关网站上发布公告，并通报企业所在地人民政府和县级以上安全生产监督管理部门。

第四十五条　企业有下列情形之一的，责令停止生产危险化学品，没收违法所得，并处 10 万元以上 50 万元以下的罚款；构成犯罪的，依法追究刑事责任：

（一）未取得安全生产许可证，擅自进行危险化学品生产的；

（二）接受转让的安全生产许可证的；

（三）冒用或者使用伪造的安全生产许可证的。

第五十六条　省级安全生产监督管理部门可以根据当地实际情况制定安全生产许可证颁发管理的细则，并报国家安全生产监督管理总局备案。

矿山安全生产裁判规则

第 11 条

　　对于符合安全生产条件的非煤矿矿山企业，有权机关应根据其所在的行业及属地规定申请有权机关颁发安全生产许可证

一、聚焦司法案件裁判观点

■ 争议焦点

对于已经满足安全生产许可证颁发条件的非煤矿矿山企业，是否应当向其颁发安全生产许可证？

■ 裁判观点

省、自治区、直辖市人民政府安全生产监督管理部门负责本行政区域内除海洋石油天然气企业安全生产许可证的颁发与管理。省级安全生产许可证颁发管理机关可以委托设区的市级安全生产监督管理部门实施非煤矿矿山企业安全生产许可证的颁发管理工作；中央管理企业所属非煤矿矿山的安全生产许可证颁发管理工作不得委托实施。符合上述条件的行政机关应当对符合颁发安全生产许可证的非煤矿矿山企业进行审核，在审核通过后颁发安全生产许可证。

二、司法案例样本对比

样本案例一

甲市某矿业有限公司诉甲市安全生产监督管理局许可案

• 当事人

原告：甲市某矿业有限公司。

法定代表人：石某，该公司董事长。

被告：甲市安全生产监督管理局（以下简称甲市安监局）。

法定代表人：刘某，该局局长。

• **基本案情**

2015 年 9 月 28 日，原告某矿业公司向被告甲市安监局提出了办理非煤矿矿山企业安全生产许可证申请，被告甲市安监局于 2015 年 11 月 20 日作出审查意见，告知原告某矿业公司存在的问题：1. 采矿证过期；2. 经科室现场核查，某矿业公司现场情况不符合安全生产条件，原告需要办理有效采矿许可证，现场整改合格后再提出申请。原告某矿业公司取得新的采矿证并对现场进行整改后，又向被告甲市安监局提出了申请，在被告甲市安监局于 2016 年 11 月 30 日作出的非煤矿矿山企业实地核查意见书中，审核小组及专家的意见是"符合安全生产条件"，被告科室的意见是"同意专家对原告符合安全生产条件的意见"，但对于建在河道内的碎石加工设备，按照 1 月 9 日局务会要求，需要丙县政府相关部门作出说明。

• **案件争点**

被告是否应当向原告颁发非煤矿矿山企业安全生产许可证。

• **裁判要旨**

原告某矿业公司于 2015 年 9 月 28 日向被告甲市安监局提出申请，要求为其办理非煤矿矿山企业安全生产许可证。被告甲市安监局在收到申请材料后，对原告某矿业公司提交的材料中所存在的问题进行了告知，原告某矿业公司收到被告甲市安监局于 2015 年 11 月 20 日作出的审查意见后，按照要求取得了新的采矿许可证并对现场进行整改。根据《非煤矿矿山企业安全生产许可证实施办法》（2015 年修正）第十六条第一款第三项、第四项的规定，申请材料不齐全或者不符合要求的，应当当场或者在 5 个工作日内一次性书面告知申请人需要补正的全部内容，依照要求全部补正的，自被告甲市安监局收到原告某矿业公司补正的材料之日起为受理；另根据《非煤矿矿山企业安全生产许可证实施办法》（2015 年修正）第十七条的规定，被告甲市安监局应当在受理申请之日起 45 日内作出颁发或者不予颁发安全生产许可证的决定，对决定不予颁发的，应当在 10 个工作日内书面通知申请人并说明理由。本案中，被告甲市安监局在收到补正材料后，又于 2016 年 11 月 30 日作出审查意见，称需要丙县政府相关部门作出说明，并于 2017 年 3 月 22 日作出《不予颁发非煤矿矿山企业安全生产许可证通知书》，认为不符合市委、市政府有关精神要求，决定不予颁发安全生产许可证，但未提供证据证明该通知已送达行政相对人。

此外，《非煤矿矿山企业安全生产许可证实施办法》（2015 年修正）第八条对非煤矿矿山企业申请领取安全生产许可证应当提交的文件、资料进行了明确规定，根据被告甲市安监局向法院提交的证据材料，原告某矿业公司提交的申请材料符合《非煤矿矿山企业安全生产许可证实施办法》（2015 年修正）第八条的规定，且在被告甲市安监局作出的《不予颁发非煤矿矿山企业安全生产许可证通知书》中，亦未载明原告某矿业公司的申请不符合该法律规定之处。关于被告甲市安监局提出的，原告某矿业公司的申请不符合市委、市政府有关精神要求，被告甲市安监局提供的"14 号通知"不能证明其说法。此外，被告甲市安监局在举证期限届满后又向法院邮寄了"131 号通知"，不符合《中华人民共和国行政诉讼法》（2017 年修正）关于举证期限的规定，且另根据《中华人民共和国行政许可法》（2019 年修正）第十四条、第十五条、第十六条、第十七条的规定，14 号通知与 131 号通知均无权增设违反上位法的其他条件。故被告甲市安监局作出的《不予颁发非煤矿矿山企业安全生产许可证通知书》于法无据，且未按照法律规定向行政相对人送达该通知书不当，对于原告某矿业公司的诉讼请求，法院依法予以支持，被告甲市安监局应当依法为原告某矿业公司颁发安全生产许可证。

综上所述，法院判决被告甲市安监局于本判决生效后 15 个工作日内为原告甲市某矿业有限公司颁发安全生产许可证。

样本案例二

王某与乙县人民政府行政强制案

• 当事人

原告：王某。

被告：乙县人民政府，住所地乙县丙新区。

• 基本案情

原告王某个人投资成立的"乙县 A 机砖厂"是依据原乙县发展计划经济贸易局 2005 年 3 月 2 日作出乙计经发（2005）41 号《关于建设乙县 A 机砖厂的批复》建立的，砖厂地址位于××乡。2003 年 4 月 21 日经原乙县土地局批准取得临时土地使用证，土地面积 7203.6 平方米。在此期间，依据乙县政府发改委的批文，A 机砖厂先后向乙县政府行政主管部门及相关单位办理了《营业执照》《机构代码证》《安全生产许可证》《税务登记证》《采矿许可证》《水土保持许可证》，开始生产、经营机砖业务。2012 年砖厂进行改扩建，重新修建轮窑、更换设备。轮窑内全部用耐火砖砌箍、轮窑外用砖砌箍。生产经营期间，原乙县国土资源局先后多次对乙县 A 机砖厂违法采矿进行过处罚。2014 年 8 月 24 日、2015 年 2 月 3 日原乙县国土资源局先后 2 次向乙县 A 机砖厂发出"责令停止国土资源违法行为通知书"，责令原告乙县 A 机砖厂停止非法采矿生产活动。后被告乙县人民政府为了规范全县机砖厂生产经营秩序，保护生态环境，保障 S203 道路改扩建的顺利进行，于 2015 年 10 月 28 日发布《关于依法关闭取缔非法机砖厂的公告》决定，依法关闭取缔包括原告在内的 4 家机砖厂。公告发布后，原告王某未自行拆除机砖厂。2016 年 5 月 16 日，被告乙县人民政府又发布了《关于对乙县 A 机砖厂非法占地及地上设施予以拆除的通知》，限原告砖厂于 2016 年 5 月 20 日前自行撤出生产设备、供电设施，拆除厂内附属设施。逾期将依法强制拆除。原告遂自行拆除了涉案砖厂房屋 110.16 平方米，随后被告乙县人民政府将原告王某个人独资企业"原乙县 A 机砖厂"部分建筑物予以拆除。2016 年 10 月 10 日，原乙县国土资源局和原告王某委托代理人王甲签订了乙县建设项目集体土地征收协议。

另查明，原乙县 A 机砖厂于 2003 年 4 月办理了临时建设土地使用证后，再未申请办理正式土地使用证。原乙县 A 机砖厂在之前办理的《安全生产许可证》《采矿许可证》《水土保持证》《税务证》在 2015 年 10 月 28 日发布《关于依法关闭取缔非法机砖厂的公告》前均已过期。2015 年 7 月 25 日乙县市场管理局将乙县 A 机砖厂《营业执照》依法予以注销登记。后原告王某在未办理《营业执照》《采矿许可证》等其他相关证照的情况下即以其个人名义对涉案砖厂进行生产经营。

2016 年 10 月 31 日原告王某以乙县 A 机砖厂的名义向法院提起行政诉讼。法院于 2018 年 6 月 12 日作出行政判决。经丁自治区高级人民法院审理后，以该案违反行政诉讼"一行为一诉讼"的原则及主体不适格为由，发回中院重审。原告便又分别针对《关于依法关闭取缔非法机砖厂的公告》《关于对乙县 A 机砖厂非法占地及地上设施予以拆除的通知》、强制拆除行为和行政赔偿向中院提起行政诉讼，后经丁自治区高级人民法院终审作出行政判决书，确认被告乙县人民政府 2015 年 10 月 28 日作出的《关于依法关闭取缔非法机砖厂的公告》违法，丁自治区高级人民法院终审作出行政判决书，确认乙县人民政府于 2016 年

5 月 16 日作出的《关于对乙县 A 机砖厂非法占地及地上设施予以拆除的通知》违法。

另查明：1. 乙县 A 机砖厂的《安全生产许可证》已于 2008 年 7 月 28 日届满，之后再未办理《安全生产许可证》。2.《采矿许可证》已届满。（1）乙县 A 机砖厂于 2005 年 5 月 10 日办理的《采矿许可证》的有效期限为 2005 年 5 月至 2006 年 5 月。之后再未办理过《采矿许可证》。（2）乙县 A 机砖厂《采矿许可证》有效期于 2006 年 5 月届满后再未办理过延续或变更手续。

• 案件争点

被告乙县人民政府强制拆除原告砖厂的行为是否违法。

• 裁判要旨

从 2011 年起，乙县开展非煤矿山无证无照经营综合治理和整顿活动，针对原告砖厂非法开采行为，原乙县国土资源局先后多次对原告的乙县 A 机砖厂违法采矿行为进行过处罚，责令乙县 A 机砖厂停止非法采矿的生产活动。但乙县 A 机砖厂仍未停止违法开采黏土矿产资源行为。2015 年 7 月 25 日乙县市场管理局将乙县 A 机砖厂《营业执照》依法予以注销登记。后原告王某在未办理《营业执照》《采矿许可证》等其他相关证照的情况下即以其个人名义对涉案砖厂从事生产经营。其非法采矿行为严重影响了乙县生产经营秩序和生态环境。2015 年 10 月 28 日被告乙县人民政府再次下发了《关于依法关闭取缔非法机砖厂的公告》，2016 年 5 月 16 日又下发了《关于对乙县 A 机砖厂非法占地及地上设施予以拆除的通知》，这些通知、处罚、公告内容较为明确，均给予原告较为充足的停止非法采矿及自行拆除的期限，但原告未按规定的期限自行拆除。本案涉及环境保护问题，减少环境污染是公民、法人、其他组织应当承担的社会责任。原告未及时停产、自行拆除止损，该行为对环境整治产生不良社会影响，亦存在不遵守执法检查和不纠正违法行为等情形。2015 年 10 月 28 日被告乙县人民政府在强制拆除前下发《关于依法关闭取缔非法机砖厂的公告》，并明确告知原告享有陈述、申辩权和申请复议、提起诉讼等程序权利。在此期间，被告人民政府多次与原告协商、评估，并做了调查、现场确认、制作表册、核实建筑内财产状况等工作。原告王某长期从事违法生产经营，且不予配合整改，同时因国家政策的调整，情势发生重大变化，按照国家政策，原告砖厂已成为淘汰产业，依法应当关闭，且不予补偿。虽然被告在发布公告和通知方面存在未引用具体法律条文等一般形式上的瑕疵，但总体上考虑并保护了原告各方面的利益，没有从根本上侵害原告的合法权益。故被告的执法目的具有正当性，同时对制止原告的违法行为具有及时性、必要性。故综合考虑本案，对原告要求确认被告乙县人民政府强制拆除其砖厂的行为违法的请求，法院不予支持。

关于原告请求的各项赔偿损失和利息、鉴定费和诉讼费的问题。原告要求赔偿其损失和利息的请求不符合《中华人民共和国国家赔偿法》（2012 年修正）第二条第一款及第四条，故法院不予支持。

三、司法案例类案甄别

（一）事实对比

样本案例一，2015 年 9 月 28 日，原甲市某矿业公司向被告甲市安监局提出了办理非煤矿矿山企业安全生产许可证申请，被告甲市安监局于 2015 年 11 月 20 日作出审查意见，告知原告某矿业公司存在的问题：1. 采矿证过期；2. 经科室现场核查，某矿业公司现场情况不符合安全生产条件，原告需要办理有效采矿许可证，现场整改合格后再提出申请。原告某矿业公司取得了新的采矿证并对现场进行整改后，又向被告甲市安监局提出了申请，在被告甲市安监局于 2016 年 11 月 30 日作出的非煤矿矿山企业实地核查意见书中，审核小组及专家的意见是"符合安全生产条件"，被告科室的意见是"同意专家对原告符合安全生产条件的意见"，但建在河道内的碎石加工设备按照 1 月 9 日局务会要求，需要丙县政府相关部门作出说明，并于 2017 年 3 月 22 日作出《不予颁发非煤矿矿山企业安全生产许可证通知书》，认为不符合市委、市政府有关精神要求，决定不予颁发安全生产许可证，但未提供证据证明该通知已送达行政相对人。

样本案例二，原乙县 A 机砖厂于 2003 年 4 月办理了临时建设土地使用证，后再未申请办理正式土地使用证。原乙县 A 机砖厂在之前办理的《安全生产许可证》《采矿许可证》《水土保持证》《税务证》在 2015 年 10 月 28 日发布《关于依法关闭取缔非法机砖厂的公告》前均已过期。2015 年 7 月 25 日乙县市场管理局将乙县 A 机砖厂《营业执照》依法予以注销登记。后原告王某在未办理《营业执照》《采矿许可证》等其他相关证照的情况下即以其个人名义对涉案砖厂进行生产经营，属于非法经营。

（二）适用法律对比

样本案例一，《非煤矿矿山企业安全生产许可证实施办法》（2015 年修正）

第八条对非煤矿矿山企业申请领取安全生产许可证应当提交的文件、资料进行了明确规定，根据被告甲市安监局向法院提交的证据材料，原告某矿业公司提交的申请材料符合《非煤矿矿山企业安全生产许可证实施办法》（2015 年修正）第八条的规定，且在被告甲市安监局作出的《不予颁发非煤矿矿山企业安全生产许可证通知书》中，亦未载明原告某矿业公司的申请不符合该法律规定之处。关于被告甲市安监局提出的，原告某矿业公司的申请不符合市委、市政府有关精神要求，被告甲市安监局提供的"14 号通知"不能证明其说法。

样本案例二，从 2011 年起，乙县开展非煤矿山无证无照经营综合治理和整顿活动，针对原告砖厂非法开采行为，原乙县国土资源局先后多次对原告的乙县 A 机砖厂违法采矿行为进行过处罚，责令乙县 A 机砖厂停止非法采矿的生产活动。但乙县 A 机砖厂仍未停止违法开采黏土矿产资源行为。2015 年 7 月 25 日乙县市场管理局将乙县 A 机砖厂《营业执照》依法予以注销登记。后原告王某在未办理《营业执照》《采矿许可证》等其他相关证照的情况下即以其个人名义对涉案砖厂从事生产经营。其非法采矿行为严重影响了乙县生产经营秩序和生态环境。2015 年 10 月 28 日被告乙县人民政府再次下发了《关于依法关闭取缔非法机砖厂的公告》，2016 年 5 月 16 日又下发了《关于对乙县 A 机砖厂非法占地及地上设施予以拆除的通知》，这些通知、处罚、公告内容较为明确，均给予原告较为充足的停止非法采矿及自行拆除的期限，但原告未按规定的期限自行拆除。本案涉及环境保护问题，减少环境污染是公民、法人、其他组织应当承担的社会责任。原告未及时停产、自行拆除止损，该行为对环境整治产生不良社会影响，亦存在不遵守执法检查和不纠正违法行为等情形。2015 年 10 月 28 日被告乙县人民政府在强制拆除前下发《关于依法关闭取缔非法机砖厂的公告》，并明确告知原告享有陈述、申辩权和申请复议、提起诉讼等程序权利。在此期间，被告人民政府多次与原告协商、评估，并做了调查、现场确认、制作表册、核实建筑内财产状况等工作。原告王某长期从事违法生产经营，且不予配合整改，同时因国家政策的调整，情势发生重大变化，按照国家政策，原告砖厂已成为淘汰产业，依法应当关闭，且不予补偿。

四、类案裁判规则的解析确立

1. 取得安全生产许可证可以有效保障非煤矿矿山企业的生产经营安全。取得许可证意味着已经满足国家对于安全生产的要求，具备一定的安全管理体系和安全措施，所以未取得安全生产许可证进行生产的非煤矿矿山企业因未履行法律规定的相关义务，需要给予行政处罚。

2. 行政机关应当认真审核向其提起申请的非煤矿矿山企业的材料，对于符合相关要求的，颁发安全生产许可证，不得以其他理由不予颁发。

五、关联法律法规

（一）《非煤矿矿山企业安全生产许可证实施办法》（2015 年修正）

第十六条　（三）申请材料不齐全或者不符合要求的，应当当场或者在 5个工作日内一次性书面告知申请人需要补正的全部内容，逾期不告知的，自收到申请材料之日起即为受理；（四）申请材料齐全、符合要求或者依照要求全部补正的，自收到申请材料或者全部补正材料之日起为受理。

（二）《非煤矿矿山企业安全生产许可证实施办法》（2015 年修正）

第十七条　安全生产许可证颁发管理机关应当依照本实施办法规定的法定条件组织，对非煤矿矿山企业提交的申请材料进行审查，并在受理申请之日起45 日内作出颁发或者不予颁发安全生产许可证的决定。安全生产许可证颁发管理机关认为有必要到现场对非煤矿矿山企业提交的申请材料进行复核的，应当到现场进行复核。复核时间不计算在本款规定的期限内。对决定颁发的，安全生产许可证颁发管理机关应当自决定之日起 10 个工作日内送达或者通知申请人领取安全生产许可证；对决定不予颁发的，应当在 10 个工作日内书面通知申请人并说明理由。

（三）《非煤矿矿山企业安全生产许可证实施办法》（2015 年修正）

第八条　非煤矿矿山企业申请领取安全生产许可证，应当提交下列文件、资料：（一）安全生产许可证申请书；（二）工商营业执照复印件；（三）采矿许可证复印件；（四）各种安全生产责任制复印件；（五）安全生产规章制度和操作规程目录清单；（六）设置安全生产管理机构或者配备专职安全生产管理人员的文件复印件；（七）主要负责人和安全生产管理人员安全资格证书复印件；（八）特种作业人员操作资格证书复印件；（九）足额提取安全生产费用的证明

矿山安全类案甄别与裁判规则确立

材料；（十）为从业人员缴纳工伤保险费的证明材料；因特殊情况不能办理工伤保险的，可以出具办理安全生产责任保险的证明材料；（十一）涉及人身安全、危险性较大的海洋石油开采特种设备和矿山井下特种设备由具备相应资质的检测检验机构出具合格的检测检验报告，并取得安全使用证或者安全标志；（十二）事故应急救援预案，设立事故应急救援组织的文件或者与矿山救护队、其他应急救援组织签订的救护协议；（十三）矿山建设项目安全设施验收合格的书面报告。

（四）《非煤矿矿山企业安全生产许可证实施办法》（2015 年修正）

第四十二条 非煤矿矿山企业有下列行为之一的，责令停止生产，没收违法所得，并处 10 万元以上 50 万元以下的罚款：（一）未取得安全生产许可证，擅自进行生产的；（二）接受转让的安全生产许可证的；（三）冒用安全生产许可证的；（四）使用伪造的安全生产许可证的。

对于安全生产许可证有效期满按照规定履行延期义务的非煤矿矿山企业不应给予行政处罚；因行政处罚吊销安全生产许可证仍继续生产的，应承担相应的法律责任

矿山安全类案甄别与裁判规则确立

一、聚焦司法案件裁判观点

▉ 争议焦点

对于安全生产许可证有效期满未办理延期手续而继续生产的非煤矿矿山企业，是否应当给予行政处罚？

▉ 裁判观点

非煤矿矿山企业是生产型企业，其生产活动涉及大量的人员和设备，如果生产安全措施不到位，很容易发生事故，对人员、财产造成严重损害。实施非煤矿矿山企业安全生产许可证，可以使企业加强对生产安全的管理和监督，有效防范事故的发生。安全生产许可证到期未办理延期手续而继续生产的非煤矿矿山企业，在有关部门督促之下，仍没有履行延期义务的，应当给予行政处罚。

二、司法案例样本对比

样本案例一

A市某公司诉B省应急管理厅、B省人民政府案

• 当事人

原告：A市某公司。

法定代表人：杨某，总经理。

被告：B省应急管理厅，住所地C市丙区。

负责人：咸某，厅长。

被告：B省人民政府，住所地C市丙区。

法定代表人：唐某，省长。

200

• **基本案情**

A 市某公司的安全生产许可范围为石灰石露天开采，安全生产许可证有效期为 2014 年 1 月 5 日至 2017 年 1 月 4 日，颁发机关为 B 省安监局。2017 年 8 月 23 日，A 市经济区安监局向 A 市安监局上报《关于 A 市××矿业有限公司等 2 家企业注销非煤矿矿山安全生产许可证的请示》，请示内容为：我区 2 家非煤矿矿山企业（A 市××矿业有限公司、A 市某石灰石开发有限公司）因非煤矿矿山安全生产许可证到期，至今未延期换证，请示上级安全生产监督管理部门予以注销安全生产许可证。2017 年 9 月 11 日，A 市安监局向 B 省安监局上报《关于注销 A 市××采石有限公司等 24 家非煤矿矿山企业安全生产许可证的请示》，请示内容为：近期，我市新区安监局、经济区安监局、F 市安监局分别向我局提交了注销非煤矿矿山安全生产许可证的请示，依据《非煤矿矿山企业安全生产许可证实施办法》（2015 年修正）的有关规定，提请省安监局依法对以上 3 个地区的 24 家非煤矿矿山企业注销其安全生产许可证。2017 年 9 月 20 日，B 省安监局作出《关于注销 A 市××采石有限公司等 24 家非煤矿矿山企业安全生产许可证的批复》，同意注销包括 A 市某公司在内共计 24 家非煤矿矿山企业安全生产许可证。

A 市某公司不服，于 2017 年 5 月 21 日向省政府邮寄复议申请，省政府于 2017 年 5 月 24 日依法受理，同日向 B 省原安监局送达《行政复议答复通知书》，省政府于 2017 年 7 月 23 日作出《延期审理通知书》并邮寄送达 A 市某公司。2017 年 7 月 26 日，省政府作出行政复议决定书，维持 B 省安监局于 2017 年 9 月 20 日作出的《关于注销 A 市××采石有限公司等 24 家非煤矿矿山企业安全生产许可证的批复》中注销 A 市某公司安全生产许可证的行为，A 市某公司不服，起诉来院。

另查明，根据《B 省机构改革方案》，将省安监局的职责，以及省政府办公厅的应急管理职责，省公安厅的消防管理职责，省民政厅的救灾职责，相关机构的地质灾害防治、水旱灾害防治、草原防火、森林防火、震灾应急救援等相关职责，防汛抗旱、减灾、抗震救灾、森林草原防火等指挥部（委员会）的职责整合，组建省应急管理厅，作为省政府组成部门，按中央有关改革部署实施，不再保留省安监局。

• **案件争点**

被告注销原告安全生产许可证的行为是否合法。

· 裁判要旨

根据《非煤矿矿山企业安全生产许可证实施办法》（2015 年修正）第四条"国家安全生产监督管理总局指导、监督全国非煤矿矿山企业安全生产许可证的颁发管理工作，负责海洋石油天然气企业安全生产许可证的颁发和管理。省、自治区、直辖市人民政府安全生产监督管理部门（以下简称省级安全生产许可证颁发管理机关）负责本行政区域内除本条第一款规定以外的非煤矿矿山企业安全生产许可证的颁发和管理"的规定，省应急厅（B 省原安全生产监督管理局）作为 B 省人民政府安全生产监督管理部门，具有对 A 市某公司的安全生产许可证进行颁发和管理的法定职权。根据《中华人民共和国行政复议法》（2017 年修正，已被修改）第三条、第十二条的规定，省政府具有作出行政复议决定的法定职权。

《安全生产许可证条例》（2014 年修订）第九条规定"安全生产许可证的有效期为 3 年。安全生产许可证有效期满需要延期的，企业应当于期满前 3 个月向原安全生产许可证颁发管理机关办理延期手续"。《非煤矿矿山企业安全生产许可证实施办法》（2015 年修正）第十九条规定"安全生产许可证的有效期为 3 年。安全生产许可证有效期满后需要延期的，非煤矿矿山企业应当在安全生产许可证有效期届满前 3 个月向原安全生产许可证颁发管理机关申请办理延期手续，并提交下列文件、资料：（一）延期申请书；（二）安全生产许可证正本和副本；（三）本实施颁发第二章规定的相应文件、资料……"。《中华人民共和国行政许可法》第七十条规定"有下列情形之一的，行政机关应当依法办理有关行政许可的注销手续：（一）行政许可有效期届满未延续的……"。本案中，A 市某公司的安全生产许可证的有效期为 2014 年 1 月 5 日至 2017 年 1 月 4 日，按照上述规定，其应当在安全生产许可证有效期届满前 3 个月向 B 省安监局申请办理延期手续并提交相关文件，但在庭审中，A 市某公司自述其未向 B 省安监局提交相关文件申请办理安全生产许可证延期手续，据此，省应急厅（B 省原安监局）在 A 市某公司的安全生产许可证有效期届满后予以注销，并作出涉及注销 A 市某公司生产许可证在内的《关于注销 A 市××采石有限公司等 24 家非煤矿矿山企业安全生产许可证的批复》认定事实清楚，适用法律、法规正确。《非煤矿矿山企业安全生产许可证实施办法》（2015 年修正）第三十三条第一款规定"县级以上地方人民政府安全生产监督管理部门负责本行政区域内取得安全生产许可证的非煤矿矿山企业的日常监督检查，并将监督检查中发现的问题及时报告安全生产许可证颁发管理机关。中央管理的非煤矿矿山企业由设区的市级以上地方人民政府安全生产监督管理部门负责日常监督检查"。本案中，A 市经济区安监局向 A 市安监局提出《关于 A 市××矿业有限公司等 2 家企业注销非煤矿矿山安全生产许可证的请示》，后 A 市安监局向 B 省安监局提出《关于注销 A 市××采石有限公司等 24 家非煤矿矿山企业安全生产许可证的请示》，由 B 省安监局作出《关于注销 A 市××采石有限公司等 24 家非煤矿矿山企业安全生产许可证的批复》，符合法定程序。经审查，省政府提供的证据能够证明其作出的复议认定事实正确，程序合法。

关于 A 市某公司的起诉是否超过起诉期限的问题。《中华人民共和国行政诉讼法》（2017 年修正）第四十五条规定，公民、法人或者其他组织不服复议决定的，可以在收到复议决定书之日起十五日内向人民法院提起诉讼。复议机关逾期不作决定的，申请人可以在复议期满之日起十五日内向人民法院提起诉讼，法律另有规定的除外。

综上所述，A 市某公司要求撤销《关于注销 A 市××采石有限公司等 24 家非煤矿矿山企业安全生产许可证的批复》中注销其安全生产许可证的行为及行政复议决定的诉讼请求，无事实及法律依据，法院不予支持。

样本案例二

甲县某矿业有限公司与 A 市应急管理局、A 市人民政府地质矿产行政管理（地矿）案

• 当事人

原告：甲县某矿业有限公司。

法定代表人：高某，总经理。

被告：A 市应急管理局（以下简称市应急局）。

法定代表人：黄某，局长。

被告：A 市人民政府。

法定代表人：班某，市长。

• 基本案情

经审理查明，2018 年 4 月 23 日，原告的建筑石料用矿段石灰岩矿采矿许可证有效期届满，甲县国土资源局向原告发出《关于甲县某矿区建筑石料用矿段石灰岩矿停止开采的通知》、甲县应急管理局向原告发出《责令停产通知书》。

2019 年 3 月 12 日，被告市应急局执法人员在原告某生产线处发现有无证开采石灰石料的违法行为，即原告雇佣挖掘机手田某，于 2019 年 3 月 12 日中午 12 时许在某生产线处驾驶原告所有的型号为"323D"的小炮机对矿山边坡上的部分石料进行开采及破碎，且出售违法生产石料所得超过 1000 元。2019 年 3 月 21 日，被告市应急局向丙自治区应急厅申请，将原告非法生产的行政处罚案件交由被告市应急局管辖处理。3 月 26 日，丙自治区应急厅批复，同意由被告市应急局对原告非法生产的案件进行处理。3 月 29 日，甲县应急管理局向原告发出《甲县应急管理局关于注销甲县某矿业有限公司非煤矿矿山企业安全生产许可证的通知》："你公司的非煤矿矿山安全生产许可证于 2019 年 1 月 5 日到期。在未重新取得非煤矿矿山企业采矿许可证和安全生产许可证之前，不得从事生产经营活动。"当天，甲县应急管理局就注销了原告的安全生产许可证。2019 年 5 月 27 日，被告市应急局作出行政处罚决定书，决定"给予甲县某矿业有限公司责令停止生产（在延期手续完成前不得生产），没收违法所得人民币壹仟圆（1000.00 元），并处人民币柒万圆（70000.00）处罚的行政处罚"。原告不服，向被告市人民政府提起行政复议。2019 年 6 月 21 日，被告市人民政府受理原告提出的行政复议申请。2019 年 10 月 16 日，被告市人民政府作出维持原处罚的行政处罚决定书，于 2019 年 10 月 22 日送达原告。原告不服两被告作出的决定，后诉至法院。

另查明，在联系不上雇佣挖掘机手的原告甲县某矿业有限公司总经理高某，且未取得原告公司其他高层同意的情况下，田某等人将违法生产的石料出售，并将所得大部分用于原告某公司偿还机械贷款、人工费、水电费、饭费等。

• **案件争点**

被告对于原告未对已经到期的安全生产许可证进行延期申请的行政处罚行为是否合法？

• **裁判要旨**

根据《安全生产许可证条例》（2014 年修订）第二十三条和《安全生产违法行为行政处罚办法》（2015 年修正）第十条的规定，被告市应急局经请示丙自治区应急厅批复，同意将原告非法生产的行政处罚案件交由被告市应急局管辖处理，被告市应急局具有对违反安全生产的行为给予行政处罚的职权；原告在 2018 年 4 月 23 日后已不再具有矿山开采的资格。2019 年 3 月 12 日，田某对矿山边坡上的部分石料进行开采及破碎，并将石料出售。田某是甲县某矿业有限公司员工，公司每日支付给他工资200元，田某所用的机械、燃油都是公司的，出售石料所得用于偿还机械贷款、人工费、水电费、饭费等，被告根据证照过期、有关人员的讯问笔录、现场录像照片等认定原告在本案中存在违法行为，且该违法行为是原告某公司的行为而非田某个人行为，证据充分、事实清楚；通过执法巡查发现违法情况后，被告依法进行了立案、立案审批调查、询问检查、案件移送、告知听证、集体讨论、按时送达处罚决定书、告知复议及起诉权利和期限，被告市应急局作出行政处罚行为程序合法；被告市应急局根据《安全生产许可证条例》（2014年修订）第二条、第九条、第二十条规定责令原告停止生产、没收违法所得、处以70000元罚款，适用法律法规正确，处罚适当。综上，被告市应急局作出的行政处罚行为证据充分，认定事实清楚，程序合法，实体处理恰当，适用法律正确，应予维持。同理，被告市人民政府的行政复议决定亦应一并维持。原告甲县某矿业有限公司的诉求无事实和法律依据，应予驳回。

三、司法案例类案甄别

（一）事实对比

样本案例一，A市某公司的非煤矿矿山安全生产许可证到期，未延期换证。A市经济区安全生产监督管理局向A市安全生产监督管理局上报，请示注销A市某公司的安全生产许可证。A市某公司不服，向省政府申请复议，省政府维持B省原安监局的决定。

样本案例二，甲县某矿业有限公司安全生产许可证到期后未进行延期，仍进行非法生产。甲县应急管理局注销了甲县某矿业有限公司的安全生产许可证，并且由相关部门给予行政处罚。甲县某矿业有限公司遂向A市人民政府申请复议，市人民政府维持了甲县应急管理局的决定。

（二）适用法律对比

样本案例一，根据《非煤矿矿山企业安全生产许可证实施办法》（2015年修正）第四条"国家安全生产监督管理总局指导、监督全国非煤矿矿山企业安全生产许可证的颁发管理工作，负责海洋石油天然气企业安全生产许可证的颁发和管理。省、自治区、直辖市人民政府安全生产监督管理部门（以下简称省级安全许可证颁发管理机关）负责本行政区域内除本条第一款规定以外的非煤矿矿山企业安全生产许可证的颁发和管理"的规定，省应急厅（B省原安全生产监督管理局）作为B省人民政府安全生产监督管理部门具有对A市某公司的安全生产许可证进行颁发和管理的法定职权。根据《中华人民共和国行政复议法》（2017年修正，已被修改）第三条、第十二条的规定，省政府具有作出行政复议决定的法定职权。

《安全生产许可证条例》（2014年修订）第九条规定"安全生产许可证的有效期为3年。安全生产许可证有效期满需要延期的，企业应当于期满前3个月向原安全生产许可证颁发管理机关办理延期手续"。《非煤矿矿山企业安全生产许可证实施办法》（2015年修正）第十九条规定"安全生产许可证的有效期为3年。安全生产许可证有效期满后需要延期的，非煤矿矿山企业应当在安全生产许可证有效期届满前3个月向原安全生产许可证颁发管理机关申请办理延期手续，并提交下列文件、资料：（一）延期申请书；（二）安全生产许可证正本和副本；（三）本实施颁发第二章规定的相应文件、资料……"。《中华人民共和国行政许可法》第七十条规定"有下列情形之一的，行政机关应当依法办理有关行政许可的注销手续：（一）行政许可有效期届满未延续的……"。本案中，A市某公司的安全生产许可证的有效期为2014年1月5日至2017年1月4日，按照上述规定，其应当在安全生产许可证有效期届满前3个月向B省安监局申请办理延期手续并提交相关文件，但在庭审中，A市某公司自述其未向B省安监局提交相关文件申请办理安全生产许可证延期手续。据此，省应急厅（B省原安监局）在A市某公司的安全生产许可证有效期届满后予以注销，并作出涉及注销A市某公司在内生产许可证的《关于注销A市××采石有限公司等24家非煤矿矿山企业安全生产许可证的批复》认定事实清楚，适用法律、法规正确。《非煤矿矿山企业安全生产许可证实施办法》（2015年修正）第三十三条第一款规定"县级以上地方人民政府安全生产监督管理部门负责本行政区域内取得安全生产许可证的非煤矿矿山企业的日常监督检查，并将监督检查中发现的问题及时报告安全生产许可证颁发管理机关。中央管理的非煤矿矿山企业由设区的市级以上地方人民政府安全生产监督管理部门负责日常监督检查"。本案中，A市经济区安监局向A市安监局提出《关于A市××矿业有限公司等2家企业注销非煤矿矿山安全生产许可证的请示》，后A市安监局向B省安监局提出《关于注销A市××采石有限公司等24家非煤矿矿山企业安全生产许可证的请示》，由B省安监局作出《关于注销A市××采石有限公司等24家非煤矿矿山企业安全生产许可证的批复》，符合法定程序。经审查，省政府提供的证据能够证明其作出的复议认定事实正确，程序合法。

样本案例二，根据《安全生产许可证条例》（2014 年修订）第二十三条和《安全生产违法行为行政处罚办法》（2015 年修正）第十条的规定，被告市应急局经请示丙自治区应急厅批复，同意将原告非法生产的行政处罚案件交由被告市应急局管辖处理，被告市应急局具有对违反安全生产的行为给予行政处罚的职权，原告在 2018 年 4 月 23 日后已不再具有矿山开采的资格。2019 年 3 月 12 日，田某对矿山边坡上的部分石料进行开采及破碎，并将石料出售。田某是甲县某矿业有限公司员工，公司每日支付给他工资 200 元，田某所用的机械、燃油都是公司的，出售石料所得用于偿还机械贷款、人工费、水电费、饭费等，被告根据证照过期、有关人员的讯问笔录、现场录像照片等认定原告在本案中存在违法行为，且该违法行为是原告某公司的行为而非田某个人行为，证据充分、事实清楚；通过执法巡查发现违法情况后，被告依法进行了立案、立案审批调查、询问检查、案件移送、告知听证、集体讨论、按时送达处罚决定书、告知复议及起诉权利和期限，被告市应急局作出行政处罚行为程序合法；被告市应急局根据《安全生产许可证条例》（2014 年修订）第二条、第九条、第二十条规定责令原告停止生产、没收违法所得、处以 70000 元罚款，适用法律法规正确，处罚适当。综上，被告市应急局作出的行政处罚行为证据充分，认定事实清楚，程序合法，实体处理恰当，适用法律正确，应予维持。同理，被告市人民政府的行政复议决定亦应一并维持。

四、类案裁判规则的解析确立

1. 安全生产许可证的有效期为 3 年。安全生产许可证有效期满后需要延期的，非煤矿矿山企业应当在安全生产许可证有效期届满前 3 个月向原安全生产许可证颁发管理机关申请办理延期手续，并提交相关文件。

2. 安全生产许可证颁发管理机关应当加强对非煤矿矿山企业安全生产许可证的监督管理，健全非煤矿矿山企业安全生产许可证信息管理制度，对于生产许可证有效期满未办理延期手续，继续进行生产的，责令停止生产，限期补办延期手续，没收违法所得，并处罚款；逾期仍不办理延期手续，继续进行生产的，依法给予行政处罚。

五、关联法律法规

（一）《非煤矿矿山企业安全生产许可证实施办法》（2015 年修正）

第十九条第一款　安全生产许可证的有效期为 3 年。安全生产许可证有效期满后需要延期的，非煤矿矿山企业应当在安全生产许可证有效期届满前 3 个月向原安全生产许可证颁发管理机关申请办理延期手续，并提交下列文件、资料：（一）延期申请书；（二）安全生产许可证正本和副本；（三）本实施办法第二章规定的相应文件、资料。

（二）《安全生产许可证条例》（2014 年修订）

第九条　安全生产许可证的有效期为 3 年。安全生产许可证有效期满需要延期的，企业应当于期满前 3 个月向原安全生产许可证颁发管理机关办理延期手续。企业在安全生产许可证有效期内，严格遵守有关安全生产的法律法规，未发生死亡事故的，安全生产许可证有效期届满时，经原安全生产许可证颁发管理机关同意，不再审查，安全生产许可证有效期延期 3 年。

安全生产许可证有效期届满前应依法
办理安全生产许可证延期手续，有权机关
对其中形式性内容应进行实质审核

一、聚焦司法案件裁判观点

■ 争议焦点

对于安全生产许可证有效期满未办理延期手续而继续生产的矿山企业，是否应当给予行政处罚？

■ 裁判观点

为了规范煤矿企业安全生产条件，加强煤矿企业安全生产许可证的颁发，我国制定了相关的实施办法。安全生产许可证的有效期为三年。安全生产许可证有效期满需要延期的，需要向原安全生产许可证颁发机关提出延期申请，并提交相关文件、资料等。而对于已经受理的延期申请，安全生产许可证颁发管理机关应当按照规定决定是否办理延期手续。对于安全生产许可证有效期满未申请办理延期手续，继续进行生产的，责令停止生产，限期办理延期手续，给予相关行政处罚；逾期仍不申请办理延期手续的，安全生产许可证颁发管理机关应当注销其安全生产许可证。

二、司法案例样本对比

样本案例一

甲省乙县 A 煤矿与甲煤矿安全监察局质量监督检验检疫行政管理：质量监督行政管理（质量监督）案

• 当事人

原告：甲省乙县 A 煤矿。

被告：甲煤矿安全监察局，法定代表人黄某，局长。

• 基本案情

原告在其煤矿安全生产许可证期限届满前，虽然在甲政务服务网新建了申请件，但并未进行确认和提交，即原告并未向甲煤矿安全监察局（以下简称省安监局）提交安全生产许可证延期申请。因此，省安监局在原告安全生产许可证有效期届满且未办理延期申请的情况下，依职权注销了原告的安全生产许可证并作出 100 号注销许可证通知，原告甲省乙县 A 煤矿（以下简称A 煤矿）不服被告省安监局注销其安全生产许可证一案，向法院提起行政诉讼。

• 案件争点

被告注销原告安全生产许可证的行为是否合法。

• 裁判要旨

根据《安全生产许可证条例》（2014 年修订）第三条第四款"在省、自治区、直辖市设立的煤矿安全监察机构负责前款规定以外的其他煤矿企业安全生产许可证的颁发和管理，并接受国家煤矿安全监察机构的指导和监督"的规定，被告省安监局作为甲省煤矿安全监察机构，负有甲省行政区域内非中央管理的煤矿企业安全生产许可证的颁发和管理的行政职责，具有注销安全生产许可证的行政职权。

原告在其煤矿安全生产许可证期限届满前，虽然在甲政务服务网新建了申请件，但并未进行确认和提交，即原告并未向省安监局提交安全生产许可证延期申请。因此，省安监局在原告安全生产许可证有效期届满且未办理延期申请的情况下，依职权注销了原告的安全生产许可证并作出 100 号注销许可证通知，认定事实清楚，符合《中华人民共和国行政许可法》（2019 年修正）第七十条第（一）项，以及《煤矿企业安全生产许可证实施办法》（已被修改）第二十九条 "取得安全生产许可证的煤矿企业有下列情形之一的，安全生产许可证颁发管理机关应当注销其安全生产许可证：……（四）安全生产许可证有效期满未申请办理延期手续"的规定。故原告提出被告注销安全生产许可证行为本身违法并要求采取补救措施的主张，事实及理由不成立，法院不予采纳。不过，根据行政程序一般性原则，被告既然注销原告安全生产许可证并采取了通知的方式，且该通知本身也载明了要抄送原告单位，故被告有义务将该注销结果告知原告。因本案被告并未提交证据证明其将该通知抄送了原告，故被告行政行为存在程序轻微违法问题。因该程序性轻微违法并未对原告权利造成实际影响，故不导致应对被告作出的 100 号注销许可证通知予以撤销。

样本案例二

甲省某矿业有限公司（某公司）与 B 县人民政府资源行政管理：能源行政管理（能源管理）案

• **当事人**

原告：甲省某矿业有限公司（某公司）。

法定代表人：赵某，总经理。

被告：B 县人民政府。

法定代表人：侯某，县长。

• **基本案情**

B 县某煤矿 2006 年办理营业执照，2006 年 12 月取得采矿许可证，有效期至 2015 年 12 月 7 日，期满后其先后向省国土资源厅、国土资源部申请采矿许可证延期均未获批准。2013 年 11 月其取得安全生产许可证，有效期至 2016 年 11 月，期满后申请延期未获批准。国家能源局 2014 年第 10 号公告记载：B 县某煤矿年生产能力为 45 万吨。

该煤矿因大量欠债、与周边村民矛盾，2015 年 5 月自行封闭井口停产，职工撤离，生产生活用电停止。同年 12 月 7 日采矿许可证到期，B 县国土资源局书面通知：责令停止一切井下采掘活动，待采矿许可证办理延期后，再依法组织生产。

2019 年 6 月 19 日，甲省人民政府办公厅印发《甲省煤炭产业高质量发展三年行动计划（2019—2021 年）》的通知，2019 年 8 月 19 日，国家发展改革委等发出《30 万吨/年以下煤矿分类处置工作方案》，2020 年 3 月 5 日甲省人民政府发出《关于整治煤炭行业加强煤矿安全生产的通知》，同年 5 月 18 日，甲省人民政府办公厅发出《关于推进全省煤炭行业整治工作的意见》。上述文件明确：非政策性停产超过 12 个月、非政策性停工超过 36 个月等长期停产停建的，列入直接关闭退出类，属于坚决关闭退出的煤矿。文件对工作程序提出了规范类别、排查甄别，制定方案、有序实施，依法公示、接受监督的要求，明确关闭退出时限为 2020 年 6 月 30 日。

为落实省政府的工作任务，B 县人民政府制定并印发《B 县整治煤炭行业加强煤矿安全生产工作方案》，成立领导小组，召开会议传达学习省政府的文件精神，对相关政策要求进行解读宣传，经反复论证，逐矿研究，提出退出保留煤矿和清退煤矿"两个清单"，逐级报经市、省煤矿整治领导小组审查同意，C 市能源局、B 县人民政府于 2020 年 5 月 6 日在政府信息公开网站上公示，B 县某煤矿被列入关闭退出煤矿清单，接受社会监督，公示期为 10 天。同时告知对公示内容有异议的，可向市、县煤矿整治领导小组办公室反映，并告知联系电话和地址。同年 8 月 17 日，B 县政府在政府网站发布《B 县2020 年直接关闭矿井名单公告》，根据文件精神，将某公司某煤矿直接关闭。同年 10 月，B 县政府采取措施关闭了某煤矿。

• 案件争点

被告对原告公告关闭退出的行为是否合法。

• 裁判要旨

《中华人民共和国煤炭法》（2016 年修正）第二十八条规定，关闭煤矿和报废矿井，应当依照有关法律、法规和国务院煤炭管理部门的规定办理。本案中的煤矿关闭退出属于在煤炭行业整治过程中的政策性关闭，应当适用国务院及其部委、甲省人民政府的规章及规范性文件对其予以审查。

根据甲省人民政府办公厅印发的《甲省煤炭产业高质量发展三年行动计划（2019—2021 年）》的通知和国家发展改革委等制定的《30 万吨/年以下煤矿分类处置工作方案》，甲省人民政府发出的《关于整治煤炭行业加强煤矿安全生产的通知》，甲省人民政府办公厅发出《关于推进全省煤炭行业整治工作的意见》，对符合规定条件的煤矿由地方人民政府予以关闭，明确了总体要求、主要任务、实施步骤、保障措施以及关闭的条件和程序。

根据上述文件规定，B 县人民政府是煤矿整治工作的责任主体，有权对辖区内符合关闭条件的煤矿进行关闭。

甲省人民政府《关于整治煤炭行业加强煤矿安全生产的通知》、甲省人民政府办公厅发出的《关于推进全省煤炭行业整治工作的意见》均明确，非政策性停产超过 12 个月、非政策性停工超过 36 个月等长期停产停建的，列入直接关闭退出类。B 县某煤矿 2015 年 5 月自行封闭井口停产，同年 12 月 7 日采矿许可证到期，依法被责令停止一切井下采掘活动。至 2020 年 5 月煤矿清理整治时，停工停产近 5 年，符合上述关于煤矿关闭退出的条件。B 县政府的关闭公告事实清楚，符合政策要求。

B 县政府按照上述文件规定的程序，组织学习了有关政策，对辖区煤矿逐矿排查，逐级上报了退出保留煤矿和清退煤矿"两个清单"，经市、省煤矿整治领导小组审查，确定了关闭退出煤矿清单，后由 B 县政府公告公示，在接受监督的同时，给予被关闭煤矿陈述、申辩的权利，符合政策性关闭的基本程序和工作要求，程序正当。

关于被告提出该公告行为不可诉的理由，法院认为，B 县政府发布的《B 县 2020 年直接关闭矿井名单公告》，表面看具有告知的性质，但综合全案看，实质是对符合关闭政策的煤矿报经上级审核后作出的决定，且已经采取措施，实施了关闭行为，对原告的经营权、开采权等产生实际影响，其理由法院不予支持。

综上，B 县政府对 B 县某煤矿公告关闭退出的行政行为事实清楚、证据充分、程序正当。

三、司法案例类案甄别

（一）事实对比

样本案例一，原告在其煤矿安全生产许可证期限届满前，虽然在甲政务服务网新建了申请件，但并未进行确认和提交，即原告并未向省安监局提交安全生产许可证延期申请。因此，省安监局在原告安全生产许可证有效期届满且未办理延期申请的情况下，依职权注销了原告的安全生产许可证并作出 100 号注销许可证通知。

样本案例二，B 县某煤矿 2006 年办理营业执照。2006 年 12 月取得采矿许可证，有效期至 2015 年 12 月 7 日，期满后其先后向省国土资源厅、国土资源部申请采矿许可证延期均未获批准。2013 年 11 月其取得安全生产许可证，有效期至 2016 年 11 月，期满后申请延期未获批准。国家能源局 2014 年第 10 号公告记载：B 县某煤矿年生产能力为 45 万吨。

该煤矿因大量欠债以及与周边村民的矛盾，2015 年 5 月自行封闭井口停产，职工撤离，生产生活用电停止。同年 12 月 7 日采矿许可证到期，B 县国土资源局书面通知：责令停止一切井下采掘活动，待采矿许可证办理延期后，再依法组织生产。

2020 年 8 月 17 日，B 县政府在政府网站发布《B 县 2020 年直接关闭矿井名单公告》，根据文件精神，将某公司某煤矿直接关闭。同年 10 月，B 县政府采取措施关闭了该煤矿。

（二）适用法律对比

样本案例一，根据《安全生产许可证条例》（2014 年修订）第三条第四款"在省、自治区、直辖市设立的煤矿安全监察机构负责前款规定以外的其他煤矿企业安全生产许可证的颁发和管理，并接受国家煤矿安全监察机构的指导和监督"的规定，被告省安监局作为甲省煤矿安全监察机构，负有甲省行政区域内非中央管理的煤矿企业安全生产许可证的颁发和管理的行政职责，具有注销安全生产许可证的行政职权。

样本案例二，根据甲省人民政府办公厅印发的《甲省煤炭产业高质量发展三年行动计划（2019—2021 年）》的通知和国家发展改革委等制定的《30 万吨/年以下煤矿分类处置工作方案》，甲省人民政府发出《关于整治煤炭行业加强煤矿安全生产的通知》，甲省人民政府办公厅发出《关于推进全省煤炭行业整治工作的意见》，对符合规定条件的煤矿由地方人民政府予以关闭，明确了总体要求、主要任务、实施步骤、保障措施以及关闭的条件和程序。

根据上述文件规定，B 县人民政府是煤矿整治工作的责任主体，有权对辖区内符合关闭条件的煤矿进行关闭。

四、类案裁判规则的解析确立

1. 矿山企业安全生产许可证的有效期为 3 年。安全生产许可证有效期满后需要延期的，矿山企业应当在安全生产许可证有效期届满前 3 个月向原安全生产许可证颁发管理机关申请办理延期手续，并提交相关文件。

2. 安全生产许可证颁发管理机关应当加强对矿山企业安全生产许可证的监督管理，健全矿山企业安全生产许可证信息管理制度，对于生产许可证有效期满未办理延期手续，继续进行生产的，责令停止生产，限期补办延期手续，没收违法所得，并处罚款；逾期仍不办理延期手续，继续进行生产的，依法给予行政处罚。

五、关联法律法规

（一）《煤矿企业安全生产许可证实施办法》（2017 年修正）

第十七条　安全生产许可证的有效期为 3 年。安全生产许可证有效期满需要延期的，煤矿企业应当于期满前 3 个月按照本实施办法第十条的规定，向原安全生产许可证颁发管理机关提出延期申请，并提交本实施办法第十一条规定的文件、资料和安全生产许可证正本、副本。

（二）《煤矿企业安全生产许可证实施办法》（2017 年修正）

第十八条　对已经受理的延期申请，安全生产许可证颁发管理机关应当按照本实施办法的规定办理安全生产许可证延期手续。

（三）《煤矿企业安全生产许可证实施办法》（2017 年修正）

第二十九条　取得安全生产许可证的煤矿企业有下列情形之一的，安全生产许可证颁发管理机关应当注销其安全生产许可证：（一）终止煤炭生产活动的；（二）安全生产许可证被依法撤销的；（三）安全生产许可证被依法吊销的；（四）安全生产许可证有效期满未申请办理延期手续的。

（四）《煤矿企业安全生产许可证实施办法》（2017 年修正）

第四十一条　在安全生产许可证有效期满未申请办理延期手续，继续进行生产的，责令停止生产，限期补办延期手续，没收违法所得，并处 5 万元以上10 万元以下的罚款；逾期仍不申请办理延期手续，依照本实施办法第二十九条、第四十条的规定处理。

盗采情形中，非法采矿罪和危险作业罪并非必然竞合，无安全隐患的非法采矿行为仅构成非法采矿罪，较小规模的非法开采仅构成危险作业罪

一、聚焦司法案件裁判观点

■ 争议焦点

非法开采矿物资源，在什么情况下被认定为非法采矿罪，在什么情况下被认定为危险作业罪，二者之间如何从犯罪行为、犯罪结果等方面区分是本规则讨论的焦点。

非法采矿罪是指违反矿产资源法的规定，未取得采矿许可证擅自采矿，擅自进入国家规划矿区、对国民经济具有重要价值的矿区和他人矿区范围采矿，或者擅自开采国家规定实行保护性开采的特定矿种，情节严重的行为。危险作业罪存在三种行为类型，其中最为核心的构成要件是特定不法行为引起重大事故隐患，重大事故隐患具有引起重大事故发生的现实、紧迫危险。

由于这两个罪名都存在未经批准许可而进行盗采的情况，因此需要进一步区分行为是否"具有造成重大伤亡事故或者其他严重后果的现实危险"，而对于"现实危险"的判断需要从一般人的生活经验法则出发，必须结合行为实施当时的各种客观实际情况，比如环境、行为对象、行为所引起的外界变动等因素。如果能得出"有这样的危险行为，就会有后续的'发生重大伤亡事故或者其他严重后果'"的肯定的结论，那么就构成危险作业罪。反之，则不能作此认定。

■ 裁判观点

1. 在违反矿产资源法的情况下非法采矿，无证开采或者擅自开采，情节严重的，构成非法采矿罪。

2. 非法采矿过程中，在不规范开采行为未采取安全防范措施而导致具有现实危险性，并且无法认定为非法采矿罪的情形下，认定为危险作业罪，侧重于预防重大安全事故发生。

3. 关于"现实危险性"的认定：在进行非法采矿的过程中，由于不规范的生产过程，开采形成的高陡边坡具有安全隐患，具有发生重大伤亡事故或者其他严重后果的现实危险，从而影响不特定多数人的安全。

二、司法案例样本对比

样本案例一
李某、宸某等非法采矿罪案

• **基本案情**

某有限公司于 2007 年收购 Y 市某景区及某影视城，被告人李某系 Y 市某有限公司的法定代表人，负责经营景区和开发景区。

2020 年 6 月，被告人李某在该公司未取得开采手续的情况下，与 Y 区某书记柳某某商谈出售景区石料如何分成事宜。柳某某让被告人李某与某村副书记即被告人贾某具体协商，后被告人李某与被告人贾某、宸某经协商，由李某的公司负责监管，贾某负责采挖石料和销售，销售获利部分李某占 60%，贾某、宸某占 40%。实际采挖中，被告人贾某负责记账、与被告人李某经营的影视城公司对接，被告人宸某负责采挖、销售，被告人姬某及某某 2 负责放风（防止××办检查）、招呼工地。被告人宸某、姬某、贾某雇用铲车在 Y 区某镇某城内非法开采石料。2020 年 9 月 13 日，被告人贾某、宸某、姬某三人合伙出资购买了一辆新铲车继续开采石料至 12 月份案发，四被告人售出石料共计 300800 元。被告人李某共获利 122883.6 元，并将所得获利上交其所在的某总公司。被告人贾某、宸某、姬某将获利用于归还车贷及铲车在采挖期间的各项开支。

2020 年 11 月，经 S 省某勘查局二一四地质队作出宸某、姬某、宸某 2、贾某在 Y 区某城内非法采矿的矿种、数量及开采未销售的数量鉴定意见书，结论为：宸某等人在 Y 区某城内非法采矿的矿种属于非金属矿产中的"山前洪积扇砂砾石层"矿种。宸某等人在 Y 区某城内非法开采未销售的山前洪积扇砂砾石层资源量为 376.97 立方米。

2020 年 12 月 30 日，Y 市 Y 区某局出具的关于宸某等人涉嫌非法采矿的情况说明：2018 年 8 月 Y 市人民政府办公厅发布实施的《Y 市矿产资源总体规划（2016—2020 年）》中将 Y 区生态环境综合整治保护区划为禁止开采区。宸某、贾某、姬某、宸某 2、李某均无采矿许可证，属非法开采；所采挖的混料可作为建筑用砂。

2021 年 1 月 13 日，Y 市 Y 区某局出具的关于宸某等人涉嫌非法采矿矿种的认定报告：根据《中华人民共和国矿产资源法实施细则》附件《矿产资源分类》认定，涉案 1 号、2 号两处采矿点的矿种为非金属矿产类，属建筑用砂，其矿石赋存在第四系冲、洪积物层位中，岩性为粉砂土、粉土、砂砾石等。

2021 年 2 月 19 日，Y 市 Y 区价格认定中心作出认定结论书，认定价格结论为：认定的标的价格为 23079 元，其中山前洪积扇砂砾石层矿种原石（大石块）729.51m³，1.5 吨/m³，合 1094.265 吨，10 元/吨，认定价格 10942.65元；山前洪积扇砂砾石层矿种成品料（混料）899.02m³，1.5 吨/m³，合1348.53 吨，9 元/吨，认定价格 12136.77 元。

2020 年 12 月 9 日，非煤矿山执法纠察队将涉案的 30 铲车一辆、50 铲车一辆交给 Y 区某停车场。2021 年 4 月 13 日，Y 市某分局从被告人宸某处扣押2443 吨石料，特征为：原石 729.51m³，合 1094.265 吨，成品料 899.02m³，合1348.53 吨。

2020 年 12 月 9 日，Y 市某分局民警电话通知李某到某分局办案场所接受调查，接到电话后李某来 Y 市某分局接受调查，后被取保候审。当日，Y 市某分局在 Y 区某城内将宸某、姬某抓获，在镇委会将贾某抓获。

在审查起诉阶段，被告人李某、宸某、贾某、姬某自愿认罪认罚，并签署了认罪认罚具结书，知悉并认可 Y 市 Y 区人民检察院的量刑建议，对公诉机关指控的犯罪事实、罪名及量刑建议均无异议，在开庭审理中亦无异议。

审理中，被告人李某已主动缴纳罚金 20000 元，被告人宸某、贾某、姬某已分别缴纳罚金 10000 元。

案件争点：被告人李某、宸某、贾某、姬某是否构成非法采矿罪。

• 裁判结果

法院认为，被告人李某、宸某、贾某、姬某违反矿产资源法的规定，未取得采矿许可证擅自采矿，被告人李某、宸某、贾某、姬某的行为已构成非法采矿罪，依法均应负刑事责任。四被告人系共同犯罪。公诉机关指控四被告人的犯罪事实清楚，证据确实、充分，罪名成立，法院予以支持。

被告人李某主动到案后能如实供述自己的犯罪事实，系自首，依法对被告人李某从轻处罚；被告人李某自愿认罪认罚，并签署了认罪认罚具结书，本案适用认罪认罚从宽制度，依法对被告人李某从宽处理。

被告人宸某、贾某、姬某到案后均能如实供述自己的犯罪事实，系坦白，依法对三被告人从轻处罚；被告人宬某、贾某、姬某均自愿认罪认罚，并签署了认罪认罚具结书，本案适用认罪认罚从宽制度，依法对三被告人从宽处理。

被告人李某的辩护人建议对李某免予刑事处罚；被告人宬某的辩护人所提宬某系从犯，建议判处免予刑事处罚；被告人姬某的辩护人所提被告人姬某不构成非法采矿罪的辩护意见，与审理查明的事实不符，法院不予采纳；其余从轻处罚的辩护意见，法院予以采纳。

公诉机关建议判处被告人李某有期徒刑一年二个月，并处罚金；被告人宬某有期徒刑一年，并处罚金；被告人贾某有期徒刑一年，并处罚金；被告人姬某有期徒刑一年，并处罚金的量刑建议适当，法院予以采纳。追缴四被告人的违法所得，依法予以没收，上缴国库。未随案移送的财物，由扣押机关依法予以没收，上缴国库。结合 Y 区司法局的调查评估意见，对被告人李某、宬某、贾某、姬某宣告缓刑，对其所在社区无重大不良影响，可对其宣告缓刑。综上，根据四被告人的犯罪事实、犯罪性质、情节和对社会的危害程度，依据《中华人民共和国刑法》（2020 年修正，已被修改）第三百四十三条第一款、第二十五条、第五十二条、第五十三条、第六十一条、第六十四条、第六十七条、第七十二条、第七十三条，《中华人民共和国刑事诉讼法》（2018 年修正）第十五条、第二百零一条之规定，判决被告人李某犯非法采矿罪，判处有期徒刑一年二个月，缓刑二年，并处罚金二万元。被告人宬某犯非法采矿罪，判处有期徒刑一年，缓刑一年，并处罚金一万元。被告人贾某犯非法采矿罪，判处有期徒刑一年，缓刑一年，并处罚金一万元。被告人姬某犯非法采矿罪，判处有期徒刑一年，缓刑一年，并处罚金一万元。依法追缴被告人李某的违法所得 122883.6 元，予以没收，上缴国库。未随案移送的 30 铲车一辆、50 铲车一辆，由扣押机关依法予以没收，上缴国库。未随案移送的石料 2443 吨，由扣押机关 Y 市某分局依法予以没收，上缴国库。

样本案例二

李某某、杨某某等非法采矿罪案

• 基本案情

2011 年以来，被告人周某某纠集被告人杨某某、李某某等人在 C 社区沿山一带非法开采埋藏在土层浅部原始自然赋存状态下的露头煤层，非法获利数额巨大，严重毁坏生态环境。2018年12月22日，经C市D区森林公安局委托S林业司法鉴定中心鉴定，周某某、杨某某、李某某等人在C社区朝天洞涉嫌占用林地的面积为0.6689公顷，根据林地变更数据库推算林木蓄积为23.8615立方米，价值人民币11196元；在C社区沙树林涉嫌占用林地的面积为0.0723公顷，根据林地变更数据库推算林木蓄积为1.4221立方米，价值人民币667元；在T村涉嫌占用林地的面积为0.6764公顷，根据林地变更数据库推算林木蓄积为4.65立方米，林木价值为人民币1990元。因非法采矿共占用林地面积1.4176公顷，造成29.9336立方米林木损毁，价值人民币13853元。2019年12月26日，经X大学司法鉴定所鉴定，周某某单独或伙同李某某、杨某某等人先后在C社区朝天洞1号、沙树林、原Y监狱三中队等区域，以煤矸石采挖为目的，造成了六处采挖点、累计19.9595亩林地的生态环境损害，给国家造成损失1133282.32元。

（一）周某某、杨某某非法采矿的犯罪事实

2013年至2017年，被告人周某某雇佣挖掘机、铲车等大型机械，安排被告人杨某某负责现场指挥及管理，二被告人在C社区朝天洞、原Y监狱三中队附近、沙树林等地非法开采原始自然赋存状态下的露头煤层的同时，被告人周某某还向范某1、黄某2、雷某1、李某5、曾某2等人购买了28.737万元煤矸石，并将上述购买的煤矸石及自己非法开采出来的煤矸石混合后卖给他人，共获赃款210万元。具体犯罪事实如下。

1.2015年5月至2017年11月，被告人周某某伙同杨某某雇佣挖掘机将非法开采的煤矸石销售给S省A县周某1的××砖厂，获赃款107.3万元。

2.2017年4月至11月，被告人周某某伙同杨某某将非法开采的煤矸石销售给S省A县蒋某2、田某1的××县××砖厂，获赃款83.7万元。

3.2017年，被告人周某某伙同杨某某将非法开采的煤矸石销售给N砖厂的肖某1，获赃款5万元。

4.2017年3月至2018年2月，被告人周某某伙同杨某某将非法开采的煤矸石销售给××市××区唐某1的砖厂，获赃款6万元。

5.2013年至2017年，被告人周某某伙同杨某某将非法开采的煤矸石销售给王某1的建材有限公司，获赃款8万元。

6.2017年6月9日，D区国土资源和房屋管理局执法支队将周某某存放在C社区及K加油站对面空地的煤矸石依法予以证据保存。经检测，上述煤矸石总方量为 2963.4 平方米，5722.3 吨。2017 年 12 月 6 日，经 L 资产房地产土地评估有限公司评估，上述煤矸石价值 41.8758 万元。2018 年 3 月 5 日，C 市公安局 S 分局依法将周某某存放的煤矸石 5722.3 吨予以扣押。经 D 区人民政府批准，2018 年 4 月 3 日，上述扣押的煤矸石经公开拍卖，拍卖价格为 42.34502 万元，该款已由区政府处置。

（二）周某某、杨某某、李某某非法采矿的犯罪事实

1. 2012 年，被告人周某某伙同李某某、彭某 1 在 C 社区朝天洞非法开采原始自然赋存状态下的露头煤层并卖给他人，获赃款人民币 6 万余元。

2. 2017 年 2 月 4 日起，被告人周某某伙同杨某某、李某某等人在 C 社区朝天洞一带非法开采原始自然赋存状态下的露头煤层。周某某负责开采的所有事务，李某某负责协调关系，杨某某负责开采现场。因破坏林地 1.1 亩，李某某于 2017 年 2 月 9 日被 D 区林业局罚款人民币 11005 元，李某某缴纳罚款 5000 元。

（三）李某某非法采矿的犯罪事实

2016 年下半年开始，被告人李某某伙同陈某 1 雇佣挖掘机在 S 区非法开采原始自然赋存状态下的砖瓦用页岩。因社员反映占用了土地，为了非法开采顺利进行，2017 年 6 月 12 日，陈某 1 与 T 村 7 组村民达成协议，T 村 7 组村民代表签字同意以 20 万元的价格出售砂石。2017 年 6 月 14 日，陈某 1 向 T 村 7 组支付了 5 万元的公路维修费押金。2018 年 2 月，陈某 1 向 T 村 7 组支付了 5000 元的公路维护费。非法开采期间，李某某和陈某 1 将非法开采出来的砖瓦用页岩通过货车驾驶员徐某 1 销售到唐某 2 的机砖厂和刘某 1 的机砖厂，获赃款人民币 63.86 万元。经 C 市地质矿产研究院鉴定，李某某、陈某 1 开采 T 村 7 组的砖瓦用煤矸石系砖瓦用页岩，鉴定价值为 47.1096 万元。因此次非法采矿，2017 年 6 月 26 日，D 区国土资源和房屋管理局对陈某 1 没收违法所得人民币 3000 元，并处罚款人民币 1 万元。

• 案件争点

被告人周某某、杨某某、李某某是否构成非法采矿罪？

被告人周某某伙同他人违反矿产资源法的规定，未取得采矿许可证而擅自采矿，非法开采原始自然赋存状态下的矿石，价值巨大，给生态环境造成严重

破坏，损害数额达 1133282.32 元，情节特别严重；被告人周某某在共同实施非法采矿中起主要作用，系主犯；周某某在妨害公务案中受过行政拘留七日的处罚，该期限应折抵刑期。

被告人杨某某伙同他人违反矿产资源法的规定，未取得采矿许可证而擅自采矿，非法开采原始自然赋存状态下的矿石，价值巨大，给生态环境造成严重破坏，损害数额达 1133282.32 元，情节特别严重；在非法采矿中，被告人杨某某受周某某安排负责指挥矿石的开采、运输，系从犯，应从轻或减轻处罚，法院决定对其适用减轻处罚；杨某某在妨害公务案中受过行政拘留七日的处罚，该期限应折抵刑期。

被告人李某某伙同他人违反矿产资源法的规定，未取得采矿许可证而擅自采矿，给生态环境造成严重破坏，其与陈某 1 非法开采砖瓦用页岩矿获赃款 63.86 万元，属情节特别严重，其行为已构成非法采矿罪。被告人李某某到案后能如实供述自己的罪行，可依法从轻处罚。

关于杨某某的辩护人提出，杨某某并不是周某某的合伙人，只是周某某雇佣的人，不构成非法采矿罪的辩护意见，经查，被告人杨某某明知周某某系非法采矿，仍然愿意负责现场指挥，系管理者，应构成非法采矿罪，对辩护人的该辩护意见法院不予采纳。

关于被告人李某某的辩护人提出，李某某非法采矿行为未达到情节特别严重的辩护意见，《最高人民法院、最高人民检察院关于办理非法采矿、破坏性采矿刑事案件适用法律若干问题的解释》（法释〔2016〕25 号，2016 年 12 月 1 日起施行）第十三条第一款规定：非法开采的矿产品价值，根据销赃数额认定；无销赃数额，销赃数额难以查证，或者根据销赃数额认定明显不合理的，根据矿产品价格和数量认定。本案中，扣除运费，李某某仅与陈某 1 合伙采矿的销赃数额就达 63.86 万元，已达到情节特别严重的情形，故对辩护人的该辩护意见法院不予采纳。

• 裁判结果

综合考量各被告人的犯罪事实、量刑情节，经法院审判委员会讨论决定，依照《中华人民共和国刑法》（2017 年修正，已被修改）三百四十三条第一款、第二百七十七条第一款、第二百九十二条第一款第四项、第二百九十三条第一款、第二十五条第一款、第二十六条、第二十七条、第六十七条第三款、第六十九条、第六十四条、第五十二条、第五十三条，《最高人民法院、最高人民检察院关于办理非法采矿、破坏性采矿刑事案件适用法律若干问题的解释》（法释

〔2016〕25 号，2016 年 12 月 1 日起施行）第三条、第十二条、第十三条之规定，判决被告人周某某犯非法采矿罪，判处有期徒刑三年六个月，并处罚金人民币二百万元；犯寻衅滋事罪，判处有期徒刑一年六个月；犯妨害公务罪，判处有期徒刑一年六个月；犯聚众斗殴罪，判处有期徒刑三年；数罪并罚，决定执行有期徒刑九年，并处罚金人民币二百万元。被告人李某某犯非法采矿罪，判处有期徒刑三年，并处罚金人民币七十万元。被告人杨某某犯非法采矿罪，判处有期徒刑一年六个月，并处罚金人民币八万元。犯妨害公务罪，判处有期徒刑一年六个月，数罪并罚，决定执行有期徒刑二年八个月，并处罚金人民币八万元。被告人周某某、杨某某于本判决后生效后十日内赔偿 Y 镇人民政府财物损失 939 元；被告人周某某于本判决生效后十日内退赔 S 公司华南分公司4800 元。

样本案例三

夏某某等危险作业案

• 基本案情

2021 年 4 月至 10 月，被告人殷某某与被告人宋某某共谋，在生产作业中违反有关安全管理的规定，在未经依法许可、不具备保障安全生产条件的情况下，擅自从事矿山开采的高度危险的生产作业活动。二被告安排被告人吴某某、朱某某、夏某某带领工人在 B 市 F 区已经封闭的煤矿进行盗采，具有发生重大伤亡事故或其他严重后果的现实危险。法院根据被告人殷某某、宋某某、吴某某、朱某某、夏某某的犯罪事实、犯罪性质、情节和对于社会的危害程度，认定五被告人构成危险作业罪并依法予以惩处，承担相应的刑事责任。

公诉机关：B 市 F 区人民检察院。

被告人：殷某某，男，1973 年 7 月 6 日出生。因涉嫌犯非法采矿罪，于2021 年 10 月 14 日被羁押，于 2021 年 11 月 19 日被逮捕。现羁押在 B 市 F 区看守所。

被告人：宋某某，男，1983 年 11 月 9 日出生。因涉嫌犯非法采矿罪，于2021 年 10 月 21 日被羁押，于 2021 年 11 月 23 日被逮捕。现羁押在 B 市 F 区看守所。

被告人：吴某某，男，1982 年 1 月 4 日出生。因涉嫌犯非法采矿罪，于 2021 年 10 月 12 日被羁押，于 2021 年 11 月 19 日被逮捕。现羁押在 B 市 F 区看守所。

被告人：朱某某，男，1966 年 4 月 19 日出生。因涉嫌犯非法采矿罪，于 2021 年 10 月 14 日被羁押，于 2021 年 11 月 19 日被逮捕。现羁押在 B 市 F 区看守所。

被告人：夏某某，男，1968 年 5 月 29 日出生。因涉嫌犯非法采矿罪，于 2021 年 10 月 17 日被羁押，2021 年 11 月 23 日被逮捕。现羁押在 B 市 F 区看守所。

• 案件争点

被告人殷某某、宋某某、吴某某、朱某某、夏某某在不构成非法采矿罪的情况下，是否构成危险作业罪？

• 裁判结果

法院认为，被告人殷某某、宋某某、吴某某、朱某某、夏某某在生产、作业中违反有关安全管理的规定，未经依法许可，擅自从事矿山开采的高度危险的生产作业活动，具有发生重大伤亡事故或其他严重后果的现实危险，其行为已构成危险作业罪，依法均应予惩处。B 市 F 区人民检察院指控被告人殷某某、宋某某、吴某某、朱某某、夏某某犯危险作业罪的事实清楚，证据确实、充分，指控罪名成立，法院予以支持。鉴于被告人殷某某自愿认罪认罚，依法可予以从宽处理。鉴于被告人宋某某、吴某某、朱某某、夏某某系坦白且自愿认罪认罚，依法可予以从轻处罚。被告人宋某某的辩护人关于被告人宋某某在共同犯罪中起辅助作用的辩护意见以及被告人夏某某的辩护人关于被告人夏某某系从犯的辩护意见，与在案证据不符，法院对上述辩护意见不予采纳。辩护人的其他相关辩护意见，法院酌予采纳。根据被告人殷某某、宋某某、吴某某、朱某某、夏某某犯罪的事实、犯罪的性质、情节和对于社会的危害程度，依照《中华人民共和国刑法》（2020 年修正，已被修改）第一百三十四条之一第（三）项，第六十七条第三款，第二十五条，第六十四条，第六十一条以及《中华人民共和国刑事诉讼法》（2018 年修正）第十五条之规定，判决被告人殷某某犯危险作业罪，判处有期徒刑十个月。被告人宋某某犯危险作业罪，判处有期徒刑九个月。被告人吴某某犯危险作业罪，判处有期徒刑八个月。被告人朱某某犯危险作业罪，判处有期徒刑八个月。被告人夏某某犯危险作业罪，判处有期徒刑八个月。随案移送物品，依法处理（清单另附）。

样本案例四
周某某、周某刑事一审刑事判决书

• 基本案情

2021 年 2 月 20 日至 3 月 18 日，被告人周某某、周某为牟取经济利益，受袁某雇佣在 Q 市采点进行非法采矿。在未取得矿产开采许可证和安全生产许可证的情况下，擅自从事矿山开采，在生产作业中亦未采取任何安全生产措施。经地质灾害危险性评估专业机构和安全生产专家评估认定，Q 山 1 号采点因非法开采形成高约 10—20m、倾角 60°—80° 的高陡边坡，边坡部分区域为开采形成的渣土堆砌而成，结构松散、稳定性较差，当受自然降雨及人类工程活动影响时，存在可能诱发滑坡、泥石流等安全隐患，威胁周边车辆、人员安全，所以具有发生重大伤亡事故或者其他严重后果的现实危险，其行为已构成危险作业罪，论罪应予处罚。

另查明，在公诉机关审查起诉阶段，被告人周某自愿认罪认罚，并签署认罪认罚具结书，被告人周某某在庭审中自愿认罪认罚，出庭公诉人对二被告人分别提出判处有期徒刑六至七个月的量刑建议。

• 案件争点

被告人周某某、周某是否构成危险作业罪。

• 裁判结果

法院认为，人民生命财产重于泰山，安全生产责任重大。2021 年 3 月 1 日施行的《中华人民共和国刑法修正案（十一）》将"危险作业罪"入刑，对安全生产领域未发生重大伤亡事故或者未造成严重后果，但具有现实危险性的违法行为追究刑事责任，旨在打击安全生产事前犯罪、防范化解重大安全风险，增强法治敬畏，遏制重特大事故发生。同时，矿产资源受国家法律保护。被告人周某某、周某为牟取经济利益，在未取得矿产开采许可证和安全生产许可证的情况下，擅自从事矿山开采，在生产作业中亦未采取任何安全生产措施，经地质灾害危险性评估专业机构和安全生产专家评估认定，具有发生重大伤亡事故或者其他严重后果的现实危险,其行为已构成危险作业罪,论罪应予处罚。公诉机关指控二被告人犯危险作业罪的罪名成立。在本案的共同犯罪中,被告人周某某、周某受他人雇用而进行非法开采的危险作业,系从犯,可依法从轻处罚,被告人周某某的作用大于被告人周某。鉴于二被告人归案后能如实供述其犯罪事实,并自愿认罪认罚,依法可从轻处罚。出庭公诉人所提对二被告人判处有期徒刑六至七个月的量刑建议适当,法院予以采纳。据此,依照《中华人民共和国刑法》(2020年修正,已被修改)第一百三十四条之一第(三)项、第二十五条第一款、第二十七条、第六十七条第三款,《中华人民共和国刑事诉讼法》(2018年修正)第十五条之规定,判决被告人周某某犯危险作业罪,判处有期徒刑七个月;被告人周某犯危险作业罪,判处有期徒刑六个月。

样本案例五
陈某某危险作业案

• **基本案情**

2021年3月17日至4月1日,被告人陈某某在未取得采矿许可证及安全生产许可证的情况下,在Q市D田进行非法采矿。2021年4月18日被告人陈某某被执法人员现场查获。经安全生产专家认定,Y山D田非法开采点已构成重大生产安全事故隐患。同时,经第三方专业机构认定,D田非法开采点因非法开采形成高5—15m、倾角60°—90°的较高陡边坡,边坡部分区域为开采堆渣形成,结构松散、稳定性较差,存在安全隐患,当受极端天气及人类工程活动影响时,存在可能诱发滑坡、泥石流等安全隐患,威胁过往车辆、人员安全。法院认定被告人陈某某擅自从事矿山开采,在生产作业中未采取任何安全生产措施,经评估认定具有发生重大伤亡事故或其他严重后果的现实危险,其行为已构成危险作业罪,应予相应处罚。

• **案件争点**

被告人陈某某是否构成危险作业罪。

• 裁判结果

法院认为，人民生命财产重于泰山，安全生产责任重大。2021 年 3 月 1 日施行的《中华人民共和国刑法修正案（十一）》将"危险作业罪"入刑，对安全生产领域未发生重大伤亡事故或者未造成严重后果，但具有现实危险性的违法行为追究刑事责任，旨在打击安全生产事前犯罪、防范化解重大安全风险，增强法治敬畏，遏制重特大事故发生。同时，矿产资源受国家法律保护。被告人陈某某为牟取经济利益，在未取得矿产开采许可和安全生产许可的情况下，擅自从事矿山开采，在生产作业中亦未采取任何安全生产措施，经地质灾害危险性评估专业机构和安全生产专家评估认定具有发生重大伤亡事故或者其他严重后果的现实危险，其行为已构成危险作业罪，论罪应予处罚。公诉机关指控被告人陈某某犯危险作业罪的罪名成立。鉴于其有自首情节，归案后能如实供述其犯罪事实，并自愿认罪认罚，依法可从轻处罚。公诉机关所提对被告人陈某某判处有期徒刑七个月的量刑建议适当，法院予以采纳。据此，依照《中华人民共和国刑法》（2020 年修正已修改）第一百三十四条之一第（三）项、第六十七条第一款、《中华人民共和国刑事诉讼法》（2018 年修正）第十五条之规定，判决被告人陈某某犯危险作业罪，判处有期徒刑七个月。

三、类案裁判规则的解析确立

2014 年修正的《中华人民共和国安全生产法》将第三条"安全生产管理，坚持安全第一、预防为主的方针"修改为"安全生产工作应当以人为本，坚持安全发展，坚持安全第一、预防为主、综合治理的方针，强化和落实生产经营单位的主体责任，建立生产经营单位负责、职工参与、政府监管、行业自律和社会监督的机制"。《中华人民共和国安全生产法》的上述修改，总体上将我国的安全生产监管模式以结果控制为主转变为过程控制和结果控制并重，通过监管关口前移实现减少事故隐患、有效防止生产安全事故发生的效果。

2016 年发布的《中共中央、国务院关于推进生产安全领域改革发展的意见》明确提出，研究修改《中华人民共和国刑法》有关条款，将生产经营过程中极易导致重大生产安全事故的违法行为列入《中华人民共和国刑法》调整范围。立法机关在总结实践经验的基础上，通过 2021 年 3 月 1 日施行的《中华人民共和国刑法修正案（十一）》，增设《中华人民共和国刑法》第一百三十四条之一，将三种典型的严重非法违法生产作业行为规定为犯罪。《最高人民法院、最高人民检察院关于执行〈中华人民共和国刑法〉确定罪名的补充规定（七）》（法释〔2021〕2号，2021年3月1日起施行）将新增的《刑法》第一百三十四条之一规定的罪名明确为危险作业罪。

作为《中华人民共和国刑法修正案（十一）》新增亮点罪名，危险作业罪出现的原因在于生产安全事故背后经常存在一个或者若干个隐患，而安全生产的相关理论和实践表明，只有坚持风险预控、关口前移，强化隐患排查治理，才能更有效地防范重特大生产安全事故的发生。为此刑法不仅仅局限于打击实际引发重大事故的违反安全管理规定的行为，还需要通过事先消灭事故隐患或者违章行为的方式来减少事故的发生，改善当下纠正隐患和违章行为的不乐观局面，起到从源头上防范生产安全事故的积极作用，达到防患于未然的效果。

危险作业罪的特别之处在于其为刑法理论上所称"过失危险犯"，并不要求实际发生现实危害结果。本罪发生在生产经营单位的生产作业过程中，特别需要防止因为刑罚适用过多导致出现选择性执法的不合理现象。实践中，不能因为企业的生产作业活动存在重大事故隐患，就对有关责任人员以危险作业罪定罪处罚，而应严格依照刑法规定，根据存在的重大事故隐患的具体情况、是否经过责令整改而拒不执行、是否具有"现实危险"等，进行综合审查判断。

根据传统刑法理论，危险犯分为具体危险犯和抽象危险犯。具体危险犯中的危险是裁判者根据行为发生时的具体情况，判断实害结果发生的危险，典型表述为"足以发生/造成……的危险"，如刑法第一百一十七条的破坏交通设施罪。抽象危险犯则属于立法推定的危险，只要行为人实施了立法推定的具有高度危险的行为，就认为有发生结果的危险，不需要法官进行具体验证查明。这类犯罪在立法中一般只表明行为类型而不对后果特征进行表述，如刑法第一百三十三条之一醉酒驾驶所构成的危险驾驶罪。对于危险作业罪"现实危险"的理解可以从司法实践认定的需要出发引出问题，佐以理论检验分析。在最高人民法院发布的潘某某危险作业案中，对于"现实危险"的认定充分考虑了行为发生时的具体环境，如果事故对居民生活存在潜在的巨大危害，以救援及时赶到且可以避免重大火灾来推定危险的现实性以及紧迫性。

（1）结合法律规定，明确非法采矿罪的实行行为是非法开采行为，危险作业罪的成立前提要求实行行为属于《中华人民共和国刑法》规定的三种违反安全管理规定的生产作业行为。

首先，非法采矿罪是指违反矿产资源法的规定，未取得采矿许可证擅自采矿,擅自进入国家规划矿区、对国民经济具有重要价值的矿区和他人矿区范围采矿,或者擅自开采国家规定实行保护性开采的特定矿种,情节严重的行为。其次,明确危险作业罪有三种类型的实行行为。一是关闭、破坏直接关系生产安全的监控、报警、防护、救生设备、设施,或者篡改、隐瞒、销毁其相关数据、信息的行为。二是因存在重大事故隐患被依法责令停产停业、停止施工、停止使用有关设备、设施、场所或者立即采取排除危险的整改措施,而拒不执行的。三是涉及安全生产的事项未经依法批准或者许可,擅自从事矿山开采、金属冶炼、建筑施工,以及危险物品生产、经营、储存等高度危险的生产作业活动的行为。《中华人民共和国刑法》第一百三十四条之一属于明确列举式规定,并且是闭合性的,没有另外设置兜底性条款。这一规定的目的就是严格限制危险作业罪的适用范围仅限于这三种行为类型,防止司法实践中这一罪名在适用过程中被随意扩大。对于矿山生产安全而言,这三种情形都有发生可能。争议的焦点在于第三种行为类型下的非法开采行为应认定为非法采矿罪还是危险作业罪。这一类型判定的关键点在于"未经依法批准或许可"和"高度危险"两个方面。

需要注意"未经依法批准或许可",采矿许可证和矿山安全生产许可证是两项并行的许可证制度,非法采矿罪中的擅自采矿和危险作业罪中的擅自采矿分别对应这两种许可证,二者存在区别。获得采矿许可证但未获得安全生产许可证的主体,仍然可能构成危险作业罪;既没有获得采矿许可证也没有获得安全生产许可证的主体,可能同时构成非法采矿罪和危险作业罪,对此应当两罪并罚。

(2)结合法律规定,区分非法采矿罪和危险作业罪,前者要求"情节严重",后者要求"具有发生重大伤亡事故或者其他严重后果的现实危险"。

非法采矿罪的主体既包括自然人也包括单位,所实施的行为需要违反矿产资源法规定,并且符合所规定的犯罪行为类型,是在未取得采矿许可证的情况下擅自采矿、擅自在特定矿区开采或者擅自开采特定矿种的行为。关于未取得采矿许可证的情形,根据 2016 年《最高人民法院、最高人民检察院关于办理非法采矿、破坏性采矿刑事案件适用法律若干问题的解释》(法释〔2016〕25 号,2016 年 12 月 1 日起施行)第二条的规定,具体包括未办理许可证的,许可证被撤销、被注销、被吊销的,超越许可证规定的开采范围、矿区范围的,超出许可证规定的可开采矿种的(共生、伴生矿种除外)及其他情形。

在样本案例一中,宸某、贾某、姬某、李某违反矿产资源法规定,均无采矿许可证,属非法开采,擅自采矿,是非法采矿罪的典型表现,且是在禁采区采矿。非法采矿罪是情节犯，需要达到"情节严重"才能构成犯罪。2016 年《最高人民法院、最高人民检察院关于办理非法采矿、破坏性采矿刑事案件适用法律若干问题的解释》（法释〔2016〕25 号，2016 年 12 月 1 日起施行）第三条规定了"情节严重"的四种具体情形和兜底的其他情形。根据第三条规定，在矿产资源案件中，通常会涉及非法开采的矿产品价值计算、矿产资源破坏的价值的计算。前者矿产品价值的计算，根据 2016 年《最高人民法院、最高人民检察院关于办理非法采矿、破坏性采矿刑事案件适用法律若干问题的解释》（法释〔2016〕25 号，2016 年 12 月 1 日起施行）第十三条规定："非法开采的矿产品价值，根据销赃数额认定；无销赃数额，销赃数额难以查证，或者根据销赃数额认定明显不合理的，根据矿产品价格和数量认定。矿产品价值难以确定的，依据下列机构出具的报告，结合其他证据作出认定：（一）价格认证机构出具的报告；（二）省级以上人民政府国土资源、水行政、海洋等主管部门出具的报告；（三）国务院水行政主管部门在国家确定的重要江河、湖泊设立的流域管理机构出具的报告。"在样本案例一当中，首先可以根据案件证据认定矿产品的销赃数额，即销售额 300800 元。在没有销赃数额或者难以查清时，或者通过销赃数额认定矿产品的价值明显不合理时，可以根据查实的矿产品数量以矿产品的市场价格为基准进行计算。若还是难以确定，则可以由侦查机关委托价格认定机构出具报告。样本案例一中，对于未销售的矿产品，S 省某勘查局二一四地质队作出宸某、姬某、宸某2、贾某在××区某城内非法采矿的矿种及开采未销售的数量鉴定意见书，Y 市 Y 区价格认定中心作出 Y 市价认定（2021）第 26 号价格认定结论书，认定价格结论为：认定的标的价格为 23079 元，其中① 山前洪积扇砂砾石层矿种原石（大石块）729.51 m³，1.5 t/m³，合 1094.265 t，10 元/t，认定价格 10942.65 元。② 山前洪积扇砂砾石层矿种成品料（混料）899.02 m³，1.5 t/m³，合 1348.53 t，9 元/t，认定价格 12136.77 元，形成了法官据以定案的重要证据。后者矿产资源破坏的价值计算，既包括已经被开采出的矿产品自身价值，也包括利用非法方法造成矿床破坏导致无法利用科学合理的方法开采出的矿产资源的价值两部分。根据 2016 年《最高人民法院、最高人民检察院关于办理非法采矿、破坏性采矿刑事案件适用法律若干问题的解释》（法释〔2016〕25 号，2016 年 12 月 1 日起施行）第十四条的规定，矿产资源破坏价值可以委托国土资源部门出具破坏价值报告，该报告不是唯一的认定依据，应结合其他证据进行综合认定。2005 年 8 月国土资源部《非法采矿、破坏性采矿造成矿产资源破坏价值鉴定程序的规定》明确了鉴定主体和程序，二者均规定了由省级以上地质矿产主管部门对破坏或者严重破坏的矿产资源数额作出鉴定，对该鉴定意见查证属实之后再进行认定。在样本案例一中，并没有涉及对矿产资源破坏价值的计算，实践中通常是对采矿区域实测，测算出采矿前和案发时涉案区域矿产资源的减少量，会忽视由于非法采矿造成该区域矿床不能充分开采的矿产资源量，这些也属于矿产资源的破坏和浪费。样本案例一当中的非法采矿行为就较为特殊，属于在禁采区开采，因此对国家矿产资源的开发保护影响巨大，社会危害性更大，也因此入罪门槛相比于一般违法开采行为低些。根据 2016 年《最高人民法院、最高人民检察院关于办理非法采矿、破坏性采矿刑事案件适用法律若干问题的解释》（法释〔2016〕25 号，2016 年 12 月 1 日起施行）第三条的规定，特殊非法采矿行为的"情节严重"标准数额在 5 万元至 15 万元以上的，该标准是一般非法采矿行为数额标准的二分之一。不同于样本案例四和五，这些非法采矿行为是以危害公共安全的方式进行的，若非法采矿所获矿产资源价值小，但采矿不当有危害公共安全又有造成重大人身财产损失后果的可能，其更加侧重于防患于未然，积极预防。

（3）结合法律规定，并结合矿山安全实践中的生产作业环境、行为违规程度、专家认定等多种因素综合判断是否构成危险作业罪。

样本案例四和五是因非法采矿造成安全生产隐患所引发的刑事案件。《中华人民共和国刑法修正案（十一）》设立了危险作业罪，将"发生重大伤亡事故或者其他严重后果的现实危险"作为入罪条件，重在预防重大安全事故的发生。立法将"发生重大伤亡事故或者其他严重后果"作为现实危险的限制性要素。根据 2015 年 12 月 14 日"两高"《关于办理危害生产安全刑事案件适用法律若干问题的解释》（法释〔2015〕22 号，2015 年 12 月 16 日起施行），"发生重大伤亡事故或者其他严重后果"通常是指造成死亡 1 人以上、重伤 3 人以上或者造成直接经济损失 100 万元以上。司法实践中对于某一违反安全管理规定的生产作业行为是否具有"现实危险"，需要根据其所属行业的属性、具体行为方式、行为违规程度、生产作业环境等因素来综合判断。

根据《中华人民共和国刑法》第一百三十四条之一规定，在成立三种类型之一的行为的情况下，还需要同时"具有发生重大伤亡事故或者其他严重后果的现实危险"的情形，才能认定构成危险作业罪。而不是只要具有三种行为之一就当然具有发生重大伤亡事故或者其他严重后果的现实危险，进而直接认定构成危险作业罪。除此之外，需要严格把握"现实危险"的判断标准。这是指违法生产作业已经对不特定多数人的生命健康安全以及生产安全造成了切实存在的危险，如果不能有效解决这一危险，将会导致实害结果发生，直接导致重大伤亡事故或者其他严重后果的出现。如果并没有发生这种实害结果，有可能是存在介入因素，也就是说通常情况下二者之间存在关联关系。在司法实践中，对于"现实危险"的判断，原则上应当限定为已经造成了小的安全事故，但是未达到《刑法》和相关司法解释规定的重大伤亡事故或者其他严重后果的判定标准，或者已经出现了矿山井下瓦斯突出、冒顶、透水等重大险情或事故征兆，只是因为及时开展事故救援或者其他偶然性的客观原因而未导致发生重大事故的情形。

案件中，被告人非法从事矿山开采生产作业活动时间较短，还未达到非法采矿罪的入罪标准。虽未发生重大伤亡事故或者未造成严重后果，但因在开采中缺乏专业培训，对矿山开采未采取安全防范措施而具有现实危险性。此外，经过安全生产专家认定和第三方专业机构认定，对于铝土矿的开采形成的采点处的高陡边坡，已经具有安全隐患。具体表现为边坡部分区域为开采形成的渣土堆砌而成，结构松散、稳定性较差，在受到自然降雨及人类工程活动影响时，可能诱发滑坡、泥石流等安全隐患，威胁周边人员、车辆安全。

样本案例四中犯罪行为持续到《中华人民共和国刑法修正案（十一）》施行之后，人民法院根据本案证据情况，在不能认定非法采矿罪的情况下，依法适用危险作业罪对被告人定罪量刑，有利于加大对私挖盗采国家矿产资源行为的打击力度。样本案例五则是在《中华人民共和国刑法修正案（十一）》生效后发生，予以适用。在危险作业罪之前，C市石某非法采矿罪一案当中也存在这一问题，案件中开采形成的采坑边坡高达33m，边坡陡，局部存在危石、浮石，失稳的可能性大，存在一定的安全隐患。当时还不能对这种情况形成有效预防和纠正，如今在危险作业罪的适用下可以更好地消除隐患，社会治理会更有效。

四、关联法律法规

（一）《中华人民共和国刑法》（2023年修正）

第一百三十四条之一　在生产、作业中违反有关安全管理的规定，有下列情形之一，具有发生重大伤亡事故或者其他严重后果的现实危险的，处一年以下有期徒刑、拘役或者管制：

（一）关闭、破坏直接关系生产安全的监控、报警、防护、救生设备、设施，或者篡改、隐瞒、销毁其相关数据、信息的；

（二）因存在重大事故隐患被依法责令停产停业、停止施工、停止使用有关设备、设施、场所或者立即采取排除危险的整改措施，而拒不执行的；

（三）涉及安全生产的事项未经依法批准或者许可，擅自从事矿山开采、金属冶炼、建筑施工，以及危险物品生产、经营、储存等高度危险的生产作业活动的。

第三百四十三条　违反矿产资源法的规定，未取得采矿许可证擅自采矿，擅自进入国家规划矿区、对国民经济具有重要价值的矿区和他人矿区范围采矿，或者擅自开采国家规定实行保护性开采的特定矿种，情节严重的，处三年以下有期徒刑、拘役或者管制，并处或者单处罚金；情节特别严重的，处三年以上七年以下有期徒刑，并处罚金。

（二）《最高人民法院、最高人民检察院关于办理非法采矿、破坏性采矿刑事案件适用法律若干问题的解释》（法释〔2016〕25 号，2016 年 12 月 1 日起施行）

第一条　违反《中华人民共和国矿产资源法》《中华人民共和国水法》等法律、行政法规有关矿产资源开发、利用、保护和管理的规定的，应当认定为刑法第三百四十三条规定的"违反矿产资源法的规定"。

第二条　具有下列情形之一的，应当认定为刑法第三百四十三条第一款规定的"未取得采矿许可证"：

（一）无许可证的；

（二）许可证被注销、吊销、撤销的；

（三）超越许可证规定的矿区范围或者开采范围的；

（四）超出许可证规定的矿种的（共生、伴生矿种除外）；

（五）其他未取得许可证的情形。

第三条　实施非法采矿行为，具有下列情形之一的，应当认定为刑法第三百四十三条第一款规定的"情节严重"：

（一）开采的矿产品价值或者造成矿产资源破坏的价值在十万元至三十万元以上的；

（二）在国家规划矿区、对国民经济具有重要价值的矿区采矿，开采国家规定实行保护性开采的特定矿种，或者在禁采区、禁采期内采矿，开采的矿产品价值或者造成矿产资源破坏的价值在五万元至十五万元以上的；

（三）二年内曾因非法采矿受过两次以上行政处罚，又实施非法采矿行为的；

（四）造成生态环境严重损害的；

（五）其他情节严重的情形。

实施非法采矿行为，具有下列情形之一的，应当认定为刑法第三百四十三条第一款规定的"情节特别严重"：

（一）数额达到前款第一项、第二项规定标准五倍以上的；

（二）造成生态环境特别严重损害的；

（三）其他情节特别严重的情形。

第四条　在河道管理范围内采砂，具有下列情形之一，符合刑法第三百四十三条第一款和本解释第二条、第三条规定的，以非法采矿罪定罪处罚：

（一）依据相关规定应当办理河道采砂许可证，未取得河道采砂许可证的；

（二）依据相关规定应当办理河道采砂许可证和采矿许可证，既未取得河道采砂许可证，又未取得采矿许可证的。

实施前款规定行为，虽不具有本解释第三条第一款规定的情形，但严重影响河势稳定，危害防洪安全的，应当认定为刑法第三百四十三条第一款规定的"情节严重"。

第五条　未取得海砂开采海域使用权证，且未取得采矿许可证，采挖海砂，符合刑法第三百四十三条第一款和本解释第二条、第三条规定的，以非法采矿罪定罪处罚。

实施前款规定行为，虽不具有本解释第三条第一款规定的情形，但造成海岸线严重破坏的，应当认定为刑法第三百四十三条第一款规定的"情节严重"。

第六条　造成矿产资源破坏的价值在五十万元至一百万元以上，或者造成国家规划矿区、对国民经济具有重要价值的矿区和国家规定实行保护性开采的特定矿种资源破坏的价值在二十五万元至五十万元以上的，应当认定为刑法第三百四十三条第二款规定的"造成矿产资源严重破坏"。

第七条　明知是犯罪所得的矿产品及其产生的收益，而予以窝藏、转移、收购、代为销售或者以其他方法掩饰、隐瞒的，依照刑法第三百一十二条的规定，以掩饰、隐瞒犯罪所得、犯罪所得收益罪定罪处罚。

实施前款规定的犯罪行为，事前通谋的，以共同犯罪论处。

第八条　多次非法采矿、破坏性采矿构成犯罪，依法应当追诉的，或者二年内多次非法采矿、破坏性采矿未经处理的，价值数额累计计算。

第九条　单位犯刑法第三百四十三条规定之罪的，依照本解释规定的相应自然人犯罪的定罪量刑标准，对直接负责的主管人员和其他直接责任人员定罪处罚，并对单位判处罚金。

第十条　实施非法采矿犯罪，不属于"情节特别严重"，或者实施破坏性采矿犯罪，行为人系初犯，全部退赃退赔，积极修复环境，并确有悔改表现的，可以认定为犯罪情节轻微，不起诉或者免予刑事处罚。

第十一条　对受雇佣为非法采矿、破坏性采矿犯罪提供劳务的人员，除参与利润分成或者领取高额固定工资的以外，一般不以犯罪论处，但曾因非法采矿、破坏性采矿受过处罚的除外。

第十二条　对非法采矿、破坏性采矿犯罪的违法所得及其收益，应当依法追缴或者责令退赔。

对用于非法采矿、破坏性采矿犯罪的专门工具和供犯罪所用的本人财物，应当依法没收。

第十三条　非法开采的矿产品价值，根据销赃数额认定；无销赃数额，销赃数额难以查证，或者根据销赃数额认定明显不合理的，根据矿产品价格和数量认定。

矿产品价值难以确定的，依据下列机构出具的报告，结合其他证据作出认定：

（一）价格认证机构出具的报告；

（二）省级以上人民政府国土资源、水行政、海洋等主管部门出具的报告；

（三）国务院水行政主管部门在国家确定的重要江河、湖泊设立的流域管理机构出具的报告。

第十四条　对案件所涉的有关专门性问题难以确定的，依据下列机构出具的鉴定意见或者报告，结合其他证据作出认定：

（一）司法鉴定机构就生态环境损害出具的鉴定意见；

（二）省级以上人民政府国土资源主管部门就造成矿产资源破坏的价值、是否属于破坏性开采方法出具的报告；

（三）省级以上人民政府水行政主管部门或者国务院水行政主管部门在国家确定的重要江河、湖泊设立的流域管理机构就是否危害防洪安全出具的报告；

（四）省级以上人民政府海洋主管部门就是否造成海岸线严重破坏出具的报告。

第十五条　各省、自治区、直辖市高级人民法院、人民检察院，可以根据本地区实际情况，在本解释第三条、第六条规定的数额幅度内，确定本地区执行的具体数额标准，报最高人民法院、最高人民检察院备案。

矿山安全生产裁判规则

第 15 条

以行为人是否有责任主体身份和特定违规行为为标准确定其是否构成提供虚假证明文件罪。以提供虚假证明文件造成的危害后果程度确定其承担责任的类型和轻重

一、聚焦司法案件裁判观点

■ 争议焦点

矿山建设工程安全评价机构出具虚假证明的类案中，如何认定安全评价机构是否构成提供虚假证明文件罪？虚假证明文件的类型有哪些？

■ 裁判观点

结合法律规定，以行为人是否有责任主体身份和特定违规行为为标准确定是否构成提供虚假证明文件罪；以提供虚假证明文件造成的危害后果程度确定承担责任的类型和轻重。国家矿山安全监察局印发的《矿山安全评价检测检验监督管理办法（试行）》，明确了属于虚假的矿山安全评价报告的12种情况。

二、司法案例样本对比

样本案例一
廖某提供虚假证明文件案

• **当事人**

上诉人（原审被告人）：廖某。

• **基本案情**

2005年7月，T省地质勘查局七〇五地质大队（以下简称七〇五地质大队）承接了T省S县南湖坑钼多金属矿项目的勘查工作，该矿点的探矿权人为李某，2010年11月变更为A矿业有限公司（以下简称A公司）。2005年7月至 2013 年 4 月，被告人廖某利用先后担任七〇五地质大队总工程师办公室副主任、主任的职务便利，在负责 T 省 S 县南湖坑钼多金属矿探矿权的项目年检、延续过程中，先后与时任七〇五地质大队副总工程师、总工程师的黎某共谋，为使该探矿权的年检以及延续通过 W 市国土资源管理局的审批，出具了虚假的《南湖坑钼多金属矿矿产资源勘查项目年度报告》《年度普查会计报表》《南湖坑钼多金属矿地质详查中间性成果报告》等年检以及延续所需的材料，致使李某、A 公司利用探矿权作掩盖，"以采代探"进行非法开采的行为得以持续，导致国家利益遭受重大损失。2012 年 5 月和 2013 年 4 月，T 省 S 县国土局和 W 市国土局先后对 A 公司的非法开采行为进行了查处。经鉴定，A 公司在 S 县南湖坑钼多金属矿探矿点非法开采的行为造成国家矿产资源损失 452.89 万元。另，2004 年至 2014 年，廖某在先后担任 T 省地质勘查局七〇五地质大队、第三地质大队总工程师办公室副主任、主任期间，利用职务便利，先后多次收受他人贿赂共计人民币 4.2 万元，为他人牟取利益。

一审法院认为，被告人廖某伙同黎某故意提供虚假的证明文件，且利用职务上的便利，非法收受他人财物，为他人牟取利益，其行为已构成提供虚假证明文件罪和受贿罪，依法应当实行数罪并罚。廖某具有自首和立功情节，且能退清所得赃款，决定对其从轻处罚。判决被告人廖某犯提供虚假证明文件罪，判处有期徒刑二年六个月，并处罚金人民币三万元；犯受贿罪，判处有期徒刑六个月，并处罚金人民币十万元；数罪并罚，决定执行有期徒刑二年八个月，并处罚金人民币十三万元。扣押在案的被告人廖某的涉案赃款人民币 4.2 万元予以没收，上缴国库。廖某及其辩护人不服此判决，提出上诉。

• 案件争点

廖某是否构成提供虚假证明文件罪。

• 裁判要旨

二审法院认为，上诉人廖某无视国法，故意提供虚假的证明文件，情节严重，并借机收受请托人的财物，其行为已构成提供虚假证明文件罪。廖某能自动投案，并如实供述自己的犯罪事实，而且提供重要线索，使侦查机关侦破其他案件，具有自首和立功情节，依法可以减轻处罚。其归案后能主动退清所得赃款，认罪态度较好，有悔罪表现，可酌情从轻处罚。原审判决认定上诉人廖某犯提供虚假证明文件罪的事实清楚，证据确实、充分，认定本案所有事实的证据均经一审开庭查证属实，予以确认。维持 T 省 W 市区人民法院刑事判决第一项中被告人廖某犯提供虚假证明文件罪的定罪、量刑。

样本案例二
印某、安某提供虚假证明文件罪

• 当事人

被告人：印某。

被告人：安某。

• 基本案情

2009 年，甲县在实施煤矿企业兼并重组整合过程中，某研究院受甲县煤炭资源整合领导组委托编制《甲县煤矿企业兼并重组整合方案》（以下简称《方案》），研究院院长常某安排时任该院副院长的被告人印某和被告人安某具体编制《方案》。印某和安某在研究院没有设计 90 万吨煤矿和勘探资质的前提下，为了使甲县 A 煤矿符合 90 万吨/年的资源整合条件，在甲县 A 煤矿无新增地质空白区的地质报告和储量报告的情况下，采用编造数据的计算方法违规出具 A 煤矿资源保有储量为 9248 万吨的整合方案。2009 年 8 月，该《方案》经省煤炭资源整合领导组批准实施。2010 年 1 月，某煤电集团与 A 煤矿签订 1.6 亿元资源整合收购协议，为此某煤电集团向 A 煤矿支付相关价款 120914368.25 元。后经××总局水文地质工程地质环境地质勘查院和××集团重庆设计研究院勘探、论证认定，甲县 A 煤矿的实际储量为 2264 万吨，不能满足 90 万吨/年的矿山开发要求，不宜建井。2013 年 11 月，某煤电集团决定正式停建 A 煤矿并关闭矿井，导致收购 A 煤矿 120914368.25 元国有资金的重大损失。人民检察院以被告人印某、安某犯提供虚假证明文件罪向法院提起公诉。

• 案件争点

被告人印某、安某是否构成提供虚假证明文件罪。

• 裁判要旨

法院认为，尽管二被告人所在单位与依法成立、自主执业、自负盈亏的社会中介组织不完全相同，但在国家行政规章等授予其从事为煤矿矿井的新建、改建、技术改造提供技术保障服务资质，编制初步设计等评估业务时，其本质仍是为社会提供评估服务且具有资质的评估中介机构，符合我国刑法所规定的提供虚假证明文件罪的主体特征，且二被告人所在单位接受委托编制方案，亦属于中介机构的服务行为。在案证据虽然无法证实二被告人实际虚构评估数额，导致造成重大损失的具体数额，但是根据《最高人民检察院、公安部关于公安机关管辖的刑事案件立案追诉标准的规定（二）》（公通字〔2010〕23 号，2010 年 5 月 7 日起施行，已废止）第八十一条的规定，在提供虚假证明文件过程中有其他情节严重的情形，应予立案追诉。本案中，二被告人作为负有职责的专业技术从业人员，明知其所在研究院没有设计 90 万吨/年煤矿和勘探资质的前提下，故意违法评估、编制严重失实的方案，可认定为情节严重，二被告人侵犯正常的国家中介服务市场管理秩序的主观犯罪故意明显，犯罪主体和犯罪行为所侵犯的客体密切关联，故二被告人构成犯罪，二被告人的辩解意见于法无据，法院不予采信。

三、司法案例类案甄别

（一）事实对比

样本案例一，2005 年 7 月，T 省地质勘查局七〇五地质大队承接了 T 省 S 县南湖坑钼多金属矿项目的勘查工作，该矿点的探矿权人为李某，2010 年 11 月变更为 A 矿业有限公司。2005 年 7 月至 2013 年 4 月，被告人廖某利用先后担任七〇五地质大队总工程师办公室副主任、主任的职务便利，在负责 T 省 S 县南湖坑钼多金属矿探矿权的项目年检、延续过程中，先后与时任七〇五地质大队副总工程师、总工程师的黎某共谋，为使该探矿权的年检以及延续通过 W 市国土资源管理局的审批，出具了虚假的《南湖坑钼多金属矿矿产资源勘查项目年度报告》《年度普查会计报表》《南湖坑钼多金属矿地质详查中间性成果报告》等年检以及延续所需的材料，致使李某、A 公司利用探矿权作掩盖，"以采代探"进行非法开采的行为得以持续，导致国家利益遭受重大损失。2012 年 5 月和 2013 年 4 月，T 省 S 县国土局和 W 市国土局先后对 A 公司的非法开采行为进行了查处。经鉴定，A 公司在 S 县南湖坑钼多金属矿探矿点非法开采的行为造成国家矿产资源损失 452.89 万元。

样本案例二，2009 年，甲县在实施煤矿企业兼并重组整合过程中，某研究院受甲县煤炭资源整合领导组委托编制《甲县煤矿企业兼并重组整合方案》（以下简称《方案》），研究院院长常某安排时任该院副院长的被告人印某和被告人安某具体编制《方案》。印某和安某在研究院没有设计 90 万吨煤矿和勘探资质的前提下，为了使甲县 A 煤矿符合 90 万吨/年的资源整合条件，在甲县 A 煤矿无新增地质空白区的地质报告和储量报告的情况下，采用编造数据的计算方法违规出具 A 煤矿资源保有储量为 9248 万吨的整合方案。2009 年 8 月，该《方案》经省煤炭资源整合领导组批准实施。2010 年 1 月，某煤电集团与 A 煤矿签订 1.6 亿元资源整合收购协议，为此某煤电集团向 A 煤矿支付相关价款 120914368.25 元。后经××总局水文地质工程地质环境地质勘查院和××集团重庆设计研究院勘探、论证认定，甲县 A 煤矿的实际储量为 2264 万吨，不能满足 90 万吨/年的矿山开发要求，不宜建井。2013 年 11 月，某煤电集团决定正式停建 A 煤矿并关闭矿井，导致收购 A 煤矿 120914368.25 元国有资金的重大损失。

上述样本案例一是为使该探矿权的年检以及延续通过 W 市国土资源管理局的审批，出具了虚假的《南湖坑钼多金属矿矿产资源勘查项目年度报告》《年度普查会计报表》《南湖坑钼多金属矿地质详查中间性成果报告》等年检以及延续所需的材料。样本案例二是为了使甲县 A 煤矿符合 90 万吨/年的资源整合条件，在甲县 A 煤矿无新增地质空白区的地质报告和储量报告的情况下，采用编造数据的计算方法违规出具 A 煤矿资源保有储量为 9248 万吨的整合方案。案例一和案例二虽然行为方式不完全相同，但都属于出具虚假证明掩盖真实情况，最终导致国家公共利益遭受巨大损失，都构成提供虚假证明文件罪。

（二）适用法律对比

样本案例一，法院认为，被告人廖某伙同黎某故意提供虚假的证明文件，且利用职务上的便利，非法收受他人财物，为他人牟取利益，其行为已构成提供虚假证明文件罪和受贿罪，依法应当实行数罪并罚。廖某具有自首和立功情节，且能退清所得赃款，决定对其从轻处罚。判决被告人廖某犯提供虚假证明文件罪，判处有期徒刑二年六个月，并处罚金人民币三万元；犯受贿罪，判处有期徒刑六个月，并处罚金人民币十万元；数罪并罚，决定执行有期徒刑二年八个月，并处罚金人民币十三万元。扣押在案的被告人廖某的涉案赃款人民币

4.2 万元予以没收，上缴国库。廖某及其辩护人不服此判决，提出上诉。二审法院认为，原审判决认定上诉人廖某犯提供虚假证明文件罪的事实清楚，证据确实、充分，认定本案所有事实的证据均经一审开庭查证属实，予以确认。维持一审判决中被告人廖某犯提供虚假证明文件罪的定罪、量刑。

样本案例二，法院认为，尽管二被告人所在单位，与依法成立、自主执业、自负盈亏的社会中介组织不完全相同，但在从事国家行政规章等授予其从事为煤矿矿井的新建、改建、技术改造提供技术保障服务，编制初步设计等评估业务时，其本质仍是为社会提供评估服务且具有资质的评估中介机构，符合我国刑法所规定提供虚假证明文件罪的主体特征，且二被告人所在单位接受委托编制方案，亦属于中介机构的服务行为。在案证据虽然无法证实二被告人实际虚构评估数额，导致造成重大损失的具体数额，但是根据《最高人民检察院、公安部关于公安机关管辖的刑事案件立案追诉标准的规定（二）》（公通字〔2010〕23 号，2010 年 5 月 7 日起施行，已废止）第八十一条规定，在提供虚假证明文件过程中有其他情节严重情形的，应予立案追诉。本案中，二被告人作为负有职责的专业技术从业人员，明知其所在研究院没有设计 90 万吨/年煤矿和勘探资质的前提下，故意违法评估、编制严重失实的方案，可认定为情节严重，二被告人侵犯正常的国家中介服务市场管理秩序的主观犯罪故意明显，犯罪主体和犯罪行为所侵犯的客体密切关联，故二被告人构成犯罪，二被告人的辩解意见，于法无据，法院不予采信。

四、类案裁判规则的解析确立

1. 结合法律规定，以行为人是否有责任主体身份和特定违规行为为标准确定是否构成提供虚假证明文件罪。

关于责任主体身份的认定：提供虚假证明文件罪，是指承担资产评估、验资、验证、会计、审计、法律服务、保荐、安全评价、环境影响评价、环境监测等职责的中介组织的人员故意提供虚假证明文件，情节严重的行为。《最高人民检察院关于地质工程勘测院和其他履行勘测职责的单位及其工作人员能否成为刑法第二百二十九条规定的有关犯罪主体的批复》（高检发释字〔2015〕4 号，2015 年 11 月 12 日起施行）地质工程勘测院和其他履行勘测职责的单位及其工作人员在履行勘察、勘查、测绘职责过程中，故意提供虚假工程地质勘察报告等证明文件，情节严重的，依照刑法第二百二十九条第一款和第二百三十一条的规定，以提供虚假证明文件罪追究刑事责任；地质工程勘测院和其他履行勘测职责的单位及其工作人员在履行勘察、勘查、测绘职责过程中，严重不负责任，出具的工程地质勘察报告等证明文件有重大失实，造成严重后果的，依照刑法第二百二十九条第三款和第二百三十一条的规定，以出具证明文件重大失实罪追究刑事责任。

关于特定违规行为的认定：《最高人民法院、最高人民检察院关于办理危害生产安全刑事案件适用法律若干问题的解释（二）》（法释〔2022〕19号，2022年12月19日起施行）第六条规定，承担安全评价职责的中介组织的人员提供的证明文件有下列情形之一的，属于刑法第二百二十九条第一款规定的"虚假证明文件"：

（一）故意伪造的；

（二）在周边环境、主要建（构）筑物、工艺、装置、设备设施等重要内容上弄虚作假，导致与评价期间实际情况不符，影响评价结论的；

（三）隐瞒生产经营单位重大事故隐患及整改落实情况、主要灾害等级等情况，影响评价结论的；

（四）伪造、篡改生产经营单位相关信息、数据、技术报告或者结论等内容，影响评价结论的；

（五）故意采用存疑的第三方证明材料、检测检验报告，影响评价结论的；

（六）有其他弄虚作假行为，影响评价结论的情形。

生产经营单位提供虚假材料、影响评价结论，承担安全评价职责的中介组织的人员对评价结论与实际情况不符无主观故意的，不属于刑法第二百二十九条第一款规定的"故意提供虚假证明文件"。

有本条第二款情形，承担安全评价职责的中介组织的人员严重不负责任，导致出具的证明文件有重大失实，造成严重后果的，依照刑法第二百二十九条第三款的规定追究刑事责任。

2. 结合法律规定，以提供虚假证明文件造成的危害后果程度确定承担责任的类型和轻重。

《安全生产法》对上述违法情形，从行政责任、刑事责任和民事赔偿责任等三个方面重新梳理和规定。

在行政责任方面，一是没收违法所得。由本法规定的行政执法机关将承担安全评价、认证、检测、检验职责的机构由于出具虚假证明文件而获得的财产上的非法利益强制无偿收归国有。二是行政罚款。罚款分为对机构的罚款和对个人的罚款。对机构的罚款分为两种情形：（1）违法所得在10万元以上的，在没收违法所得的同时，处违法所得 2 倍以上 5 倍以下的罚款；（2）没有违法所得或者违法所得不足 10 万元的，单处或者并处 10 万元以上 20 万元以下的罚款。对个人的罚款，则规定对直接负责的主管人员和其他直接责任人员处 5 万元以上 10 万元以下的罚款。三是吊销资质和资格。这是一种资格罚，即由有关部门撤销有违法行为的机构所取得的安全评价、认证、检测、检验的资质。《生产安全事故报告和调查处理条例》规定，为发生事故的单位提供虚假证明的中介机构、由有关部门依法暂扣或者吊销其有关证照及其相关人员的执业资格。四是终身行业和职业禁入。《关于安全生产领域改革发展的意见》明确要求严格责任追究制度。其中，对被追究刑事责任的生产经营者依法实施相应的职业禁入，对事故发生负有重大责任的社会服务机构和人员依法严肃追究法律责任，并依法实施相应的行业禁入。

在刑事责任方面，构成犯罪的，依照刑法有关规定追究刑事责任。这里讲的"构成犯罪"，对有关的机构来说，主要是指构成刑法第二百二十九条规定的提供虚假证明文件罪。构成该罪须具备以下条件：一是主体特定，是承担安全评价职责的中介组织的人员；二是客观上实施了故意提供虚假证明文件的行为；三是情节严重。这里讲的"情节严重"，是指故意提供虚假证明文件手段比较恶劣、虚假的内容特别重要以及因此而造成生产安全事故等。按照刑法的规定，对故意提供虚假证明文件，情节严重的，处 5 年以下有期徒刑或者拘役，并处罚金。如果在涉及公共安全的重大工程、项目中提供虚假的安全评价等证明文件，致使公共财产、国家和人民利益遭受特别重大损失的，处 5 年以上 10 年以下有期徒刑，并处罚金。

在民事赔偿责任方面，因出具虚假证明导致发生生产安全事故给他人造成损害的，由生产经营单位承担连带赔偿责任。出具失实报告的机构，通常与委托其提供安全评价、认证、检测、检验的生产经营单位间签有相关的服务合同，该情形一般属于典型的瑕疵履行合同义务，应当承担相应的违约赔偿责任。

3. 国家矿山安全监察局印发的《矿山安全评价检测检验监督管理办法（试行）》（矿安〔2022〕81 号，2022 年 5 月 23 日起施行），第十八条明确了属于虚假的矿山安全评价报告的 12 种情况。

（1）未经安全评价，或者安全评价项目组组长及负责勘验人员不到现场实际地点开展勘验等有关工作的；

（2）对企业提供的资料及第三方出具的技术服务报告或者结论进行伪造、篡改的；

（3）企业未建立安全生产责任制及安全管理制度，隐患排查记录严重缺失，企业主要负责人及专职安全生产管理人员专业或者职称不符合要求的，故意隐瞒且影响评价结论的；

（4）存在不符合《煤矿企业安全生产许可证实施办法》和《非煤矿矿山企业安全生产许可证实施办法》规定的安全生产条件项，故意隐瞒且影响评价结论的；

（5）存在法规、规章中列举的重大事故隐患，未消除或者未采取有效的管控措施，故意隐瞒且影响评价结论的；

（6）故意隐瞒煤矿瓦斯、冲击地压、水害、火灾等主要灾害等级、超层越界等重大事故隐患或者情况，影响评价结论的；

（7）矿山主要生产系统、尾矿库坝体和排洪系统等内容与评价期间实际情况严重不符，且实际情况不符合安全生产有关标准、规范规定或者安全设施设计，或者未按照安全设施设计完成工程建设，故意隐瞒且影响评价结论的；

（8）未辨识出选址位于《工业企业总平面设计规范》中规定的11类区域，或者周边环境中的村庄、铁路、公路等重要设施内容与评价期间实际情况不符，且实际情况不符合安全生产有关标准、规范规定或者安全设施设计，故意隐瞒且影响评价结论的；

（9）总平面布置内容与评价期间实际情况严重不符，且实际情况不符合安全生产有关标准、规范规定或者安全设施设计，故意隐瞒且影响评价结论的；

（10）建设项目安全设施设计及其重大变更未经有关部门批准，或者安全设施验收评价报告中存在不符合验收要求的否决项，仍出具"合格"或者"符合安全生产条件"结论报告的；

（11）伪造矿山安全评价机构公章，冒用他人名义或者允许他人冒用本人名义在安全评价报告或者原始记录中签名的；

（12）法规、规章、标准或者行政规范性文件列举的其他虚假情况。

具体的矿山安全评价文件种类包括但不限于：《地质储量检测报告》《矿山地质灾害环境影响评价报告》《安全验收评价报告》《实测现状图》《特种设备检测报告》《水文地质类型划分报告》《储量动态监测报告》。

五、关联法律法规

（一）《中华人民共和国刑法》（2023年修正）

第二百二十九条第一款　承担资产评估、验资、验证、会计、审计、法律服务、保荐、安全评价、环境影响评价、环境监测等职责的中介组织的人员故意提供虚假证明文件，情节严重的，处五年以下有期徒刑或者拘役，并处罚金；有下列情形之一的，处五年以上十年以下有期徒刑，并处罚金：

（一）提供与证券发行相关的虚假的资产评估、会计、审计、法律服务、保荐等证明文件，情节特别严重的；

（二）提供与重大资产交易相关的虚假的资产评估、会计、审计等证明文件，情节特别严重的；

（三）在涉及公共安全的重大工程、项目中提供虚假的安全评价、环境影响评价等证明文件，致使公共财产、国家和人民利益遭受特别重大损失的。

有前款行为，同时索取他人财物或者非法收受他人财物构成犯罪的，依照处罚较重的规定定罪处罚。

（二）《中华人民共和国安全生产法》（2021 年修正）

第九十二条　承担安全评价、认证、检测、检验职责的机构出具失实报告的，责令停业整顿，并处三万元以上十万元以下的罚款；给他人造成损害的，依法承担赔偿责任。

承担安全评价、认证、检测、检验职责的机构租借资质、挂靠、出具虚假报告的，没收违法所得；违法所得在十万元以上的，并处违法所得二倍以上五倍以下的罚款，没有违法所得或者违法所得不足十万元的，单处或者并处十万元以上二十万元以下的罚款；对其直接负责的主管人员和其他直接责任人员处五万元以上十万元以下的罚款；给他人造成损害的，与生产经营单位承担连带赔偿责任；构成犯罪的，依照刑法有关规定追究刑事责任。

对有前款违法行为的机构及其直接责任人员，吊销其相应资质和资格，五年内不得从事安全评价、认证、检测、检验等工作；情节严重的，实行终身行业和职业禁入。

压覆矿产资源类案件中，应根据现实的安全生产条件决定是否构成矿产资源压覆

一、聚焦司法案件裁判观点分歧

■ 争议焦点

1. 在矿产企业涉及压覆矿产资源类案件中，如何确定是否构成压覆矿产资源？

2. 在矿产企业涉及压覆矿产资源类案件中，确定压覆矿产资源范围采用的标准与压覆评估结果如何影响补偿金额？

■ 裁判观点

1. 压覆矿产资源是指建设项目实施导致矿产资源不能开发利用，但如果建设项目与矿区范围重叠而不影响矿产资源正常开采，则不做压覆处理。

2. 探矿权的相应权益补偿范围应为"高速公路用地边界外推 300 米范围内"。

3. 压覆范围应根据技术规范和相关法律法规划定。

二、司法案例样本对比

样本案例一

××县某矿业有限公司、国家电网有限公司等侵权责任纠纷案

• 法院

最高人民法院

• 当事人

再审申请人（一审原告、二审上诉人）：××县某矿业有限公司。

法定代表人：王某某。

被申请人（一审被告、二审被上诉人）：国家电网有限公司。

法定代表人：辛某某。

被申请人（一审被告、二审被上诉人）：国网某电力有限公司。

法定代表人：尹某某。

· **基本案情**

再审申请人提交意见如下。（1）河南省某研究院于 2020 年 6 月 18 日作出的《××高压直流输电工程项目拟压覆"××县某长石矿"矿产资源储量核实评估报告》（以下简称《评估报告》）不应予以采信。① 该《评估报告》仅针对三个塔基是否构成压覆作出结论，未按人民法院鉴定委托书的要求对相邻电力设施（包括塔基和电线线路）进行鉴定，明显缩小了鉴定范围。国网某电力公司的侵权行为，主要是穿越矿区范围的架空输电线路，其次为塔基，《评估报告》仅能反映塔基是否存在压覆，而忽略了更为重要的输电线路。②《评估报告》依据的压覆安全距离标准有误。当建设项目压覆矿产资源的评估范围与行业规定不一致时，如果行业保护范围大于评估范围，应以行业规定为准。本案超高压电力设施是否构成压覆，不应以《爆破安全规程》规定的 300 米为标准，而应以《电力设施保护条例实施细则》规定的 500 米为标准。原审法院对××县某公司重新鉴定和补充鉴定的请求不予支持不当。

（2）案涉高压输电项目是否对矿产构成侵权不以是否构成压覆为先决条件。① 根据国土资发〔2000〕386 号《关于规范建设项目压覆矿产资源审批工作的通知》（以下简称 386 号通知）第一条规定，国网某电力公司在项目拟建之前应先调查案涉矿产的矿产权利是否已合法设立并作出相应处理，并应依据第五条之规定，与采矿权人签订补偿协议予以赔偿。而根据其提交的《竣工验收报告》，国网某电力公司在电力工程建设前直至竣工验收时，未按照国家规定对案涉矿产进行压覆矿产资源调查评估，不符合我国对于超高压线路的建设设计要求，存在违规行为。② 从勘探地图和矿区测绘地图看，案涉高压线路穿矿而过，根据豫政办〔2013〕101 号《河南省人民政府办公厅关于进一步加强建设项目压覆重要矿产资源管理工作的通知》，只要是建设项目压覆区与勘查区块范围重叠或与采矿区范围重叠，项目建设单位就应当与矿业权人达成互不影响协议，可以作不压覆处理。原审法院在明知国网某电力公司并未书面同意该公司可以露天爆破作业，并未签署互不影响协议的情况下，仍然依据《评估报告》作出不构成侵权的认定错误。③ 根据《电力设施保护条例实施细则》第十条规定，超高压 800 千伏电力设施 500 米范围内禁止爆破作业，因工作需要必须进行爆破作业时，应采取可靠的安全防范措施，并征得当地电力设施产权单位或管理部门的书面同意，报经政府有关管理部门批准。本案案涉矿产采矿区与超高压设施距离不足 500 米为已证事实，矿产开采行为必然受到上述规定约束，××县某公司本可顺利审批的流程，现因案涉超高压电力设施的客观存在，需要特别上报电力部门审批，增加了审批难度，这一客观事实必然对××县某公司的合法采矿权构成侵害。

国网某电力公司提交意见如下。（1）河南省某科学研究院出具的《评估报告》应予采信。① 案涉电力设施建设项目塔基均不在××县某公司采矿区范围内，鉴定机构测量了距离 1 号矿体最近的塔基与案涉长石矿的距离。根据现场绘图显示，××4 号塔基距离 1 号矿体较××3 号塔基距离 1 号矿体更远，且案涉电力设施的高压线路悬挂在空中，与案涉 1 号矿体的距离并不比××3 号塔基距离 1 号矿体更近。② 评估机构实地勘察测量完成后，各方到场人员皆在相关鉴定测量材料上签字认可，××县某公司法定代表人王某某也始终在场并签字确认。河南省某研究院根据测量材料进而作出距离案涉 1 号矿体最近处的三个塔基对 1 号矿体不构成压覆的结论，并不存在漏鉴。压覆系指塔基与矿体的位置关系，而非塔基间空中连线与矿体的位置关系，××县某公司要求重新鉴定和补充鉴定的理由不足。（2）案涉电力设施建设项目对××县该公司矿体不构成压覆，不影响矿产资源正常开采。① 386 号通知第一条是从行政管理角度对压覆范围和补偿问题作出规定，××县某公司并无充足证据证明案涉电力设施建设项目对××县某矿构成压覆，不具有侵权的基础事实，不能以拟建前是否调查作为赔偿理由。386 号通知第二条规定，压覆矿产资源是指因建设项目实施后导致矿产资源不能开发利用。但是建设项目与矿区范围重叠而不影响矿产资源正常开采的，不作压覆处理。案涉工程经过鉴定，未导致××县某矿体不能开发利用，对××县某矿体不构成压覆，无须依第四条之规定向有关部门报压覆审批，亦无须依第五条之规定与采矿权人签订补偿协议。②《电力设施保护实施细则》第十条并未完全禁止在距电力设施 500 米范围内（指水平距离）进行爆破作业。因工作需要必须进行爆破作业时，其可以依法采取可靠的安全防范措施，并征得当地电力设施产权单位或管理部门的书面同意，报经政府有关管理部门批准后进行爆破。③ ××县某公司至今不具备矿产开采条件，而且从未进行过实际开采，并未因案涉电力设施建设项目遭受损失。

• 裁判结果

本院经审查认为，本案的审查重点是：案涉特高压直流输电工程项目是否对××县某公司矿区构成压覆，国网电力公司、国网某电力公司是否应当承担侵权损害赔偿责任。

关于河南省某研究院出具的《评估报告》是否应予采信的问题。一审法院根据××县某公司申请，依照法定程序委托河南省某研究院作为本案的鉴定机构，委托内容为：（1）确认××高压输电项目是否对××县某矿构成压覆；（2）确认高压输电项目压覆某矿的矿产品储量。根据上述委托内容，河南省某研究院作出《评估报告》，认定不构成压覆。针对该《评估报告》，××县某公司提出异议，河南省某研究院的测量人员、报告出具人员于 2020 年 7 月 29 日到庭接受询问，针对××县某公司提出的问题已作出合理解释。××县某公司并未提供证据证明存在鉴定机构、鉴定人员不具备相应资质、鉴定程序严重违法、鉴定意见明显依据不足等情形，原审法院对《评估报告》予以采信并无不当。鉴于××县某公司在参与现场三个塔基位置的测量期间，以及对评估报告的异议中均未对鉴定机构对三个塔基位置的测量提出异议，应认定鉴定不存在漏项问题。××县某公司二审及再审申请中提出鉴定遗漏××4 号塔基及四个塔基连线是否对案涉矿产构成压覆的主张与事实不符，二审法院对其要求重新鉴定和补充鉴定的要求不予支持并无不当。

关于案涉特高压直流输电工程项目是否对××县某公司矿区构成压覆的问题。根据 386 号通知第二条规定，压覆矿产资源是指因建设项目实施后导致矿产资源不能开发利用；但是建设项目与矿区范围重叠而不影响矿产资源正常开采的，不作压覆处理。根据测绘图，案涉塔基连线可能存在穿越矿区边缘的情况，国网某电力公司也承认塔基连线的垂直下方与矿区的东北部有极少重叠，但××县某公司并未举证证明该重叠影响矿区开采。《电力设施保护实施细则》第十条规定并未完全禁止在距电力设施周围 500 米范围内进行爆破作业，案涉矿区在开采条件成就时，可根据实际情况依照相关规定处理。根据已查明事实，××县某公司截至目前并未进行开采，也未提交证据证明当地电力设施产权单位或管理部门不同意对案涉矿体进行开采。××县某公司称案涉电力项目客观上增加了审批难度，必然存在损失，但该情形系或然状态，并非必然发生，亦未提交存在任何损失的证据。在具备开采条件后，如果××县某公司的案涉输电工程项目无法通过审批，导致其无法正常开采存在损失，可另行主张。国网某电力公司在电力工程建设前是否对压覆矿产资源进行调查均不影响本案处理结果，××县某公司以此要求国网某电力公司承担侵权责任的再审理由不成立。

综上，现有证据不足以证明案涉特高压直流输电工程项目已对××县某公司矿区构成压覆，××县某公司要求国网电力公司、国网某电力公司承担侵权赔偿责任无事实和法律依据，其再审申请理由不符合《中华人民共和国民事诉讼法》（2012 年修正，已于 2023 年修正）第二百条规定的应当再审的情形。依照《中华人民共和国民事诉讼法》（2012 年修正，已于 2023 年修正）第二百零四条第一款，《最高人民法院关于适用〈中华人民共和国民事诉讼法〉的解释》（2014 年通过，已于 2022 年修正）第三百九十五条第二款之规定，裁定如下：

驳回××县某矿业有限公司的再审申请。

样本案例二

××县某矿业有限责任公司与××省高速公路某管理处、
××省高速公路管理局侵权责任纠纷案

• **法院**

最高人民法院

• **当事人**

上诉人（一审被告）：××省高速公路××管理处。

法定代表人：彭某某。

被上诉人（一审原告）：××县某矿业有限责任公司。

法定代表人：李某某。

• **基本案情**

2007 年 1 月 6 日，由任某某取得了本案所涉及的××省国土资源厅颁发的"矿产资源勘查许可证"，勘查项目名称：××省××县某处钼多金属矿普查，勘查面积 5.16 平方公里，有效期限自 2007 年 1 月 16 日至 2009 年 1 月 16 日，2009 年 3 月 2 日探矿权获得延续至 2010 年 1 月 16 日。2009 年，任某某将该探矿权转让给李某某，李某某于 2009 年 11 月 5 日取得"矿产资源勘查许可证"，勘查项目名称：××省××县某处钼多金属矿普查，勘查面积 5.16 平方公里，有效期限自 2009 年 11 月 5 日至 2010 年 1 月 16 日。2010 年 3 月 10 日由李某某与马某共同出资成立了某矿业公司。2010 年 4 月 12 日该探矿权人变更到某矿业公司，××市国土资源局为某矿业公司颁发了"矿产资源勘查许可证"，勘查

项目名称：××省××县某处钼多金属矿详查；勘查面积 5.15 平方公里；有效期限自 2010 年 4 月 12 日至 2012 年 1 月 16 日。到期后该"矿产资源勘查许可证"又延续至 2014 年 1 月 16 日。

2009 年 7 月，××省发展和改革委员会通过了《××公路××界至××段项目可行性研究报告》。2009 年 7 月 13 日××省住房和城乡建设厅批准了省高速公路管理局提出的××公路××界至××段工程项目建设项目选址申请，并核发了建设项目选址意见书，同时发出公告。2009 年 9 月 4 日××市人民政府发布《关于××高速公路路线范围内停止建设的通知》。2010 年 1 月 30 日国家发展和改革委员会作出批复，批准了以××省高速公路管理局（以下简称"省高管局"）为项目单位对××高速公路中××界至××段的修建。××高速公路段于 2011 年 3 月 20 日正式开工建设，2013 年 12 月 9 日建成通车。在该段高速公路修建过程中省高管局成立××省高速公路××筹建处（后更名为现在的××管理处），负责高速公路建设事宜。

2009 年 8 月，省高管局委托西北某研究院对该建设项目线路两旁 300 米范围内用地压覆矿产资源情况进行调查评估，西北某研究院出具了《调查评估报告》。该评估报告结论说明了线路压覆涉及具体相关的采矿权和探矿权，但未提及某矿业公司的探矿权被压覆问题。

2009 年 9 月 10 日，××市国土资源局针对省高管局依据西北某研究院《调查评估报告》而报送的《压覆矿产资源申请报告》作出批复，明确了该项目压覆的涉及探矿权及设置的有 9 处，其中没有某矿业公司的探矿权。某矿业公司得知此情况之后，找到××市国土资源局提出异议。××市国土资源局到现场进行实地勘查，确认高速公路征地路桩距离某矿业公司探矿区范围内最近的钻孔小于 300 米，并于 2010 年 12 月 6 日、2011 年 3 月 28 日分别向××省国土资源厅和省高管局出具项目说明，明确了压覆的情况，并提出：该探矿权（某矿业公司的探矿权）暂不能转为采矿权，为保障探矿权人的权益，建议建设项目单位修改高速线路或与探矿权人签订相关协议。其后，某矿业公司与××管理处、省高管局对探矿权压覆与补偿问题始终未达成协议。

在一审中，××管理处、省高管局对××市国土资源局 2010 年 12 月 6 日、2011 年 3 月 28 日分别向××省国土资源厅和省高管局出具项目说明的真实性提出异议。为此，一审法院向××市国土资源局致函进行确认。××市国土资源局于 2015 年 8 月 10 日复函，确认了该两个说明的真实性，同时对该两个说明与之前的批复中涉及本案探矿权压覆问题不一致的原因进行了说明，称：2010 年 11 月，××县某处钼多金属矿普查项目的探矿权人向我局申诉，反映高速公路建设项目在 2009 年向国土资源部门申报时，设计道路中心线两侧 300 米的调查范围与该勘查项目范围不重叠，而时隔三个月，高速占地范围实际上已经压占该勘查区，因此要求补偿。经该局实地核查，2010 年 11 月该高速公路完成征地界桩埋设后，其界桩圈定的范围穿过此勘查项目部分区域，情况属实。该建设项目与探矿权所形成的矛盾，主要原因是该建设项目落地范围与申办压覆矿产资源审批手续时提供的范围发生了变化，而项目建设单位未对变更后的项目工程范围重新申办压覆矿产资源的相关审批手续，并且双方一直未能达成协议，致使矛盾存续至今。

某矿业公司认为，其探矿权区域主要在××高速公路的 1000 米范围内，依据××省矿产资源总体规划属于被禁止开采的区域，将无法转为采矿权，要求××管理处、省高管局给予补偿。××管理处、省高管局则认为，某矿业公司的探矿权如果在高速公路两侧 300 米范围内的可以补偿，但某矿业公司的探矿权都在 300 米以外，故不同意补偿。

• 裁判结果

本院认为，本案二审争议的焦点问题为：（1）某矿业公司对它主张的探矿区是否享有探矿权；（2）××管理处是否存在压覆某矿业公司探矿区域及压覆的评估范围如何确定；（3）××管理处、省高管局是否应当赔偿某矿业公司损失。

（1）关于某矿业公司对其主张的探矿区是否享有探矿权问题。涉案探矿权系 2007 年 1 月 6 日由任某某取得，并获得××省国土资源厅颁发的"矿产资源勘查许可证"。2009 年任某某将探矿权转让给李某某后，于 2010 年 4 月 12 日该探矿权人变更到李某某与马某设立的某矿业公司，经××市国土资源局批准，某矿业公司取得"矿产资源勘查许可证"。故某矿业公司依法享有涉案探矿权。虽然 2010 年 4 月某矿业公司取得涉案探矿权时，2009 年 9 月 4 日××市人民政府发布《关于××高速公路沿线范围内停止建设的通知》，但从 2009 年 8 月省高管局委托西北某院出具的《调查评估报告》看，某矿业公司的探矿矿区并不在××高速公路建设压覆矿范围内，且在本案诉讼前××管理处依然否认其所建设的××高速公路压覆了某矿业公司探矿区域。故在此情况下，2009 年 9 月 4 日××市人民政府发布《关于××高速公路沿线范围内停止建设的通知》并不影响某矿业公司依法取得涉案探矿权。××市国土资源局将涉案探矿权变更为某矿业公司并无不当，某矿业公司取得涉案探矿权不存在瑕疵。××管理处的该项上诉理由不能成立，本院不予支持。

（2）关于××管理处是否存在压覆某矿业公司探矿区域及压覆的评估范围

如何确定问题。一审法院组织双方当事人及评估鉴定机构进行现场勘查的结果是：依据某矿业公司的探矿权坐标，某矿业公司的探矿权区域主要位于××高速公路一侧 1000 米范围内，近端位于该高速公路 300 米范围内。在本院二审庭审中，××管理处、省高管局均认可在××高速公路边界上与某矿业公司的探矿权区域有一部分重叠，故可以认定××高速公路压覆了某矿业公司部分探矿权区域。关于压覆的评估范围如何确定问题。经查，《××省矿产资源总体规划（2008—2015）》系××省人民政府报请国土资源部批复后于 2010 年 2 月实施的，但在 2010 年 9 月、2011 年 6 月××省国土资源厅颁布了《××省矿产资源规划实施管理办法》和《××省国土资源厅建设项目压覆矿产资源管理办法》。《××省矿产资源总体规划实施管理办法》第十六条第一款规定："铁路、高速公路、国道、省道两侧可视范围内，原则上不再新设露天采矿权。设置地下采矿权的必须符合铁路、公路相关安全规程的要求。"《××省国土资源厅建设项目压覆矿产资源管理办法》第十三条规定："建设项目压覆矿产资源的评估范围应不小于用地边界外推 300 米，行业规定保护范围大于 300 米的，按行业规定评估。"《中华人民共和国公路法》（2017 年修正）第四十七条规定："在大中型公路桥梁和渡口周围二百米、公路隧道上方和洞口外一百米范围内，以及在公路两侧一定距离内，不得挖砂、采石、取土、倾倒废弃物，不得进行爆破作业及其他危及公路、公路桥梁、公路隧道、公路渡口安全的活动。"而《公路安全保护条例》（2011 年 7 月 1 日起施行）第十一条规定："县级以上地方人民政府应当根据保障公路运行安全和节约用地的原则以及公路发展的需要，组织交通运输、国土资源等部门划定公路建筑控制区的范围。公路建筑控制区的范围，从公路用地外缘起向外的距离标准为：① 国道不少于 20 米；② 省道不少于 15 米；③ 县道不少于 10 米；④ 乡道不少于 5 米。属于高速公路的，公路建筑控制区的范围从公路用地外缘起向外的距离标准不少于 30 米。公路弯道内侧、互通立交以及平面交叉道口的建筑控制区范围根据安全视距等要求确定。"第十七条规定："禁止在下列范围内从事采矿、采石、取土、爆破作业等危及公路、公路桥梁、公路隧道、公路渡口安全的活动：① 国道、省道、县道的公路用地外缘起向外 100 米，乡道的公路用地外缘起向外 50 米；② 公路渡口和中型以上公路桥梁周围 200 米；③ 公路隧道上方和洞口外 100 米。"本院认为，鉴于《中华人民共和国矿产资源法》（2009 年修正）第二十条仅规定非经国务院授权的有关主管部门同意，"铁路、重要公路两侧一定距离以内"不得开采矿产资源，并没有规定具体范围，故对"一定距离以内"的确定应参照我国保护公路安全的法律及条例的相关规定。本案是因高速公路建设压覆探矿权而发生的纠纷，《××省矿产资源总体规划（2008—2015）》仅是对××省范围内矿产资源的利用开发进行的长远计划，具体实施中应以《××省矿产资源规划实施管理办法》《××省国土资源厅建设项目压覆矿产资源管理办法》为依据。虽然××市国土资源局于 2010 年 12 月 6 日、2011 年 3 月 28 日分别向××省国土资源厅和省高管局出具了项目说明，但根据该说明仅能证明××高速公路路桩在某矿业公司探矿区范围内，并没有确定某矿业公司位于××高速公路 1000 米范围内的探矿权已经无法行使。根据前述法律法规、管理办法的规定以及××市国土资源局出具的批复，本案某矿业公司探矿权相应权益补偿范围确定为"高速公路用地边界外推 300 米范围内"为宜。××管理处的该项上诉请求成立，法院予以支持。

（3）关于××管理处、省高管局是否应当赔偿某矿业公司损失问题。根据《中华人民共和国物权法》（已被《民法典》废止）第一百二十三条"依法取得的探矿权、采矿权、取水权和使用水域、滩涂从事养殖、捕捞的权利受法律保护"以及《中华人民共和国侵权责任法》（已被《民法典》废止）第二条"侵害民事权益，应当依照本法承担侵权责任。本法所称民事权益，包括……用益物权……"的规定，对于侵害探矿权的行为，侵权行为人应当承担侵权责任。××管理处、省高管局因修建××高速公路给某矿业公司合法的探矿权造成损失，依法应当给予赔偿。关于赔偿损失的数额，鉴定机构的鉴定结论为：××高速公路压覆××县某处钼多金属矿详查探矿权 300 米范围内评估价值为 886.45 万元。对该鉴定结论各方当事人均未提出异议，法院予以采信。

综上，××管理处的上诉请求部分成立，法院予以支持。

<h2 style="text-align:center">样本案例三</h2>

<h3 style="text-align:center">某煤业有限责任公司、××省公路局等物权保护纠纷案</h3>

• 法院

最高人民法院。

• 当事人

再审申请人（一审原告、二审上诉人）：某煤业有限责任公司。

法定代表人：麻某某。

被申请人（一审被告、二审上诉人）：××省公路局。

法定代表人：黄某。

• **基本案情**

××高速公路建设项目办公室、××县××高速公路建设协调服务指挥部及某公司协商共同委托甲地质大队对某煤矿的压覆矿产资源进行评估，甲地质大队以"××高速公路征地范围边界线向两侧各外推 20 米为围护带宽度及结合相应的走向及上、下山移动角所划定的范围为压覆范围"作出压覆资源量结论："无烟煤资源量（334?）：5 万吨。"

一审诉讼过程中，根据某煤业有限责任公司申请，一审法院对外委托乙地质大队对案涉压覆储量进行评估。两份报告均系根据《建筑物、水体、铁路及主要井巷煤柱留设与压煤开采规程》（以下简称《开采规程》）确定案涉高速公路的保护等级为 1 级，维护带宽度均选用 20 米。两份报告的不同之处在于，甲报告从技术规范的角度划定"以××高速公路征地范围边界向两侧各外推 20 米为范围的围护带宽度、走向及上、下山移动角所划定的压覆范围"为压覆范围；乙报告按"就大不（就）小原则"依据《中华人民共和国公路法》第四十七条、《公路安全保护条例》第十七条和《××省高速公路管理条例》第三十二条的规定确定××高速公路桥梁（××段）周围向外 200 米范围为压覆范围，作出压覆资源量结论：无烟煤资源量结论："（333＋334?）总量 558801t。"

• **裁判结果**

本院经审查认为，关于煤矿压覆量的认定问题，原审已查明，2016 年 12 月，××高速公路建设项目办公室、××县××高速公路建设协调服务指挥部及某公司协商共同委托甲地质大队对××县××乡某煤矿的压覆矿产资源进行评估，甲地质大队接受委托后以"××高速公路征地范围边界线向两侧各外推 20 米为围护带宽度及结合相应的走向及上、下山移动角所划定的范围为压覆范围"作出压覆资源量结论为"无烟煤资源量（334?）：5 万吨"的甲报告。一审诉讼过程中，根据某煤业公司申请，一审法院对外委托乙地质大队对案涉压覆储量进行评估。2020 年 3 月 20 日，乙地质大队作出乙报告，鉴定意见为"压覆××县××乡某煤矿的无烟煤保有资源量（333＋334?）总量 558801t……"甲报告和乙报告均系根据《开采规程》确定案涉高速公路的保护等级为 1 级，维护带宽度均选用 20 米。两份报告的不同之处在于：甲报告从技术规范的角度划定"以××高速公路征地范围边界向两侧各外推 20 米为范围的围护带宽度、走向及上、下山移动角所划定的压覆范围"为压覆范围;乙报告按"就大不(就)小原则",依据《中华人民共和国公路法》第四十七条、《公路安全保护条例》第十七条和《××省高速公路管理条例》第三十二条的规定确定××高速公路桥梁(××段)周围向外200米范围为压覆范围。原审根据《开采规程》的相关规定,遵循煤炭资源优化利用、爱护对象安全及保护生态环境和企业经济与社会效益等原则,并结合××省交通运输厅函复意见,采信压覆范围少的甲报告认定煤矿压覆量5万吨予以补偿,并不缺乏依据,亦无不妥。

关于公路局承担责任的性质问题。《中华人民共和国侵权责任法》(已被《民法典》废止)第六条规定:"行为人因过错侵害他人民事权益,应当承担侵权责任。"本案中,公路局因公共利益需要而修建案涉高速公路,对某煤业有限责任公司的矿产资源产生压覆,公路局的行为并不具备主观过错,原审法院认定公路局应承担的责任为补偿责任,并无不当。

关于补偿依据和标准问题。《国土资源部关于进一步做好建设项目压覆重要矿产资源审批管理工作的通知》(以下简称"137号文"),系国家自然资源管理部门为了规范全国范围内压覆重要矿产资源审批管理工作,保证建设项目压覆矿产资源审批管理工作顺利进行,避免或减少压覆重要矿产资源,提高矿产资源保障能力,保障建设项目正常进行而下发的规范性文件。该文件就因公共利益需要的建设项目对于被压覆的矿产资源进行补偿所遵循的补偿原则、补偿项目、补偿金的计算方式等内容进行了明确规定,可操作性较强。原审法院以此为补偿依据,并确定补偿标准并无不妥。××省高院虽曾作出终审民事判决,但与随后最高人民法院2019年第9期公报案例(2017)最高法民终724号物权保护纠纷案确定的"建设项目因公共利益压覆矿产的,补偿标准应为直接损失"补偿标准不一致,故××省高院的民事判决不具类案同判指导性。

再审审查中,某煤业有限责任公司提交了2019年11月××地质工程勘察设计研究院出具的《成因分析报告》、2020年9月××中国矿大某公司出具的《禁采范围报告》、××省国土资源厅《批复》、××省煤矿设计研究院2021年10月25日作出的《评审报告》等证据作为新证据。经审查,某煤业公司举证的《批复》形成于2009年,且该《批复》仅对拟建××高速公路压覆煤矿及压覆煤矿量进行预估,不能证明公路局故意压覆某煤业的煤矿构成侵权;《成因分析报告》《禁采范围报告》均形成于2021年3月10日原审判决之前,《评审报告》虽形成于原审判决后,但也仅是对原审判决前形成的《禁采范围报告》进行的专家评审意见,上述三份报告形成的起因是××高速公路××大桥出现多处裂缝，该三份报告对禁采范围划定时考虑因素包含某煤业有限责任公司的开采行为，与本案修建高速公路而确定的压覆范围之间不具有关联性，故某煤业有限责任公司举证的《批复》《成因分析报告》《禁采范围报告》及《评审报告》等证据均不是某煤业可以据以提起再审的新证据。

综上所述，某煤业有限责任公司的再审申请不符合《中华人民共和国民事诉讼法》（2021 年修正，已于 2023 年修正）第二百零七条规定的应当再审的情形。据此，依照《中华人民共和国民事诉讼法》（2021 年修正，已于 2023 年修正）第二百一十一条第一款、《最高人民法院关于适用〈中华人民共和国民事诉讼法〉的解释》（2022 年施行）第三百九十三条第二款规定，作出判决如下：

驳回××煤业有限责任公司的再审申请。

三、司法案例类案甄别

（一）事实对比

样本案例一，河南省某研究院于 2020 年 6 月 18 日作出的《评估报告》仅针对三个塔基是否构成压覆作出结论，未按人民法院鉴定委托书的要求对相邻电力设施进行鉴定，明显缩小了鉴定范围。国网某电力公司的侵权行为，主要是穿越矿区范围而过的架空输电线路，其次为塔基，《评估报告》仅能反映塔基是否存在压覆，而忽略了更为重要的输电线路。《评估报告》依据的压覆安全距离标准有误。本案超高压电力设施是否构成压覆，不应以《爆破安全规程》规定的 300 米为标准，而应以《电力设施保护条例实施细则》规定的 500 米为标准。原审法院对××县某公司重新鉴定和补充鉴定的请求不予支持不当。案涉高压输电项目是否对矿产构成侵权不以是否构成压覆为先决条件。国网某电力公司在电力工程建设前直至竣工验收时，仍未按照国家规定对案涉矿产进行压覆矿产资源调查评估，不符合我国对于超高压线路的建设设计要求，存在违规行为。从勘探地图和矿区测绘地图看，案涉高压线路穿矿而过，根据《河南省人民政府办公厅关于进一步加强建设项目压覆重要矿产资源管理工作的通知》，只要是建设项目压覆区与勘查区块范围重叠或与采矿区范围重叠，项目建设单位就应当与矿业权人达成互不影响协议，可以作不压覆处理。原审法院在明知国网某电力公司并未书面同意该公司可以露天爆破作业，并未签署互不影响协议的情况下，仍然依据《评估报告》作出不构成侵权的认定错误。根据《电力设施保护条例实施细则》第十条规定，超高压 800 千伏电力设施 500 米以内禁止爆破作业，因工作需要必须进行爆破作业时，应采取可靠安全的防范措施，并征得当地电力设施产权单位或管理部门的书面同意，报经政府有关管理部门批准。本案案涉矿产采矿区与超高压设施距离不足 500 米为已证事实，矿产开采行为必然受到上述规定约束，××县某公司本可顺利审批的流程，现因案涉超高压电力设施的客观存在，需要特别上报电力部门审批，增加了审批难度，这一客观事实必然对××县某公司的合法采矿权构成侵害。

国网某电力公司提交意见称：河南省某科学研究院出具的《评估报告》应予采信。案涉电力设施建设项目塔基均不在××县某公司采矿区范围内。评估机构实地勘查测量完成后，各方到场人员皆在相关鉴定测量材料上签字认可，××县某公司法定代表人王某某也始终在场并签字确认。河南省某研究院根据测量材料作出结论，并不存在漏鉴。压覆系指塔基与矿体的位置关系，而非塔基间空中连线与矿体的位置关系，××县某公司要求重新鉴定和补充鉴定的理由不足。案涉电力设施建设项目对××县该公司矿体不构成压覆，不影响矿产资源正常开采。

样本案例二，2007 年 1 月 6 日，由任某某取得了本案所涉及的××省国土资源厅颁发的"矿产资源勘查许可证"，有效期限自 2007 年 1 月 16 日至 2009 年 1 月 16 日，2009 年 3 月 2 日探矿权获得延续至 2010 年 1 月 16 日。2009 年，任某某将该探矿权转让给李某某，李某某于 2009 年 11 月 5 日取得××市国土资源局颁发的"矿产资源勘查许可证"，有效期限自 2009 年 11 月 5 日至 2010 年 1 月 16 日。2010 年 3 月 10 日由李某某与马某共同出资成立了某矿业公司。2010 年 4 月 12 日该探矿权人变更到某矿业公司，××市国土资源局为某矿业公司颁发了"矿产资源勘查许可证"，有效期限自 2010 年 4 月 12 日至 2012 年 1 月 16 日。到期后该"矿产资源勘查许可证"又延续至 2014 年 1 月 16 日。

2009 年 7 月，××省发展和改革委员会通过了《××公路××界至××段项目可行性研究报告》。2009 年 7 月 13 日××省住房和城乡建设厅批准了省高管局提出的项目建设项目选址申请，并核发了建设项目选址意见书，同时发出公告。2009 年 9 月 4 日××市人民政府发布《关于××高速公路路线范围内停止建设的通知》。2010 年 1 月 30 日国家发展和改革委员会作出批复，批准了以省高管局为项目单位对××高速公路中××界至××段的修建。××高速公路段于 2011 年 3 月 20 日正式开工建设，2013 年 12 月 9 日建成通车。在该段高速公路修建过程中省高管局成立××省高速公路××筹建处（后更名为现在的××管理处），负责高速公路建设事宜。

2009 年 8 月，省高管局委托西北某研究院对该建设项目线路两旁 300 米范围内用地压覆矿产资源情况进行调查评估，西北某研究院出具了《调查评估报告》。该评估报告结论说明了线路压覆涉及具体相关的采矿权和探矿权，但未提及某矿业公司的探矿权被压覆问题。

2009 年 9 月 10 日，××市国土资源局针对省高管局依据西北某研究院《调查评估报告》而报送的《压覆矿产资源申请报告》作出批复，明确了该项目压覆的涉及探矿权及设置的有 9 处，其中没有某矿业公司的探矿权。某矿业公司得知此情况之后提出异议。××市国土资源局到现场进行实地勘查，确认高速公路征地路桩距离某矿业公司探矿区范围内最近的钻孔小于 300 米，并于 2010 年 12 月 6 日、2011 年 3 月 28 日分别向××省国土资源厅和省高管局出具项目说明，明确了压覆的情况，并提出：该探矿权（某矿业公司的探矿权）暂不能转为采矿权，为保障探矿权人的权益，建议建设项目单位修改高速线路或与探矿权人签订相关协议。其后，某矿业公司与××管理处、省高管局为探矿权压覆与补偿问题始终未达成协议。

在一审中，××管理处、省高管局对××市国土资源局 2010 年 12 月 6 日、2011 年 3 月 28 日分别向××省国土资源厅和省高管局出具项目说明的真实性提出异议。××市国土资源局于 2015 年 8 月 10 日复函，确认了该两个说明的真实性，同时对该两个说明与之前的批复中涉及本案探矿权压覆问题不一致的原因进行了说明，2010 年 11 月该高速公路完成征地界桩埋设后，其界桩圈定的范围穿过此勘查项目部分区域，情况属实。项目建设单位未对变更后的项目工程范围重新申办压覆矿产资源的相关审批手续，并且双方一直未能达成协议，致使矛盾存续至今。

某矿业公司认为，其探矿权区域主要在××高速公路的 1000 米范围内，依据××省矿产资源总体规划属于被禁止开采的，将无法转为采矿权，要求××管理处、省高管局给予补偿。××管理处、省高管局则认为，某矿业公司的探矿权如果在高速公路两侧 300 米范围内的可以补偿，但某矿业公司的探矿权都在 300 米以外，故不同意补偿。

样本案例三，××高速公路建设项目办公室、××县××高速公路建设协调服务指挥部及某公司协商共同委托甲地质大队对某煤矿的压覆矿产资源进行评估，得出压覆资源量结论："无烟煤资源量（334?）：5 万吨。"

一审诉讼过程中，根据某煤业有限责任公司申请，一审法院对外委托乙地质大队对案涉压覆储量进行评估。两份报告均系根据《开采规程》确定案涉高速公路的保护等级为 1 级，维护带宽度均选用 20 米。两份报告的不同之处在于，甲报告从技术规范的角度划定"以××高速公路征地范围边界向两侧各外推 20 米为范围的围护带宽度、走向及上、下山移动角所划定的压覆范围"为压覆范围;乙报告按"就大不(就)小原则"依据《中华人民共和国公路法》第四十七条、《公路安全保护条例》第十七条和《××省高速公路管理条例》第三十二条的规定确定××高速公路桥梁(××段)周围向外 200 米范围为压覆范围,作出压覆资源量结论:无烟煤资源量结论:"(333+334?)总量 558801t。"

(二)适用法律对比

样本案例一,法院经审查认为,关于案涉特高压直流输电工程项目是否对××县某公司矿区构成压覆的问题。根据 386 号通知第二条规定,压覆矿产资源是指因建设项目实施后导致矿产资源不能开发利用;但是建设项目与矿区范围重叠而不影响矿产资源正常开采的,不作压覆处理。××县某公司并未举证证明该重叠影响矿区开采。《电力设施保护实施细则》第十条规定并未完全禁止在距电力设施周围五百米范围内进行爆破作业,案涉矿区在开采条件成就时,可根据实际情况依照相关规定处理。根据查明事实,××县某公司截至目前并未进行开采,也未提交证据证明当地电力设施产权单位或管理部门不同意它对案涉矿体进行开采。国网某电力公司在电力工程建设前是否对压覆矿产资源进行调查均不影响本案处理结果,××县某公司以此要求国网某电力公司承担侵权责任的再审理由不成立。

现有证据不足以证明案涉特高压直流输电工程项目已对××县某公司矿区构成压覆,××县某公司要求国网电力公司、国网某电力公司承担侵权赔偿责任无事实和法律依据,其再审申请理由不符合《中华人民共和国民事诉讼法》(2012 年修正,已于 2023 年修正)第二百条规定的应当再审的情形。依照《中华人民共和国民事诉讼法》(2012 年修正,已于 2023 年修正)第二百零四条第一款,《最高人民法院关于适用〈中华人民共和国民事诉讼法〉的解释》(2014 年通过,已于 2022 年修正)第三百九十五条第二款之规定,裁定驳回××县某矿业有限公司的再审申请。

样本案例二,在二审庭审中,××管理处、省高管局均认可在××高速公路边界上与某矿业公司的探矿权区域有一部分重叠,故可以认定××高速公路压覆了某矿业公司部分探矿权区域。关于压覆的评估范围如何确定问题。经查,《××省矿产资源总体规划(2008—2015)》系××省人民政府报请国土资源部批复后于 2010 年 2 月实施的,但在 2010 年 9 月、2011 年 6 月××省国土资源厅颁布了《××省矿产资源规划实施管理办法》和《××省国土资源厅建设项目压覆矿产资源管理办法》。依照《××省矿产资源规划实施管理办法》第十六条第一款、《××省国土资源厅建设项目压覆矿产资源管理办法》第十三条、《中华人民共和国公路法》（2017 年修正）第四十七条，以及《公路安全保护条例》（2011 年 7 月 1 日起施行）第十一条、第十七条规定，法院认为，鉴于《中华人民共和国矿产资源法》（2009 年修正）第二十条仅规定非经国务院授权的有关主管部门同意，"铁路、重要公路两侧一定距离以内"不得开采矿产资源，并没有规定具体范围，故对"一定距离以内"的确定应参照我国保护公路安全的法律及条例的相关规定。本案是因高速公路建设压覆探矿权而发生的纠纷，具体实施中应以《××省矿产资源规划实施管理办法》《××省国土资源厅建设项目压覆矿产资源管理办法》为依据。根据前述法律法规、管理办法的规定以及××市国土资源局出具的批复，本案某矿业公司探矿权相应权益补偿范围确定为"高速公路用地边界外推 300 米范围内"为宜。××管理处的该项上诉请求成立，法院予以支持。

关于××管理处、省高管局是否应当赔偿某矿业公司损失问题。根据《中华人民共和国物权法》（已被《民法典》废止）第一百二十三条和《中华人民共和国侵权责任法》（已被《民法典》废止）第二条的规定，对于侵害探矿权的行为，侵权行为人应当承担侵权责任。××管理处、省高管局因修建××高速公路给某矿业公司合法的探矿权造成损失，依法应当给予赔偿。××管理处的上诉请求部分成立，法院予以支持。

样本案例三，法院已查明，两份报告均系根据《开采规程》确定案涉高速公路的保护等级为 1 级，维护带宽度均选用 20 米。两份报告的不同之处在于，甲报告从技术规范的角度划定"以××高速公路征地范围边界向两侧各外推 20 米为范围的围护带宽度、走向及上、下山移动角所划定的压覆范围"为压覆范围；乙报告按"就大不（就）小原则"依据《中华人民共和国公路法》（2017 年修正）第四十七条、《公路安全保护条例》（2011 年 7 月 1 日起施行）第十七条和《××省高速公路管理条例》第三十二条的规定确定××高速公路桥梁（××段）周围向外 200 米范围为压覆范围。原审根据《开采规程》的相关规定，遵循煤炭资源优化利用、爱护对象安全及保护生态环境和企业经济与社会效益等原则，并结合××省交通运输厅函复意见，采信压覆范围少的甲报告认定煤矿压覆量 5 万吨予以补偿，并不缺乏依据，亦无不妥。

关于公路局承担责任的性质问题。《中华人民共和国侵权责任法》（已被《民法典》废止）第六条规定："行为人因过错侵害他人民事权益，应当承担侵权责任。"本案中，公路局因公共利益需要而修建案涉高速公路，对某煤业有限责任公司的矿产资源产生压覆，公路局的行为并不具备主观过错，原审法院认定公路局应承担的责任为补偿责任，并无不当。

关于补偿依据和标准问题。137 号文，系国家自然资源管理部门为了规范全国范围内压覆重要矿产资源审批管理工作，保证建设项目压覆矿产资源审批管理工作顺利进行，避免或减少压覆重要矿产资源，提高矿产资源保障能力，保障建设项目正常进行而下发的规范性文件。该文件就因公共利益需要的建设项目对于被压覆的矿产资源进行补偿所遵循的补偿原则、补偿项目、补偿金的计算方式等内容进行了明确规定，可操作性较强。原审法院以此为补偿依据，并确定补偿标准并无不妥。

再审法院认为，某煤业有限责任公司的再审申请不符合《中华人民共和国民事诉讼法》（2021 年修正，已于 2023 年修正）第二百零七条规定的应当再审的情形。据此，依照《中华人民共和国民事诉讼法》（2021 年修正，已于 2023年修正）第二百一十一条第一款、《最高人民法院关于适用〈中华人民共和国民事诉讼法〉的解释》（2022 年施行）第三百九十三条第二款的规定，裁定驳回××煤业有限责任公司的再审申请。

（三）类案大数据报告

截至 2023 年 11 月 30 日，分别以关键词"压覆矿产""侵权行为""赔偿责任"共检索到类案 37 件，经逐案分析，与本规则关联度较高的案件有10 件。

从类案地域分布看，涉案数最多的地域是四川省，其次是河北省，北京市等其余省市各 1 件。

从类案结案时间看，结案最多的年份是 2020 年，共有 5 件；其次为 2021年，共有 3 件。

四、类案裁判规则的解析确立

（一）结合法律规定，认定压覆矿产资源需要有适格的审批主体

《中华人民共和国矿产资源法》（2009 年修正）第三十三条规定："在建设铁路、工厂、水库、输油管道、输电线路和各种大型建筑物或者建筑群之前，建设单位必须向所在省、自治区、直辖市地质矿产主管部门了解拟建工程所在

地区的矿产资源分布和开采情况。非经国务院授权的部门批准，不得压覆重要矿床。"

《国土资源部关于进一步做好建设项目压覆重要矿产资源审批管理工作的通知》（即 137 号文）第三条规定："建设项目压覆重要矿产资源由省级以上国土资源行政主管部门审批。压覆石油、天然气、放射性矿产，或压覆《矿产资源开采登记管理办法》附录所列矿种（石油、天然气、放射性矿产除外）累计查明资源储量数量达大型矿区规模以上的，或矿区查明资源储量规模达到大型并且压覆占三分之一以上的，由国土资源部负责审批。"

以上两个法律法规从批准主体角度规定了认定压覆矿产资源的主体包括国务院授权的部门，具体包括以下内容。

1. 由省级以上国土资源行政主管部门审批：重要矿产资源是指《矿产资源开采登记管理办法》附录所列 34 个矿种和省级国土资源行政主管部门确定的本行政区优势矿产、紧缺矿产。

2. 由国土资源部负责审批：压覆石油、天然气、放射性矿产，或压覆《矿产资源开采登记管理办法》附录所列矿种（石油、天然气、放射性矿产除外）累计查明资源储量数量达大型矿区规模以上的，或矿区查明资源储量规模达到大型并且压覆占三分之一以上的矿产资源。

（二）结合法律规定，认定压覆矿产资源需要满足"建设项目实施后导致重要矿产资源不能开发利用"的实质标准

《关于规范建设项目压覆矿产资源审批工作的通知》（即 386 号文）第二条规定："压覆矿产资源是指因建设项目实施后导致矿产资源不能开发利用。但是建设项目与矿区范围重叠而不影响矿产资源正常开采的，不作压覆处理。"

《国土资源部关于进一步做好建设项目压覆重要矿产资源审批管理工作的通知》（即 137 号文）第二条规定："凡建设项目实施后，导致其压覆区内已查明的重要矿产资源不能开发利用的，都应按本通知规定报批。未经批准，不得压覆重要矿产资源。建设项目压覆区与勘查区块范围或矿区范围重叠但不影响矿产资源正常勘查开采的，不作压覆处理。矿山企业在本矿区范围内的建设项目压覆矿产资源不需审批。重要矿产资源是指《矿产资源开采登记管理办法》附录所列 34 个矿种和省级国土资源行政主管部门确定的本行政区优势矿产、紧缺矿产。炼焦用煤、富铁矿、铬铁矿、富铜矿、钨、锡、锑、稀土、钼、铌钽、钾盐、金刚石矿产资源储量规模在中型以上的矿区原则上不得压覆，但国务院批准的或国务院组成部门按照国家产业政策批准的国家重大建设项目除外。"

以上行政部门规章规定了我国压覆矿产资源的实质条件，包括以下内容。

1. 压覆的对象：重要矿产资源，是指《矿产资源开采登记管理办法》附录所列 34 个矿种和省级国土资源行政主管部门确定的本行政区优势矿产、紧缺矿产，以及炼焦用煤、富铁矿、铬铁矿、富铜矿、钨、锡、锑、稀土、钼、铌钽、钾盐、金刚石矿产资源储量规模在中型以上的矿区。

2. 压覆的实质标准：压覆矿产资源是指因建设项目实施后导致矿产资源不能开发利用；但是建设项目与矿区范围重叠而不影响矿产资源正常开采的，不作压覆处理。如果该建设项目的实施导致压覆区域内的矿产资源无法开发利用，则构成压覆。

（三）结合相关规定，在建设项目压覆纠纷中，压覆范围采用不同的确定标准，直接影响压覆评估结果，决定了矿业权人可以获得的补偿金额

如某煤业有限责任公司的案例中，按照甲报告"两侧各外推 20 米"的补偿价值是 15 万元，但依据乙报告"高速公路桥梁向外 200 米"的补偿价值超 1100 万元。两个报告采用不同的压覆标准，最终补偿金额差异悬殊，对矿业权人的影响重大。根据 137 号文的规定："确需压覆重要矿产资源的，建设单位应根据有关工程建设规范确定建设项目压覆重要矿产资源的范围，委托具有相应地质勘查资质的单位编制建设项目压覆重要矿产资源评估报告。"压覆范围应根据工程建设规范确定，具有极强的技术性，也要遵循国家有关法律法规和技术规范、规程执行。部分省份也曾出台过不同项目的压覆范围的明确标准或者原则性规定。

经查询现行有效的各省规定如下。

江西省自然资源厅关于印发《江西省建设项目压覆重要矿产资源审批管理办法（试行）》第六条规定，建设项目压覆矿产资源的，项目建设单位应按规定编制《建设项目压覆矿产资源评估报告》，且对评估报告的真实性、合规性负责。评估范围依据国家法律法规、国家标准、行业标准及建设项目安全保护要求确定，无行业规定的，一般按建设项目用地边界外扩 100 米。

河北省自然资源厅关于印发《河北省建设项目压覆重要矿产资源管理办法（试行）》第四条："建设项目压覆矿产资源范围的确定，涉及露天开采的应遵循相关行业规定，无行业规定或行业规定小于 300 米的，按建设项目用地边界外扩 300 米；涉及地下开采的按《建筑物、水体、铁矿及主要井巷煤柱留设与压煤开采规范》（安监总煤装〔2017〕66 号，下称"66 号文"）确定压覆范围。"

《陕西省自然资源厅关于进一步推进"放管服"改革做好建设项目压覆重要矿产资源审批服务工作的通知》规定压覆重要矿产资源申请查询材料清单中，包括安全距离范围说明书，说明该项目安全距离范围确定的依据或出处等。法律法规、规章等对项目安全距离范围有明确规定的，从其规定；未有明确规定的，由建设单位在申请项目压覆查询时提出安全距离范围，并对其负责。

其中，河北省关于压覆范围的规范中，清晰地区分了地表作业和地下作业应依据不同安全距离标准。在地下采矿作业中，应按照 66 号文确定压覆范围。66 号文对矿区范围内的构筑物进行等级划分，不同等级的构筑物对应不同的维护带宽度。目前，在 137 号文原则性规定下，各地规定不一或缺失。无论是矿业权人还是建设方都应当重视压覆范围的确定，尽量共同参与压覆范围的确定，减少压覆范围标准引发的纠纷。

五、关联法律法规

（一）《中华人民共和国矿产资源法》（2009 年修正）

第三十三条　在建设铁路、工厂、水库、输油管道、输电线路和各种大型建筑物或者建筑群之前，建设单位必须向所在省、自治区、直辖市地质矿产主管部门了解拟建工程所在地区的矿产资源分布和开采情况。非经国务院授权的部门批准，不得压覆重要矿床。

（二）《矿产资源开采登记管理办法》（2014 年修订）

附录：国务院地质矿产主管部门审批发证矿种目录

1 煤、2 石油、3 油页岩、4 烃类天然气、5 二氧化碳气、6 煤成（层）气、7 地热、8 放射性矿产、9 金、10 银、11 铂、12 锰、13 铬、14 钴、15 铁、16 铜、17 铅、18 锌、19 铝、20 镍、21 钨、22 锡、23 锑、24 钼、25 稀土、26 磷、27 钾、28 硫、29 锶、30 金刚石、31 铌、32 钽、33 石棉、34 矿泉水。

（三）自然资源行政主管部门的规范性文件

为了进一步落实法律法规的相关规定，自然资源部（原名称为国土资源部）分别于 2010 年 12 月 18 日公布《关于规范建设项目压覆矿产资源审批工作的通知》（国土资发〔2000〕386 号），2010 年 9 月 8 日公布《关于进一步做好建设项目压覆重要矿产资源审批管理工作的通知》（国土资发〔2010〕137 号）。

1.《关于规范建设项目压覆矿产资源审批工作的通知》（国土资发〔2000〕386 号）。

（1）凡是准备建设铁路、公路、工厂、水库、输油管道、输电线路和各种大型建筑物或者建筑群的，建设单位必须向所在省、自治区、直辖市国土资源主管部门了解拟建工程所在地区的矿产资源分布和开采情况，各省国土资源主管部门应当向建设单位提供建设项目范围内资源分布情况和矿业权设立情况。

（2）压覆矿产资源是指因建设项目实施后导致矿产资源不能开发利用。但是建设项目与矿区范围重叠而不影响矿产资源正常开采的，不作压覆处理。

（3）重要矿产资源是指国家规划矿区、对国民经济具有重要价值的矿区和《矿产资源开采登记管理办法》附录中 34 个矿种的矿床规模在中型以上的矿产资源。

（4）需要压覆重要矿产资源的建设项目，在建设项目可行性研究阶段，建设单位提出压覆重要矿产资源申请，由省级国土资源主管部门审查，出具是否压覆重要矿床证明材料或压覆重要矿床的评估报告，报国土资源部批准。

需要压覆非重要矿产资源的建设项目，在建设项目可行性研究阶段，建设单位应提出压覆非重要矿产资源申请，由矿产地所在行政区的县级以上地质矿产主管部门审查，出具是否压覆非重要矿床证明材料或压覆非重要矿床的评估报告，报省级国土资源主管部门批准。

（5）经批准可压覆矿产资源的建设项目，在其范围内有采矿权的，应按国家有关规定，由建设单位与采矿权人签订补偿协议并报批准压覆的部门备案，采矿权人应及时到原发证机关办理相应的矿区范围变更手续。

2.《国土资源部关于进一步做好建设项目压覆重要矿产资源审批管理工作的通知》（国土资发〔2010〕137 号）。

（1）提高认识，加强领导。

建设项目压覆矿产资源审批是《矿产资源法》确定的一项重要管理工作，对避免或减少压覆重要矿产资源、提高矿产资源保障能力，保障建设项目正常进行具有重要作用。各省级国土资源行政主管部门要充分认识压覆重要矿产资源审批管理工作的目的和意义，加强领导，进一步转变管理理念和管理方式，既要加强审批管理，又要做好服务；做到既保护矿产资源，又有利于建设项目顺利进行，维护矿业权人合法权益。

（2）严格管理范围。

凡建设项目实施后，导致其压覆区内已查明的重要矿产资源不能开发利用的，都应按本通知规定报批。未经批准，不得压覆重要矿产资源。

建设项目压覆区与勘查区块范围或矿区范围重叠但不影响矿产资源正常勘查开采的，不作压覆处理。矿山企业在本矿区范围内的建设项目压覆矿产资源不需审批。

重要矿产资源是指《矿产资源开采登记管理办法》附录所列 34 个矿种和省级国土资源行政主管部门确定的本行政区优势矿产、紧缺矿产。

炼焦用煤、富铁矿、铬铁矿、富铜矿、钨、锡、锑、稀土、钼、铌钽、钾盐、金刚石矿产资源储量规模在中型以上的矿区原则上不得压覆，但国务院批准的或国务院组成部门按照国家产业政策批准的国家重大建设项目除外。

（四）其他地方政府及行政主管部门的规范性文件

根据 137 号文与 386 号文相关规定，多数省、自治区、直辖市都先后发布了相关规范性文件，例如：河北、内蒙古、江苏、山东、河南、湖北、广西、云南、新疆等。对于压覆矿产资源相关概念都作了表述，部分省份如河北、内蒙古、山东、广西、云南等与 137 号文相同，部分省份则进行了限定、细化。例如，《河南省建设项目压覆矿产资源管理办法》（豫政办〔2013〕101 号）第二条规定："建设项目压覆矿产资源是指在当前技术经济条件下，建设项目实施后导致已查明的矿产资源储量不能开发利用。"相比 137 号文，加入了"当前技术经济条件下"作为判断建设项目是否压覆矿产资源的前提条件。

生产工艺中存在提取原生矿物出产物并获取利益的，应具备开采矿山安全生产许可证

一、聚焦司法案件裁判观点

■ 争议焦点

对未取得安全生产许可证擅自进行生产的矿山企业，行政机关是否可以对其给予行政处罚？

■ 裁判观点

安全生产许可证是矿业企业在进行生产经营活动前，必须依法取得的一种准许证书。例如在煤矿领域，煤矿安全生产许可证是保障煤矿安全生产的重要依据，煤矿企业必须依据相关规定取得安全生产许可证。对于未取得安全生产许可证擅自进行生产的煤矿企业，应当给予行政处罚。然而，在非典型矿业企业生产经营中，行政机关仍应审查安全生产许可证。

二、司法案例样本对比

样本案例一

丙市 e 区××镇南地锰矿××选厂与丙市 e 区人民政府地质矿产其他行政行为纠纷上诉案

• **法院**

B 省高级人民法院

• **当事人**

上诉人：丙市 e 区××镇南地锰矿××选厂。

被上诉人（原审被告）：丙市 e 区人民政府，住所地丙市 e 区东城中路 9 号。

法定代表人：张某，该区区长。

被上诉人（原审被告）：丙市 e 区××镇人民政府，住所地 B 省丙市 e 区××镇。

法定代表人：马某，该镇镇长。

• **基本案情**

丙市 e 区××镇南地锰矿××选厂系合法注册企业，但其尾矿库并未取得安全生产许可证等手续，尾矿库不具有合法经营资质。e 区应急管理局工作人员日常检查发现，××镇有部分尾矿库（包括原告尾矿库）一直未办理安全生产许可证，处于停产、闲置状态。2018 年 5 月 7 日，丙市 e 区人民政府在《丙日报》刊登了公告，公示了包括丙市 e 区××镇南地锰矿××选厂在内的一共 25 家长期无人管理的尾矿库名单，公告期限为 60 日。公告要求所有权人在公告期内持相关手续到尾矿库所在的属地乡镇政府办理产权确认手续，逾期视为无主尾矿库。丙市 e 区××镇南地锰矿××选厂在公告有效期内未递交任何手续，故丙市 e 区人民政府将其视为无主尾矿库。

• **案件争点**

被上诉人强制治理尾矿库的行为是否合法？

• **裁判要旨**

法院认为，丙市 e 区××镇南地锰矿××选厂系合法注册企业，但其尾矿库并未取得安全生产许可证等手续，尾矿库不具有合法经营资质。e 区应急管理局工作人员日常检查发现，××镇有部分尾矿库（包括原告尾矿库）一直未办理安全生产许可证，处于停产、闲置状态。2018 年 5 月 7 日，丙市 e 区人民政府在《丙日报》刊登了公告，公示了包括丙市 e 区××镇南地锰矿××选厂在内的一共 25 家长期无人管理的尾矿库名单，公告期限为 60 日。公告要求所有权人在公告期内持相关手续到尾矿库所在的属地乡镇政府办理产权确认手续，逾期视为无主尾矿库。丙市 e 区××镇南地锰矿××选厂在公告有效期内未递交任何手续，故丙市 e 区人民政府将其视为无主尾矿库。根据《尾矿库安全监督管理规定》及《B 省尾矿库安全监督管理办法》的规定，丙市 e 区人民政府在治理前已经采取了实地调查、报纸公告等形式通知，对尾矿库作出的治理行为程序正当，符合法律规定。原审对丙市 e 区××镇南地锰矿××选厂要求确认该治理行为违法的诉讼请求，未予支持并无不当。综上，原审认定事实清楚，适用法律法规正确。上诉人丙市 e 区××镇南地锰矿××选厂的上诉理由无事实依据和法律依据，法院不予支持。

样本案例二

乙县××镇某砖厂与乙县自然资源局其他行政行为一审

· 法院

C 市铁路运输法院

· 当事人

原告：乙县××镇某砖厂。

被告乙县自然资源局，住所地：A 自治区乙县创业东路某某政务中心。

法定代表人：王某，该局局长。

· 基本案情

经审理查明，2007 年 1 月 1 日、孙甲（孙某之父）与乙县××镇某村签订《农村集体土地砖厂承包合同》，承租某村 117 亩砖厂。2015 年 7 月 8 日，孙某将该砖厂注册登记为乙县××镇某砖厂，经营者为孙某。该砖厂 2015 年底停止经营。

2018 年 4 月 20 日，乙县人民政府办公室印发《关于印发乙县黏土砖厂专项整治行动方案的通知》，要求对全县范围内四大类砖厂全部关停取缔。其中第一大类包括未依法取得营业执照、采矿许可证、安全生产许可证的黏土砖厂。2018 年 5 月 8 日，乙县自然资源局牵头组织多个单位联合对乙县××镇某砖厂的砖窑进行了强制拆除。原告对强制拆除行为不服，提起行政诉讼，诉请包括确认行政机关强制拆除砖窑的行为违法和赔偿经济损失两个方面。C 市××区人民法院审理后作出行政赔偿判决书，认为原告虽取得了个体工商户营业执照，但未办理安全生产许可证、排污许可证、采矿许可证，不符合生产经营条件，根据国家环保政策的要求，应当予以拆除，因此强制拆除砖窑的行为合法，驳回原告的诉讼请求。原告提起上诉后，C 市中级人民法院于 2019 年 5 月 17 日终审作出行政判决书，撤销初审行政判决；确认乙县自然资源局 2018 年 5 月 8 日强制拆除乙县××镇某砖厂砖窑的行政行为违法；责令乙县自然资源局于判决生效之日起六十日内针对乙县××镇某砖厂的赔偿请求作出处理。判决生效后，乙县自然资源局于 2019 年 7 月 26 日作出《处理意见》，原告对该处理意见不服，向本院提起本案行政诉讼。

• **本案争点**

被告作出的《关于对上诉人乙县××镇某砖厂赔偿请求的处理意见》是否应当撤销。

• **裁判要旨**

法院认为，《中华人民共和国国家赔偿法》（2012 年修正）第二条第一款规定："国家机关和国家机关工作人员行使职权，有本法规定的侵犯公民、法人和其他组织合法权益的情形，造成损害的，受害人有依照本法取得国家赔偿的权利。"根据该规定，行政机关和履职人员违法行使职权，行政相对人合法权益受到损害，损害结果与违法行为之间存在因果关系，三者共同构成国家赔偿的必要条件。

《中华人民共和国行政诉讼法》（2017 年修正）第六条规定："人民法院审理行政案件，对行政行为是否合法进行审查。"第八十七条规定："人民法院审理上诉案件，应当对原审人民法院的判决、裁定和被诉行政行为进行全面审查。"C 市中级人民法院在终审中，仅依据《中华人民共和国行政强制法》（2012 年施行）的规定，从行政行为的程序性方面确定乙县自然资源局强制拆除砖窑的行为违法，没有对强制拆除行为的事实根据、职责权限、法律依据、行为目的等事项进行审查和判定，结合本案原告的诉讼请求，本院可以对上述未审查事项继续进行审查。

《中华人民共和国国家赔偿法》（2012 年修正）第十五条第一款规定："人民法院审理行政赔偿案件，赔偿请求人和赔偿义务机关对自己提出的主张，应当提供证据。"本案中，乙县自然资源局提出其实施强制拆除砖窑的主要理由为该砖厂未取得营业执照、采矿许可证、安全生产许可证，属于整治拆除对象，提交《关于印发乙县黏土砖厂专项整治行动方案的通知》。该《通知》要求对四大类砖厂进行专项整治，通过整治关停取缔全县所有黏土砖厂，整治主要步骤分为国土部门摸底、相关部门对合法性进行确定和国土部门牵头组织联合拆除。

《安全生产许可证条例》（2014年修订）第二条规定："国家对矿山企业、建筑施工企业和危险化学品、烟花爆竹、民用爆炸物品生产企业（以下统称企业）实行安全生产许可制度。企业未取得安全生产许可证的，不得从事生产活动。"《中华人民共和国矿产资源法》（2009年修正）、《中华人民共和国矿产资源法实施细则》（1994年施行），《宁夏回族自治区矿产资源管理条例》（2006年施行）规定，砖瓦用黏土属于矿产资源分类细目中非金属矿产，个体采矿需要办理采矿许可证。无采矿许可证擅自采矿或采矿许可证已经失效仍继续采矿的，由市、县（市）人民政府决定，责令立即停止开采，赔偿损失，没收采出的矿产品和违法所得，并处以违法所得百分之五十以下罚款。《无证无照经营查处办法》（2017年施行）第十二条规定："从事无证经营的，由查处部门依照相关法律、法规的规定予以处罚。"第十三条规定："从事无照经营的，由工商行政管理部门依照相关法律、行政法规的规定予以处罚。法律、行政法规对无照经营的处罚没有明确规定的，由工商行政管理部门责令停止违法行为，没收违法所得，并处1万元以下的罚款。"根据以上法律法规的规定，孙某经营的乙县××镇某砖厂属于采挖黏土生产砖瓦的个体采矿经营单位，不需要取得安全生产许可证。砖厂未取得采矿许可证继续经营的，由县级人民政府决定责令停止开采。无照经营的，由工商行政管理部门依照相关法律、行政法规的规定予以处罚。乙县自然资源局在2018年5月对砖窑进行摸底调查时，孙某经营的乙县××镇某砖厂于2015年底停止经营，已经不存在需要给予责令停止营业、罚款等行政处罚的情形，故乙县资源局确认的"砖厂未取得营业执照、采矿许可证、安全生产许可证，属于整治拆除对象"这一事实缺乏相应依据，属于事实认定错误。乙县自然资源局于2019年5月8日组织相关部门联合对乙县××镇某砖厂砖窑直接实施拆除的行为，同样缺乏相应的职责权限依据和法律适用依据。

原告在本案中提交的证据，可以证实涉案砖厂经丙镇人民政府批准同意后建设而成。乙县自然资源局按照某市中级人民法院终审行政判决书的要求，针对原告的赔偿请求作出处理时，应当对砖窑本身及享有合法权益的主体，结合《中华人民共和国国家赔偿法》（2012年修正）的规定进行审查，审查后作出是否赔偿的决定，但乙县自然资源局并未依法进行审查，而是直接根据乙县人民政府的专题会议纪要内容作出《处理意见》，决定补偿原告5000元，该《处理意见》在格式上不符合文书规范要求，未载明实施补偿的法律依据和补偿标准，属于主要证据不足的情形，应当予以撤销，撤销后由乙县自然资源局重新作出是否给予国家赔偿的决定。在被告未重新作出决定前，原告的赔偿请求法院暂不予支持。

三、司法案例类案甄别

（一）事实对比

样本案例一，丙市 e 区××镇南地锰矿××选厂系合法注册企业，但其尾矿库并未取得安全生产许可证等手续，尾矿库不具有合法经营资质。e 区应急管理局工作人员日常检查发现，××镇有部分尾矿库（包括原告尾矿库）一直未办理安全生产许可证，处于停产、闲置状态。2018 年 5 月 7 日，丙市 e 区人民政府在《丙日报》刊登了公告，公示了包括丙市 e 区××镇南地锰矿××选厂在内的一共 25 家长期无人管理的尾矿库名单，公告期限为 60 日。公告要求所有权人在公告期内持相关手续到尾矿库所在的属地乡镇政府办理产权确认手续，逾期视为无主尾矿库。丙市 e 区××镇南地锰矿××选厂在公告有效期内未递交任何手续，故丙市 e 区人民政府将其视为无主尾矿库。

样本案例二，乙县某砖厂虽取得了个体工商户营业执照，但未办理安全生产许可证、排污许可证、采矿许可证，不符合生产经营条件，根据国家环保政策的要求，应当予以拆除，强制拆除砖窑的行为合法，驳回原告的诉讼请求。

（二）适用法律对比

样本案例一，《煤矿企业安全生产许可证实施办法》（2017 年修正）第四十条规定："发现煤矿企业有下列行为之一的，责令停止生产，没收违法所得，并处 10 万元以上 50 万元以下的罚款；构成犯罪的，依法追究刑事责任：（一）未取得安全生产许可证，擅自进行生产的；（二）接受转让的安全生产许可证的；（三）冒用安全生产许可证的；（四）使用伪造安全生产许可证的。"

样本案例二，《安全生产许可证条例》（2014 年修订）第二条规定："国家对矿山企业、建筑施工企业和危险化学品、烟花爆竹、民用爆炸物品生产企业（以下统称企业）实行安全生产许可制度。企业未取得安全生产许可证的，不得从事生产活动。"

四、类案裁判规则的解析确立

1. 国家对矿山企业、建筑施工企业和危险化学品、烟花爆竹、民用爆炸物品生产企业实行安全生产许可制度。企业未取得安全生产许可证的，不得从事生产活动。

2. 矿山企业进行生产活动必须要先申请安全许可证，如果没有申请安全生产许可证进行生产，行政机关应当对该企业给予行政处罚。

五、关联法律法规

《煤矿企业安全生产许可证实施办法》（2017 年施行）

《煤矿企业安全生产许可证实施办法》（2017 年施行），内容如下。

第二条第一款　煤矿企业必须依照本实施办法的规定取得安全生产许可证。未取得安全生产许可证的，不得从事生产活动。

第四十条　发现煤矿企业有下列行为之一的，责令停止生产，没收违法所得，并处 10 万元以上 50 万元以下的罚款；构成犯罪的，依法追究刑事责任：

（一）未取得安全生产许可证，擅自进行生产的；

（二）接受转让的安全生产许可证的；

（三）冒用安全生产许可证的；

（四）使用伪造安全生产许可证的。

后记
Postscript

　　矿山安全是矿业发展中的重点问题。本书尝试通过总结矿山安全司法实践中的事实推定基础，充分回应社会关切和现实热点。

　　本书主编卜素系中国矿业大学（北京）文法学院法学系主任、硕士生导师，兼任中国行为法学会生态环境法治研究专业委员会副秘书长、北京安全生产法治研究会副秘书长等职。主要研究领域为法理学、安全生产法、应急管理法等方面。主要著作有《欧洲言论自由的法律保护研究——以〈欧洲人权公约〉为核心的考察》《〈中华人民共和国安全生产法〉专家解读》，以及中国法院类案检索与裁判规则专项研究系列丛书中《工商登记案件裁判规则（一）》《网约车纠纷案件裁判规则（一）》《环境资源纠纷案件裁判规则（一）》等分册。主持项目"山西焦煤集团合同管理信息化平台"获 2019 中国能源企业信息化管理创新奖；2021 年获得中国职业安全健康协会科学技术奖二等奖。在《理论探索》《政法论丛》等核心刊物上发表论文十余篇。编写组的其他成员均具备专业研究的实践经验，并以极强的责任心和使命感参与编写工作，保障了本书的编写质量。

　　本书的编撰历时一年，在选题、撰写、修改的过程中得到了各方面的大力支持和帮助。韩德强老师多次与编写组全体成员座谈商讨，明确编写原则和定位，并且对每个裁判规则的筛选审定、格式内容编排、类案检索报告的全面性与权威性等内容进行梳理和修正，统一了编写思路和模式。其间编写组走访了国家能源集团、中国黄金集团、中煤能源集团、山西焦煤集团、山东能源集团、山东黄金集团等矿山行业标杆企业。在编写过程中，编写组请教了中国政法大学、中国地质大学（北京）、应急管理大学等高校的部分教授、专家，还得到了原国家矿山监察局山西局、安徽局等单位的大力帮助与支持，他们为本书的编写提供了多元视角和思路。

最后，衷心感谢为本书编写提供支持和帮助的所有理论界和实务界的同仁，希望本书能够在积极保障劳动者安全利益的同时，实现矿山行业的有序健康发展，在司法实践中发挥实际作用。

本书为煤炭行业高等教育研究课题：《安全生产法》案例教学范式构建研究（2021MXJG204）阶段性成果。